ADVANCE PRAISE FOR PUPPET

"Breaches not only new but unique directions in the Chicano novel."
—FRANCISCO LOMELÍ, UNIVERSITY OF CALIFORNIA, SANTA BARBARA

"They will be talking about Puppet for years to come."
—JUAN RODRÍGUEZ, TEXAS LUTHERAN UNIVERSITY

A new bilingual edition of a work originally published in Spanish, Puppet is a complex, challenging, and ultimately compelling narrative. Revolving around the Chicano movement of the 1970 and 1980s, it tells the story of the murder of Puppet and the subsequent police cover-up. Just as the narrator disintegrates before the reader's eyes, the text employs one-sided dialogues, stream of consciousness narrative, and flashbacks. In spite of the seriousness of the plot, a certain grim humor shines through.

Already an underground classic, Puppet will appeal to readers interested in the politics of the Chicano movement and in racial and feminist politics in the United States. It will be useful in classes in American Studies, Chicano Studies, and Chicana Literature.

Margarita Cota-Cárdenas teaches Chicano and Mexican Literature and Spanish language classes at Arizona State University.

PUPPET

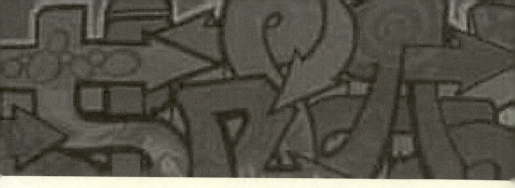

A CHICANO NOVELLA

Margarita Cota-Cárdenas

English translation by Barbara D. Riess and
Trino Sandoval with the author

PUPPET

University of New Mexico Press

Albuquerque

While this book is based on an actual series of events, parts are fictitious, including some of the characters, and with the exception of public figures, the names of actual persons and places have been changed to protect the privacy of such persons.

English edition copyright © 2000 by Margarita Cota-Cárdenas

All rights reserved.

Spanish edition copyright © 1985 by Margarita Cota-Cárdenas

All rights reserved.

University of New Mexico Press bilingual edition published by arrangement with the author, 2000.

Library of Congress Cataloging-in-Publication Data

Cota-Cárdenas, Margarita.

|Puppet. English & Spanish|

Puppet : a Chicano novella / Margarita Cota-Cárdenas ; English translation by Barbara D. Riess and Trino Sandoval with the author.

p. cm.

Originally published in Spanish: Puppet. Austin, Tex. : Relámpago Press, c1985.

ISBN 0-8263-2228-X (alk. paper) — ISBN 0-8263-2229-8 (pbk. : alk. paper)

I. Title

PQ7079.2.C69 P8613 2000

863'.64—dc21

00-008469

Title Page Photograph by Delilah Montoya

Designed by: LiMiTeD Edition Book Design, Linda Mae Tratechaud

ACKNOWLEDGMENTS

This bilingual edition would not have been possible without the encouragement of Dr. Tey Diana Rebolledo, my staunch supporter, also my translators and loyal collaborators Dr. Barbara Riess and Trino Sandoval, and Tom Parrish, my extremely patient and understanding husband. This is a book of love and struggle, and it belongs to them too.

Dedicated to the powerless,
who, like Puppet,
must struggle daily for
their small share of
human dignity and self respect.

Contents

Puppet by Margarita Cota-Cárdenas was first published in 1985, one of the few novels, if not the first, in the emerging genre of Chicana literature to be written in Spanish. At the time it was written, language issues were at the forefront of Chicano literature, as the writers struggled with complexities of representation, identity, subjectivity, themes, and ideology. The cultural struggles that ensued along with the Chicano Movement placed authors in different political and cultural spaces. Nationalist ideologies that emanated from such presses as Tonatiuh, Quinto Sol, established a trend in Chicano literature that had as its heroes workers (mostly farm laborers and working class) who were either immigrants to the United States or whose ancestors had been economically and politically oppressed after the Treaty of Guadalupe Hidalgo in 1848. As Mexican-Americans struggled to overcome these oppressions a reflection of those particular struggles became predominant in the literature which was, in the main, centered on male authors and male protagonists. Thus Rudolfo Anaya published *Bless Me, Ultima* 1972; Rolando Hinojosa, *Estampas del Valle* 1973; Tomás Rivera *Y no se lo tragó la tierra* 1971; Corky Gonzales, *Yo soy Joaquín* 1967; and

Sabine Ulibarrí, *Tierra Amarilla* 1964/1971. The only woman to be published by Tonatiuh was Estela PortilloTrambley with her *Rain of Scorpions* 1975.

The women writing at this time were not supported by mainstream presses at all and not strongly supported by the few existing Chicano or ethnic presses. Many small and self-established presses sprang up to promote both poetry and narrative by the women writers. They had such innovative names as Descalzo Press (Barefoot), M and A (the initials of the publishers), Scorpion Press (the birth signs of the editors), Grilled Flowers, Maize (established by Lorna Dee Cervantes), Caracol (Snail), Relámpago (Lightning) and Capirotada (a Mexican dessert). Cota-Cárdenas published *Puppet* in collaboration with Juan Rodríguez and Relámpago Press.

Writing *Puppet* in Spanish was, at the time, a deliberate and, I might add, a political language choice for Cota-Cárdenas. When I asked her why she wrote *Puppet* in Spanish she said that for her there were many things she couldn't say in English, many things she would hear in her memory, the joke, the dicho (saying). It was also a resistance to what she felt was linguistic and cultural annihilation. In fact, most of her creative writing, whether it be poetry or narrative, was originally written in Spanish.

As Cota-Cárdenas tells us in *Puppet*, Spanish-speaking children were forbidden to speak Spanish in school. And as she says, "And if they caught you, well zas! A slap wherever the teacher could catch you . . . No, not very hard, but it didn't make us feel very good . . ." At the same time there was something "delicious" in speaking the forbidden language. To reinforce the metaphor, Puppet, the protagonist of the novella, is doubly silenced as not only does he speak Spanish but he also has a speech impediment and rarely talks. He is triply and fatally silenced when he is shot by the police.

Because it was written in Spanish and published by a small press, *Puppet* had its distribution problems from the start. With no wide distribution system for sending out books, readership suffered. Nonetheless, even with the attendant problems related to small press publication, *Puppet* has become an underground classic. Taught and read in Spanish language and Chicana/o Studies classes and by Chicana/o academics, it is one of several Spanish language Chicana/o classics that is widely known and commented on copiously in the most important venues of Chicano literature, such as Conferences, articles, and books, in the United States and Europe.[1] Selections from *Puppet* have been translated into English and widely anthologized, for example "Malinche's Discourse," which was published in my anthology *Infinite Divisions: An Anthology of Chicana Literature* (with Eliana Rivero). Another anthologized excerpt from *Puppet* is "Wimpy's Wake." The fact that Cota-Cárdenas is also well known as a poet (*Noches despertando in Conciencias* 1975, and *Marchitas de Mayo* 1989), and her poetry is widely anthologized, has contributed to recognition of her narrative, even though, until now, it has been difficult to access for non-Spanish speakers. Furthermore, in this bilingual edition, the English version has uniquely incorporated some Spanish so that the reader finds the meaning through an immediate translation or by context. Thus, the reader is able to access Chicano cultural reality. This translation, published by the University of New Mexico Press, will allow wider access to the novella and place Cota-Cárdenas where she belongs, as a significant contributor to and initiator of the growing corpus of Chicana/o literature.

Margarita Cota-Cárdenas was born in Heber, California, in 1941 to a Nuevo Mexicana mother, Margarita Cárdenas, from the Mesilla Valley, Las Cruces, New Mexico, and a Mexican father, Jesús Cota, from Cócorit, Sonora. Although the family were farm workers in their early years, by the time Margarita and her brothers and sisters were growing up, her father had become a farm labor contractor and bail bondsman. The fact that her father was a labor contractor (and in some ways in direct opposition to the farm laborers) was to impact the writer significantly; it is a particular theme in *Puppet* as the narrator treads her way around conflicting ideologies, of siding with farm workers or with the people who hire them. Later in life her mother and father divorced and her mother became a member of the Pentecostal Church, opposed to Margarita's traditional upbringing in the Catholic Church, another site of struggle represented in *Puppet*.

Cota-Cárdenas went on to receive a B.A. from Stanislaus State College, an M.A. from the University of California, Davis, and her Ph.D. from the University of Arizona (1980) where she wrote her dissertation on Carlos Fuentes's massive *Terra Nostra*. I first met Margarita when we were graduate students (and both single mothers) at the University of Arizona. It was Margarita who introduced me to Chicana/o literature when she invited me to attend a creative reading at the University of Arizona. In addition, I wrote my first paper on Chicana literature on her poetry.[2]

As a writer, Margarita is central to the development of Chicana/o literature through her novel and her poetry. Moreover, she has completed the second novel in this series, *Santuarios/Sanctuaries* and has begun on the third.

Like other writers of her generation, Denise Chávez, Helena María Viramontes, Sandra Cisneros, Pat Mora, and Erlinda Gonzales-Berry, Cota-Cárdenas's writing has been a journey of discovery. These journeys have been searches toward understanding what it means to be a woman, Mexicana, Chicana, Americana, in male dominated societies. These writers slip between two distinct cultures in order to create a fluid third space, and they challenge the norms of both Anglo and Hispano cultures. The novels of these writers are distinctly original works that explore politics, culture, social life, and self-representations of Chicanas in the United States. They are novels that create their own myths and invent alternative forms in which to exist within cultures that are in conflict. They maintain Mexicano/Chicano traditions and at the same time they change them. While I believe the strategies used by these writers are definitely postmodern, I also believe that at the heart of the matter their ideologies are modernist. That is, that in the exploration of subjectivity using experimental techniques, they still believe in a notion of progress: progress toward justice, equality, and education/learning.

Briefly I want to sketch some characteristics that link contemporary Chicana writers and give some concrete examples. The preserving of traditions is a very important characteristic in these narrations. The contemporary writers record recipes, stories of witches, and oral personal and community histories. They tell the old stories, but often the lessons the stories were to exemplify are changed. In addition they are intent upon capturing the orality of how these stories are told. They use language to reveal something about popular culture and desires, and to conserve traditions, while at the same time questioning these traditions. They go beyond sexual boundaries and taboos created by a mainly Catholic culture to explore a woman's perspective on sexuality, and they use a great deal of humor in doing so. They deal with language frankly and in a bold manner, often exploding the limits of language and linguistic taboos.

As a writer, Cota-Cárdenas had explored many of the above themes and techniques in her poetry. She laughed at myths in which women were supposed to believe in "Creidísmas, Gullible" where Penelope is able to wait for Ulysses because, perhaps, she had a lover (*Noches*). In *Noches* she also wrote about identity, writing and coming into consciousness. And it is in that book that she wrote "Lápida para Puppet" (A Tombstone for Puppet) where she comments on Puppet's death saying, "no nos olvidaremos de/tu triste vida/ni de/tu inútil fin."(we will not forget your sad life/nor your unhappy end). In a later book, *Marchitas de mayo* she writes about multiple societal oppressions. However, it is in *Puppet,* it seems to me, that she has gone beyond traditional strategies in creating an extremely complex novel that questions basic tenets of contemporary society such as loyalty, honesty, and integrity and the meaning of community.

The postmodern narration in *Puppet* has made the novella a challenge to the untrained reader. In addition to the fractured narrator, the multiplicity of voices that intermingle, the brutally honest and funny colloquial language that rubs up against official language, the simultaneity of past and present, the history of political oppression of Chicanos by Anglos and by other Chicanos themselves, and the different literary registers that are present in the novel combine to create a cacophony of narration that even Homi Bhabha would be proud of. All these elements are further complicated by a visual text that is punctuated by ellipses, fragmented thoughts, and voices that wander eerily in and out of context, much like the voices from the cemetery in *Pedro Páramo*, by the Mexican Juan Rulfo. Indeed, as a student of contemporary Latin American literature, it seems obvious that Cota-Cárdenas was strongly influenced not only by Rulfo but also by Carlos Fuentes's narrative techniques in *La muerte de Artemio Cruz*. In that novel, Fuentes uses a split narrative voice, first person, second person, and third person, to distinguish present, past and conscience. Moreover we see multiple meta-narratives in *Puppet* as the author dialogues with Sor Juana Inés de la Cruz, Mexico's brilliant seventeenth-century nun, Shakespeare, and Rosario Castellanos, a contemporary Mexican poet, among others. She also dialogues with contemporary newspaper accounts of Puppet's death and oral narratives from Puppet's friends. In the narratives with Shakespeare and Fuentes, which could be read as a dialogue with patriarchal culture, Cota-Cárdenas continually underscores Castellanos's directive that "there must be another way to be."

In addition to these meta-narratives, we have nonlinear time, erasure of the demarcation between popular culture and written literature, a collusion with the reader, and playfulness and exaggeration within the text. These multiple strategies denote a chaos within contemporary culture that the narrator (and the reader in partnership with her) needs to sort though in order to restore order and enlightenment to the narrative.

Is *Puppet* a mystery? A coming to consciousness novel? A political commentary? A novel of social criticism? The story of a woman coming into her own? About writing and creativity? Indeed it is all of these things and more. That all these aspects are intricately intertwined in the narrative is what challenges the reader, while at the same time yielding itself to multiple interpretations.

Quickly I will give you a brief synopsis, which cannot do the novella justice. The narrative opens with a friend calling the narrator, Pat/Petra Leyva, with the news that a young Chicano, whose nickname is Puppet, has been unjustly shot and killed by the police. This is the impetus for a narrative of grief, resistance, and self-reflection on past and present and on the realm of the private and the public. In the end, the call to action on the part of the community, and the narrator's own resolution of her fears, doubts, and anxieties result in the writing of Puppet's story. At times the narrative is a representation of the dissolution of logic into a chaos caused by fear of the police, the police cover-up of Puppet's death, and slowly, very slowly, the coming together of the community into action. As the narrator faces herself and her own internal subjugation, so too does the Chicano community. In the representation of thought processes that follow our own real ones, punctuated by memory lapses, tricks, flash backs and forwards, the narrator struggles time and time again against being trapped by inaction and emotion: the thread of Ariadne that helps her find her way out of the labyrinth is the telephone. It is the continuous briinng, briinng of reality that enables the narrator to retain her sanity and to discover what really happened to Puppet.

As stated, *Puppet* has multiple levels of narration: one thread is a Chicano Studies class where the Professor tries to awaken her students' understanding of the political oppressions that Chicanos face. Another is Puppet's story. Another is the fantasy life of the narrator told in the grand style of a romance novel. The final thread is the narrator's own story of disintegration and reintegration. The chapter titles map for us, or, as it were, give us a shorthand clue to the events in the novella. In Chapter 1 "She was always inclined to romanticism," and Chapter 2 "He looked like a wooden doll with strings, like a puppet," the themes of how we are influenced by internalized myths, in this case romance, and shaped like puppets are made clear. The central problem in the novella is clarified in Chapter 13 "How it was that night"; chaos is represented in Chapter 14 "One and one are three"; and resolution is found in the final chapter, "I'll be waiting for your call," also a call to action.

Interwoven into all these narratives is Cota-Cárdenas's gift for language, her ability to capture visually and orally Chicana/o Spanish. Moreover, as always, underlying the narrative is her wicked sense of humor and irony. An example of this is when Petra as a child who always wanted to please and to look good is confirmed. Here the narrator is her adult conscience or memory talking in self-referential fashion.

> The point is, that so anxious to do everything right you would raise your hand and wave it back and forth to get attention with every question, and you knew, tú sí sabías . . . until they called on you y qué bien quedaste, great job, right? As I was saying, you don't know anything, even then you didn't, HA HA HA

> —What is the meaning of original sin? Yes . . . Petrita Leyva?. . Well? . . . Well, I see that Petrita is having trouble speaking up. Celia, do you know?

> YEAH WHAT A GREAT JOB TARTAMUDA, STUTTERING MEA CULPA ANYTHING YOU WANT HA HA GREAT JOB and so happy when the Bishop guy let you kiss his ring, huh, boy oh boy DID YOU LIKE TO DO THE RIGHT THING?

> YOU WERE ALWAYS SUCH A DAYDREAMER

> PANIC BUTTON ROMANTICACA

This technique in which the narrator makes fun of herself with exaggerated self-deprecating and bold language is definitely postmodern if we characterize the postmodern as a stance that looks back on tradition while self-consciously reflecting on her positionality in reference to that tradition, and simultaneously referencing and recognizing her voice without that tradition. This accusatory, humorous voice is present throughout the narration of *Puppet*. It is the voice of Petra's fearless conscience and it also becomes a voice in the mind of the reader. It often leaves sentences unfinished, and leaves words unsaid: it is the reader who gradually, in the act of reading, begins to fill in and complete the words and sentences, becoming in this way a participant in the dawning of consciousness. If *Puppet* has a message, it is that we need to work through our fears and paranoia and do what needs to be done, in spite of the consequences.

One final question, are the events in *Puppet* real? The work is fiction but based on some specific events that took place. But any Chicana/o can tell you, unfortunately, they are more real than they should be. As Margarita Cota-Cárdenas has told me, "reality is stranger than anything one could make up."

Puppet is a compelling narrative that will lead you into dark situations, but one that ultimately finds redemption. It is, however, a redemption in which all of us need to take part. This excellent translation, done with the author, may help us arrive there.

NOTES

1. See Chabrám-Dernersesian, Martín-Rodríguez, Rebolledo, Shuru, Silisky.

2. Tey Diana Rebolledo, "The Bittersweet Nostalgia of Childhood in the Poetry of Margarita Cota-Cárdenas," *Frontiers* 5 (1980): 32–35.

BIBLIOGRAPHY

Anzaldúa, Gloria. *Borderlands/La Frontera: The New Mestiza*. San Francisco: Spinsters/Aunt Lute, 1987.

Chabrám-Dernersesian, Angie. "I Throw Punches for My Race, but I Don't Want to Be A Man Writing Us-Chica-nos (Girl, Us)/Chicanas-Into the Movement Script." In *Cultural Studies*, edited by Grossberg, Nelson, and Treichler, 81–95. New York: Routledge, 1992.

Cota-Cárdenas, Margarita. *Marchitas de Mayo: Sones p'al pueblo*. Austin, Tex.: Relámpago Books Press, 1989.

———. *Noches despertando inConciencias*. Tucson: Scorpion Press, 1975.

———. *Puppet*. Austin: Relámpago Books Press, 1985.

———. *Santuarios/Sanctuaries: Novella chicana*. Unpublished manuscript.

Martín-Rodríguez, Manuel. "En la lengua materna: Las escritoras chicanas y la novela en español." *Latin American Literary Review* 45 (1995) 64–84.

Rebolledo, Tey Diana, and Eliana Rivero, eds. *Infinite Divisions: An Anthology of Chicana Literature*. Tucson: The University of Arizona Press, 1993.

Rebolledo, Tey Diana. "The Bittersweet Nostalgia of Childhood in the Poetry of Margarita Cota-Cárdenas." *Frontiers* 5 (1980): 32–35.

———. *Women Singing in the Snow*. Tucson: The University of Arizona Press, 1995.

Shuru, Xochitl. "Discourse of Madness in Chicana Writings." Dissertation: University of New Mexico, 2000.

Silisky, Jean. "The Revolution Within the Revolution: A Comparative Study of Chicana, Nicaraguan and Cuban Women Writers." Dissertation: University of New Mexico, 1999.

PUPPET

1 / SHE WAS ALWAYS INCLINED
TO ROMANTICISM

She learned to read and write, reading the comics, el Pepín, from Mexicali.

She was dreaming that her little girl's dad was about to kiss her, Marisa's papá with the beautiful curly dark eyelashes, he was about to embrace her, Petra, he was just about to embrace her and he almost was telling her something sweet like "Cara mía . . . amore mío de gli'altri . . ." and Petra started to feel moist and delicious and really good and she casi casi just almost was coming a todo dar . . . so really great . . . BRINGGG . . . BRIIIINNNGGG . . .

BRIIIIIIIINNNNNG . . .

"Hello? Quién . . . Is that you Memo?"

"Hi, Petra? Yeah, it's Memo, Pues, I was calling to tell you that, pues que mataron . . ."

"Memo, what did you say? Qué . . . what who killed . . . a quién?"

" . . . Puppet. They killed Puppet."

"Cuándo Memo? Cómo? How can that be, my God?"

" . . . La policía . . . Jue anoch . . . the Police killed him last night . . . lo balacearon . . . they shot him down. No lo vites . . . Didn't you see it in the news?"

Here he couldn't talk. I asked him if he could come and tell me. . . contármelo en persona. He said he was s'posed to be on the job on the Southwest City's east side, but he couldn't keep his mind on the work so he'd be over right away in the pickup. By the time he got to my place, I'd thrown on Levis and a sweatshirt and started up coffee. No lo podía creer . . . hard to believe even, how could Puppet be dead? It was just Wednesday past, they'd all been in the office . . . He was just a kid . . . un chamaco, how could it be, what could he have done for them to shoot him up like that . . . ". . . lo balacearon, no lo vites en las news?" Pues, I couldn't recall . . . For sure, Memo was really gonna take it bad . . . Wasn't it only year before last, they'd buried Félix, Memo's brother . . . He had O.D.'d we'd heard . . . like it had only happened yesterday . . . como si fuera ayer . . .

COMO SI FUERA AYER AYER

"Memo, what happened yesterday—Pete Lester was calling to see why your crew didn't show up to lay that brick work along the driveway at the Jameson house. He said you were just about done but you still had to come in with the guys to finish up, that you still had to bring more adobes to do the job right, que tú sabías you knew . . . He said he was surprised 'cause you never failed to show when you said you'd come, unless you called before . . ."

Memo looked at me chistoso, a funny-looking sweaty face, takes out a bandanna and says to me, wiping off the sweat,

"No te dijeron, Petra? Din' they tell you . . . ?" He sticks the hanky in the back pocket of his khakis which have dust stains and cement flecks, braces his thick and dark arm against the post in the middle of the office where I'm sitting behind the desk, and turns his wide firm face to gaze fixedly at me. "Din' they tell you . . . no te dijeron que ayer enterramos . . . we buried my brother Félix yesterday?"

4

"Ay Dios mío, oh my God Memo, no one told me anything, pos . . . well no one came here yesterday for coffee and only a couple of drivers came to use the phone y pedir direcciones and to ask for directions because they had a load of wood for the house that Nick's building for the Silvermanns. I called your house, but nobody answered, bueno eso fue por la tarde . . . that was in the afternoon. God, yo no sabía, I didn't know! Come to think of it, you haven't called in the last couple days . . . Memo, qué no me dijiste didn't you tell me that Félix was getting himself straightened out, that they were lettin'im out during the day to work with you as long as he went back at night to do the sentence that they gave him? Memo, you didn't tell me what they got him for . . . Oh my God, Memo, what the heck happened to him, I'm so sorry, I thought you were so quiet because of all the work they gave you, they always keep you running, those señores builders . . ."

Memo goes to the long couch beside the glass door and the gravel drive-way . . . The office where Memo and I were sitting was absolutely still at that moment, the phones rarely so silent. The building, located by a low hill in the subdivision, has two partial walls and the rest are windows so that prospective tourists or clients can enjoy the impressive view of Southwest City. Memo turns his face towards the window that runs along this side of the building, from which one can see houses under construction among elegant adobe homes, pools, and winding paths between shrubs and here and there a sahuaro artificially located or by chance left in peace in its natural environment. Estas son, these are all custom homes, well, made for and by rich people. But in those days, neither Memo nor myself felt the resentment that we feel now with what happened to Puppet . . . But I'm getting ahead of myself . . . What I was telling you was that Félix had O.D'd . . . Overdosed. This is what Memo was telling me, that Félix, one of Memo's seven younger brothers . . .

"He got messed up with drugs. . . . Y tú sabes and you know, Pat, that drugs can fuck you up, y estos chavalos, and this young kids don't listen . . .

5

Pos, I told'im so many times, Félix, it's no good, you know that it hurts
everybody to see you go 'round with those people, son pura gente mierda,
they're shit and liars and they don't love you and you're breakin' your
mama's heart, y pues tú sabes Petra como a la jefita how it hurts the old
lady to see Félix asina, like that . . . how did they get him? Pues, es pura
raza they're one of us and they gettem' while they're young . . ." Memo
can't go on and I turn toward the wall because I don't need to see him to
know that he's crying. I can hear that he swallows, he tries to say something to me, he suddenly gets up and leaves abruptly towards the truck
where Carlos and Puppet are waiting for him with Medeiros, the new
worker that just came from Rayón, Sonora.

When I had recently started the job, Memo and the other workers
greeted me when they came in to check the messages on the bulletin board
that the contractors left for them, but they never stayed to joke around or
to talk when they had time, like they did with the men who drank their
coffee and got their messages in the back office where we had a refresh-
ment center.

"Sabes, you know, we were afraid of you because our patrón Stan our
boss told us you were a Spanish teacher and that you also worked at the
University . . . But because we could talk to you in Spanish, well we thought
maybe . . ."

"I was also a teacher, Señora," Medeiros tells me, "but when one goes to
live in a small town like Rayón and when your woman gives you a kid
every year, well, you gotta understand how it became difficult to stay there
. . . first I came alone and then I sent for my woman and the younger kids.
Two of the older ones are in Hermosillo and one's in the capital . . . The
ones in Hermosillo get by as a mechanic and a gardener and the one that's
in Mexico . . . Bueno, well we haven't heard nuthin' 'bout him since he got
there. He wrote that he had found a job in an apartment complex helping

with the cleaning and as a doorman at night and he said that he lived in a room on the roof of a building in la Colonia Hipódromo, in a Jewish woman from Yugoslavia's house. He worries us because in the letter he said that he shared his hole in the wall with a guy a little older than him . . . into politics I think . . . well I don't know if you know about what they call 'lo de Tlatelolco.' To make a long story short, I tell you I suspect that my son's roommate got him involved in something . . . that they used to hand out flyers in the park in front of the building, you can just imagine what could happen to them . . . yep, he's the oldest of our kids, the one who was always into books . . . Rayón? Your folks are from 'round there, too? Oh no, Rayón there's nuthin' to it, Señora . . ."

I asked Medeiros, once, how come he wasn't amargado, bitter from all that had happened to him. He had unos ojitos verdeschispa, sparkling green eyes, he was tall, a bit heavy, gordito. He was white compared to Memo and the other workers, fine and wrinkled skin on his hands and face. After working outside all day he would get red. That day, he talked about other things, like nostalgically about his tierra, his homeland while Memo went for some adobe blocks with some younger workers.

YOU COULDN'T TELL IF HE WAS YOUNG OR OLD, YACÍA BOCABAJO. HE WAS LYING FACE DOWN IN IRREGULARLY FORMED BLOOD STAINS THAT EXTENDED FROM HIS ANGLED BODY. I DIDN'T HEAR WHAT THEY SAID IN THE NEWS because I was talking with Vittorio, Marisa's father, on the phone trying to convince him that he should come have dinner with us, and I hadn't turned up the television.

TU NUNCA QUISISTE OIR, YOU NEVER WANTED TO HEAR, TE ACUERDAS? YOU REMEMBER? pues something bad is going to happen to you, SOMETHING BAD, ya verás, you'll see. Just because you're paranoid doesn't mean they're not out to get you, you remember what that black writer teacher said? Pues sí, yep you screwed the whole thing up. Like when you made the Holy Blessed CONFIRMATION LIKE ONE OF CHRIST'S SOLDIERS De la Santa Fe oh sí, you sooo pretty in your white dress with a white veil sooo fond of mea culpa here, mea culpa there . . . for whatever it's worth now, dumb VENDIDA, SELLOUT . . . Oh, sure, you were sooo Catholic in the little town where you were born in Imperial Valley, such saints every one of you . . .

"When the Bishop comes in, you all rise, until they get to the altar. When he turns around to bless you, you immediately kneel down and lower your heads. Because I said so, Petra, that's why, and you can then see him when he finishes saying the bendición, the blessing . . . Yes, that's when you can raise your hand to answer the questions Father Bincennes will ask. After you've all gotten to answer questions, the Bishop will finish up the cer-emony and we'll have a processional outside. Then you get to kiss the Bishop's hand. Yes, it's a blessing to be able to do it, too, like when you receive Holy Communion."

I was really nervous, but anxious to do it right. Because, yes, I had stud-ied the doctrine, to be sure. They had bought me the dress and the veil at the market on the Boulevard in Mexicali. I, very independent for eleven, had picked los Niños among the many uncles that also lived in Betaville. Uh huh, it was a really small town . . . well, now you can't even go on Hiway 99 through there, because the freeway goes from the town of El Centro to Yuma, that's why. Qué qué? What was the point?

Oh, oh . . . The point is, that so anxious to do everything right you would raise your hand and wave it back and forth to get attention with every question, and you knew, tú sí sabías . . . until they called on you y qué bien quedaste, great job, right? As I was saying, you don't know anything, even then you didn't, HA HA HA

"What is the meaning of original sin? Yes . . . Petrita Leyva? . . . Well? . . . Well, I see that Petrita is having trouble speaking up . . . Celia, do you know?"

YEAH WHAT A GREAT JOB TARTAMUDA, STUTTERING MEA CULPA ANYTHING YOU WANT HA HA GREAT JOB and oh sooo happy when the Bishop guy let you kiss his ring, huh, boy oh boy DID YOU LIKE TO DO THE RIGHT THING?

YOU WERE ALWAYS SUCH A DAYDREAMER

PANIC BUTTON ROMANTICACA

2 / HE LOOKED LIKE A WOODEN DOLL WITH STRINGS, LIKE A PUPPET

"**P**at, sabías que . . . did you know Puppet has a new girlfriend? Memo, Carlos and Medeiros came from out back with some sodas. Puppet follows them, his uneven walk due to I don't know what defect or accidente. Cojea . . . he limps when he walks. La verdad, really no one pays attention to it, because right away people notice instead the beauty . . . Dark hair somewhat long and curly, a thin face, naturally dark skinned and even more bronzed 'cause of his work, and lovely dark eyes . . . unos ojos hermosos color chocolate. Very bright eyes. He looks at Carlos with disdain, and Carlos shuts up although everybody bursts out laughing. Everyone laughs except Puppet, who limps towards the door, furious now and curls shaking says loudly before going out on the porch, Velás si te invito a una birria pol la noche, cablón . . . Just see if I invite you to a beer tonight, you damn Carlos . . . "

Medeiros gets up and goes to throw away the empty soda: "Leave him alone already, muchachos, any way it's past four o'clock and we've been at it since six-thirty . . . "

Memo answers, "Sí, I'll take you guys right now, just wait for me outside, I'll be right out . . . pa'llá voy . . . "

He comes to my desk and says: "You've got to hear what Puppet did at the dance the other night . . . Carlos and the other guys told me that Puppet took a new chavala to the dance who's called Inés . . . Well a gabachita that was there asked him how you say 'Inés' in English . . . Pos . . . you oughta know Puppet by now, he didn't know what to say, so he thought a sec and then he tells the gabacha that you say 'Inerest.' Pos, Puppet's poor girl . . . that's what they called her all night . . . 'cause Carlos and the guys thought it was so funny, all night they bugged Puppet, that where had he found Señorita Inerest, had he found her in the Bank, that was Miss Inerest very ineresting, had he asked her papá's permission to check out the Inerest . . . qué ocurrencias de este Puppet, you never know what he's going to come up with . . . Well, we've gotta go because Puppet and me, we're gonna go help one of my neighbors fix up his house . . . That neighbor, the bato I'm telling you about, got drunk last week and tore off a corner of his own casa . . . the living room . . . some people, qué gente, verdad? Ya, I'm coming! Pos the chavalos are waiting outside for me . . . we'll see you later, mija . . . Ajá, it's a pain about the neighbor's house but at least Puppet's gonna give me a hand, he's always willing to help . . . muy acomedido . . . "

"Mamá, you know at Pepi's where I work there's a couple of girls working with me from the West Side, yeah, they live over in Memo's neighborhood. They call it the 'barrio' . . . what's that? No, they aren't too poor, I don't think, because they're going to buy some real fancy dresses for something they call a quinceañera. They think I'm really different because I don't speak much Spanish . . . and then when I didn't even know what a quinceañera was . . . Well they all laughed in the kitchen and Ester told me to ask my hotshot mother, the Spanish teacher, what that was . . . Yeah, I was embarrassed . . . "

"Listen, María . . . I know how you feel . . . But your dad spoke English only, we were far from the family, and it was the easy way out . . . at least you wanted to learn later, and you learned so well all by yourself. Yes, I remember trying to teach you, but after I said something in Spanish, you'd squirm anxiously and say, 'But what does that mean? ...' Pero ... about the quinceañeras ... my family didn't believe it, not in our days ... And I don't think everybody does it ... the people that work in the fields, for example, don't have money for those things ... and if they do it, pues, it's just a waste of money ... never mind time. How pretty dressing up in white, spending a ton of money on the party, making everyone think that with all that and your special Mass, you'll be happy forever ... Or something like that, that's what I heard."

"Okay, okay, ma! Don't get so self-righteous, anyway ... I just felt dumb not knowing what they were talking about ... No, they're really nice to me, me tratan bien, well you know a couple of them are my close friends ... At work, they let me say what I want in Spanish ... No, no se ríen de mí ... Bueno, sometimes they laugh at me ... but I laugh too ... Anyway, I'd rather wait and spend my money on a big church wedding, like Aunt Belita and I'll wear a beautiful long white lace dress with rhinestones and a string of pearls and oh, yeah, mariachis too ... "

"Oh God, María, you didn't get it ... "

The Santa Cruz Hospital is on the west side of Southwest City, bordering the barrio. The Brown and Parado barrios. Memo lives over there. The raza that's from there prefer to bring their sick ones to Santa Cruz, even though the building is old and decrepit, because at least they speak Spanish, lots of raza folk, and they help you out. At first they really talked up Unity County General, the one on the way to the airport ... luxurious building, in a lot of ways ... Luxuries, like when you get to the parking lot and you walk along the sidewalk, there's a pond with little trees and luxurious plants, it's like you're arriving at a luxury hotel ... Pues, the people don't want to go there anymore quesque, they say that you get no service there even after spending two fucking hours in the Emergency Room or in Admitting, and that the equipment doesn't work like it should ... (so much for the computer age, mijos) and they say that a lot of medicine and stuff, all

kinds of things, from gauze bandages to ether, disappears from their inventory
... (poverty works in mysterious ways, its wonders to perform).

Memo wakes with a start, sits down in the chair next to the bed with
Félix's oxygen tent. Félix's deep sighs seem to shake his whole body, and
even though he is a solid well built boy, he starts to tremble as it gets harder
and harder for him to breathe, más, more, sufficient air.

"Petra, he started to shake like a stick in a whirlwind . . . Every breath
was hard for him, and he started to turn red, and then dark with the effort, this lasted for hours . . . then, ya a lo último, at the end he looked at me
with his big scared eyes, his face all twisted, and started as if he wanted to
tell me somethin' . . . he made scary faces, opening his mouth real wide to
talk and arching his back because he got up in his effort to tell me something, but nuthin' came out . . . he couldn't say nuthin' . . . And he got more
and more scared at the horror of not being able to. He only went 'Aaaggh
. . . Aaaggh'" Memo couldn't go on. He regroups . . . and finishes: "I couldn't
do nuthin' but hug him and try to hold him in my arms . . . he wanted to
tell me something, Pat, but he couldn't . . . me quería 'ijir algo y no pudía
. . . Y así se nos jue, and that's how we lost him, in one of those seizures,
trying to breathe and to tell us somethin' . . . He lasted almost a week like
that, in critical condition in the hospital. And he never got better, y nunca
mejoró, that's how he was when we found him in the living room that
night, the one when Nancy woke me up and told me that she heard that
someone had entered the house a little while ago hacía un ratito . . . It was
like two or three in the morning and I knew that . . . Something was wrong,
there were some strange noises that were coming from the livingroom . . .
Some desperate gasps, asina like this . . . " Memo takes out a hanky and he
wipes the drops of sweat, his hand shaking, and he gets up: "Mejor te platico
más otro día, Pat, I'll tell you more some other time . . . It's still hard . . . "

THE DARK HEAD LAY IN A POOL OF BLOOD, YOU
COULDN'T SEE HIS FACE, IT WAS AT NIGHT . . . DARKNESS

ALL AROUND, THE BODY REMINDED HER OF SOMETHING . . . ALGO . . .

Be careful, tuerta cross-eyed this is getting dangerous, you're getting uncomfortable, I can tell, as if it hurt or bothered you . . . qué es, eh? what is it? Your wisdom tooth . . . Oh, wasn't it about time, ha, ha, you make me laugh, don't start with your mea culpas, no more meas . . . Be careful, don't you know yet where someone else's discourse will take you? Síguele, keep it up, ha, ha . . . Bola de masa fathead . . . Yeah, sooooo educated and you haven't done nada, absolutely nuthin' for the others . . .

Es que ya ni te acuerdas you don't even remember:

"One time in Las Palmatas Elementary school yeah the one over there in the valley . . . " (bueno you don't want to remember, you have your reasons, but listen:) "One time the little American Sadie and I went into the empty auditorium to play nos metimos a jugar . . . it was recess and everyone else was outside . . . I can still smell the floor oil, yeah the kind they used to polish wood floors with before . . . pues they were really old schools the ones in the small towns on the West side, sometimes right next to los files the fields where you could see the people picking from the playground. (This reminds me of the Convento del Buen Pastor in New Mexico, but that's another story . . .) Pues that day Sadie and I ventured as far as where the stage stairs were, and we went up what's it called? the *proscenium*, ajá. Suddenly she and I both felt inspired to . . . who knew what great things? So she started to sing, 'My country 'tis of thee . . . ,' pos I hugged her proudly . . . pues cómo no? why not? or have you already forgotten that my first words in English were back in Mexicali when my parents' car got to the border checkpoint . . . 'American-born.' Pos, like I was saying, that time with Sadie it occurred to me that I had to invent something, something original, something big, and I don't know why but 'We shall REBEL!' came out ajá so cool with my arm in the air and my hand in a fist, así like that . . . No, I'm not making this up here . . . really that was what I yelled . . . Pero no sé por qué I don't know why but like I said I was the most happy little girl (that's what you think, huh!) . . . vivíamos en carpas, in the first campo my father set up we lived in tents . . . No, that campo was made up of families not of braceros, hired hands, but I'll get to that . . . Pues, Masterton was a little town with nothing to it but come to think of it, I remember a lot about it . . . Bueno whatever sticks to you, whatever gets ingrained in spite of being how you are, how ever you are, or better yet how you could be. . . . "

Be careful, you're off track . . . That wasn't you who began speaking, es otra it's somebody else . . . careful eres muy atrabancada you're too forward and you gotta watch out before you go off on . . . a flight, you flighty girl . . . and what about those pools of blood? Ha ha, keep it up . . .

IT WAS A BODY THAT LOOKED LIKE A DOLL, ONE OF THOSE ONES WITH STRINGS AND WOOD, ALL ANGULAR, ONE LEG HERE, ONE THERE . . .

"Didn't you see it in the news last night, Pat?" Memo tells me as he enters the kitchen. "Well, it was the late, late news. I guess maybe you missed it . . . No, his uncle too, the one he lived with, remember that I told you once that el Puppet no longer lived with his father because he went to Colorado, about two years ago . . . they kicked Puppet out when he turned fifteen pues era muy fregada ésa, that old lady was really tough, she didn't have no heart or something . . . Bad news . . . qué gente those people pues . . . al Puppet y al tío anoche last night . . . Yes, that was him, they been showing the picture on the news this morning . . . sí, ése jue, el Tony López, that was Puppet . . . " We take our coffee into the living room, I open the windows and Memo sits down, pensive for a few minutes in the armchair and he goes on.

"He was only seventeen, ya know? He used to come eat with us so he wouldn't bother his uncles . . . pues even Nancy liked the chavalito you gotta like that kid . . . Sí caía bien, verdad? Good looking batito, verdá?" We couldn't look at each other for a couple of minutes . . . Me, so that I wouldn't start, because at that moment if he saw me cry, then . . . so I just listened to him and every once in a while nodded my head, or que sí or que oh no . . .

"That time that we fixed the neighbor's house, the one that took the corner off the living room by driving home drunk, you remember, well that time the neighbor wanted to pay us for the work. But, pues, Puppet and I didn't want no pay . . . Puppet just told'im. 'Nel, ése, what I wan's a couple 'a col' Burguis'."

It's hard for Memo to go on, and at last he says . . . "I can't stay long, Petra . . . I need to go see what to do . . . To'avía 'stá grave el tío del Puppet . . . Puppet's uncle's in really bad shape. He is still the only witness, besides the police . . . Something's weird, la chota dijo que . . . the cops said and I don't get how . . . we're trying to find out what happend . . . It was outside the Fourth Street Bar . . . pos no estamos seguros qué andaban jaciendo por ai . . . we don't know what he was doing over there—he'd had some trouble with some-body at the cantina earlier . . . Puppet was acting really strange the last couple of days, muy extraño . . . about a week ago he was walking one day after work on Sahuaro Street when he thought he saw su'apá . . . like his father passed by in a car, get it? . . . And he ran behind the car to see if it was him, and he never caught it y como nunca lo alcanzó, he freaked out . . . and all week long he was freaking looking for his father callin' up and down the street to the people to see if they'd seen his 'apá, but no one seen 'im so Puppet freaked out and starting drinking two or three days ago . . . He didn't come to work those last days . . . he drank and drank, insisting that he'd seen'im, había vido al 'apá . . . nos daba lástima we felt sorry for him but we had to be at work so we could only checkup on'im at night . . . and last night we couldn't find . . . We went looking for'im, when someone called up and said Puppet was going back to the Bar, that he'd been drinking . . . but when we found him . . . Güeno, I'm gonna go see if they found Puppet's father to see if he can

help us with the complaint to la chota. Somebody's gotta do it, mija . . . "
Memo kissed me on the cheek and closed the door behind him . . .

You couldn't look at him, huh, not just because of what you said about so
that you wouldn't burst into tears, etc. . . . humm . . . you couldn't look him
straight in the eye, los ojos a tu amigo . . . your friend's eyes . . . what did they ask
for, what did they do to you do to you qué te hacían in spite of what you thought,
ha, ha? CHOCOLATE COLORED EYES SO BRIGHT . . .

I had insomnia for a couple of weeks. Almost every day there was news
about the investigation that had been started by some individuals, news
about the circumstances that surrounded the death of the kid, he was just
a kid apenas era un niño . . . I wasn't exactly sure why Memo decided to
confide in me but he began to call me on the phone to tell me what he had
been finding out during those days . . . he would come by the office to pick
up messages, but he didn't have time to chat, so I just waited for his phone
calls . . . During those days I began to feel an urgency to know the rest of it
and waited by the phone for his calls . . .

BRRRRIIIIIIIIIIINNNNNNGG

"Is that you, Pat? Pues, just wanted to tell ya that they found Puppet's
dad, con to'a y la familia . . . his family is on the way . . . We're going to
bury the kid on top of his mom . . . We couldn't buy another plot . . .
Puppet and his uncle had carved out a cross for the grave . . . Pues Puppet
couldn't stand it that his mother didn't have . . . what are they called lápida,
a gravestone, that's right . . . well what can you do . . . well with the same
cross or maybe his dad'll wanna buy him a stone . . . lápida . . . they said he
took it real hard . . . we'll see, huh?"

Hate. What is it, where does it come from? At what moment does
another's pain become a feeling in your own insides, when does it begin to
seep through your pores, to make it hard for you to breathe well, to the
point where you're lacking enough air, that you start thinking en charcos

de sangre, in pools of blood, that in the darkness not as an abstraction but a photo of a boy/man on a TV screen that reappears in your consciousness . . . conscience . . . days, weeks, months (*and years later*) . . . at what moment? What do you do to keep from becoming forever embittered?

"Sí Señora, as I was telling you the other day it takes a lot to live, no matter where you are, but in Rayón, you just can't . . . There were the haves and the have-nots, and we were almost all have-nots . . . But in any case one finds something to laugh about to keep from becoming embittered, sometimes it's something unexpected, like that wedding of the town patrón's son . . . My wife's cousin works in the patrón don Eulalio Marques's house. She was the one who told us the wedding details . . . Oh we were so impressed when we found out that even people from the United States came to be in the wedding. Pues the girl, the Marquesito's bride was from up North. Pues they came from San Joaquín Valley in California, that's where they had met just young kids in the pizca de strawberries last year. A ver . . . let's see what was her name . . . Lupita, that was it. Well the day of the wedding the nuptial procession was arriving at the church, everybody elegantly dressed and the neighbors smiling all over the place . . . Some daring kid let loose Toña the barretera's chickens . . . and there go the chickens cluckin' all over the place scattering the procession with its colorfully dressed women and the handsome chambelanes, the groomsmen . . . La Toña spied the kid and chased him among the crazed crowd, kicking up more dust and yelling, 'Stupid, lépero, travieso! Mis gallinas, my chickens sin güergüenza baboso shameless idiot . . . !' You can just imagine how the townspeople loooved that scene. Street dogs barking excitedly, chickens zigzagging all over the place, la vieja Toña yelling, the dust, and the people laughing, watching the main man, don Eulalio's son's wedding, turn into . . . excuse my French . . . **mierda** . . . dog shit and chicken **shit** all over the place . . ."

What do you do to keep from becoming forever embittered what?

3 / YOU'VE NEVER DONE ANYTHING

The newspapers, la televisión . . . medios de no-comunicación . . . HE WANTED TO TELL US SOMETHING BUT HE COULDN'T . . . (And you, what did you do, boloña de masa . . .?)

BRRRIIIINGGGG. . . . BBRRRIIIIINGGGG. . . .

"Who? Petra Leyva? Yes, she's right here . . . Professor Leyva . . . It's Sandy Michael, from the SOUTHWEST DAILY GAZETTE . . . Says he's returning your call . . ."

"Sandy, is that you? Ajá, it would be libel . . . ajá . . . well, that's how it happened, like I told you in the note, it wasn't made up . . . Oh, I see, the editor wouldn't want to expose the paper to . . . Sure, of course I'm also afraid that . . . oh, Puppet's family . . . but it's the truth . . . Ajá . . . well, then . . . thanks anyway . . ."

Sandy had told her, furthermore, that since the investigation by the authorities was still going on, even though the piece was perfectly well-written, it would be very risky. (ha ha you knew he meant dangerous besides, and for whom para quién para quién)

"You know very well that I was caught up, a fever of emotions, a rage against I had no idea who or what exactly but I said and named there, without intellectualizing much: family, welfare, authorities, police, father, mother, destiny . . . In short, a salad of confused feelings, accusations . . . a lashing out, and en inglés . . . I thought that I was writing it impersonally . . . I don't know what reader I was writing to . . . it was something or someone vaguely out there/allá that would understand, that would feel, that would see . . . Empecé a escribir . . . I started to write and rewrite . . . pero no me salía bien la cosa, . . . I couldn't get the thing just right, I was always there juzgando, judging and blaming I still don't know who . . ."

> PUPPET was born seventeen years ago in the barrio, in Southwest City. His father supported what became a family of six children on and off again by odd-jobbing it around town, and eventually they all became wards of the State.

Qué es eso, "wards of the Steit?" Ah, public assistance . . . your famous welfare (. . . the blonde ladies of welfare)

> No one in the barrio really had much faith in the blonde ladies that would come around from the Welfare office once in awhile, checking up on people to see who was living with whom (Válgame el whom, qué smart eres tú) and who wasn't, much less Puppet and his brothers and sisters. . . . who had no faith in the blonde ladies or the blonde ladies didn't have any faith in whom . . . This is not very clear . . . Ah, you want to leave it like that? Bueno, you always get what you want . . .

I read it to Memo, and he was really impressed with the transcription.

"It's great that you did it in English, Pat . . . you know, yo no sé leyer I don't know how to read in Spanish . . . Nojotros we all speak it but we don't know how to write it neither . . ."

"There's all kinds of mexicanos, Memo . . . You know that about most of our kids . . . Pues los tuyos también . . . your kids also don't speak Spanish very well . . . And there's others even maestros de español . . . and their kids . . . Yes, Chicanos is better . . . It's okay, Memo, maybe sometime I can teach you to read . . ." (Oh sure, sometime you're going to teach your own kids . . . you know you make me laugh? You know that *it seems to me* like all of this is just pure meas your culpas . . . because your attitude is in . . . did the lice dig into your brain this time . . . ? In the end, is that where they made their little houses?)

Nobody, except friends and relatives who couldn't do much to help (Memo knew it, and he and Nancy went to complain to the step-mother, but the old bitch didn't pay any attention to them—yes, it's a subjective judgment on my part, pero tú aguántate, take it).

Few really knew what Puppet's home life was like . . . how Puppet's baby brother went all day without his diaper being changed (en su mierda, damn the ol' bitch) and sometimes they barely ate until Puppet's younger sister got home from fourth grade . . . she did what she could before and after school. (El papá? . . . Oh, pues alcohólico, what did you think . . . he was never there . . . and the old lady took advantage of it . . . Ajá, losers, the two of 'em . . .)

Ay, tú qué self-righteous . . . Look, if you insist on dealing with this, at least do it in castellano . . . (Look, *that* is out-moded, mensa tú you idiot . . . and you, more than anyone, you know, bien sabes that this is difficult for me for . . . many reasons . . . and memories . . .)

His friends described him as very quiet, never bothering anybody with his problems and rarely saying anything about what was inside . . . "Pero cuando pisteaba when he got drunk sometimes he would tell us stuff . . . Que he didn't understand why his father wouldn't help him, he thought he didn't . . . pos he never said he didn't love them, pero nojotros sabíamos we knew it and we couldn't do nuthin' . . ." Memo, I'm going to write about this, and send it to . . . to the papers . . . or something . . . If it's the last thing I do . . . (And after that your anger went away and you started to fear. . . . and what was it that you did . . ?)

"Loreto? It's Petra . . . I wrote something that I would like you to read . . . No, it isn't a story from my childhood, from the campos, like the other one . . . Or maybe . . . bueno, can you read it for me? Let's see what you think . . ."

At school they checked Puppet's little brothers and sisters to see if they had lice . . . a los gringuitos ni los veían they didn't even check their hair.

"Class, what do you think of Tomás Rivera's story 'Es que duele,' today's assignment? It's not true to life? (Remember? . . . the protagonist asked his mom why they checked him for lice and the school nurse even made him take his clothes off . . . Te acuerdas?) Manuel, what about you? Yes, me too . . . and I didn't much like for my mother to look through my hair . . ."

"Mamita, why do I have lice? . . . What do they do? . . . Casitas? . . . Oh, 'amá deja, let them make their little houses . . . Fuchi! No me gu'ta I don't like the *kerosene*, 'amá, let them make their houses . . ."

(You notice that . . . even the smallest details más nimios . . . Our Narrator picked the easy way out . . . Bueno, I'll let a little girl get away with it, but you viejonona old lady . . .)

They named the new school in Betaville Mercy Simpson School. In honor of the viejita who was the principal for sooo many years . . . Sí we went there for a couple weeks . . . Era que we weren't *settled down* yet . . . We had come to visit the family for Christmas and we didn't come back until February, something like that, pues we were still all over the place yendo y viniendo coming and going from Northern California . . . As I was telling you lo que le decía (that's in case anybody formal is paying attention) it was the new school in Betaville . . . well, it didn't have the character the old school had . . . How was it? It was very curious, sabe usted . . . It was what you call a *Georgian mansion* . . . ajá, white, yep, it seemed so soooo big to us but it isn't (we went to see it later out of what is called *nostalgia*) . . . Sí, yes, with its long columns and . . . pues, it seemed to us that we learned English very well, pero muy bien in that building . . . Oh, the ol' Betaville School! It was a very democratic system, so democratic that we didn't even notice how goooood it was for us and how niiiiice it was for us to be there, under that Principal's regime, that I thought was sooo nice to my cousins but from what I remember now . . . Spanish, which is what all of us spoke except the vecinitos americanos like Brian Roskers, was prohibited during school hours . . .

And if they caught you, pos zas! a slap wherever the ticher gottya . . . No, not real hard, pero pues, we didn't like it all the same although I'll tell you it was very democratic because they hit all of us the same . . . So, we'd go off to speak Spanish . . . we had to talk about our boyfriends sometime, no? . . . Under the enormous oleanders that were in the playground . . . Besides, there was shade there, and since Betaville is in Imperial Valley . . . bueno, usted sabe you know it's very hot and around there no one cared about impressing anyone with a lawn, sure, an up-to-date manicured yard . . . There, under the oleanders we would chat todo el español que queríamos all the Spanish we wanted even more deliciously fun because we were hiding from Mees Simpson (yep, solterona también, that's how a lot of teachers are old maids . . . Oh, remember . . . MUJER QUE SABE LATIN NO TIENE NI HOMBRE NI BUEN FIN) . . . And, in a real democratic way, that's where each and every one of us got a lice attack la piojera . . . Bueno, I don't know if the word exists or not, but I was telling you that Serafina

Gómez gave us lice . . . Siempre traiba (perdon, traía, although the first one sounds better) she always had a bandanna wrapped around her head, and we had never seen her hair . . . pues one day we insisted that we didn't believe her, that we wanted to see her braids . . . No, it was the chavala's fault because she kept saying that her trenzas were longer than ours . . . and that's how we took the bandanna off, and how we came to share those little animals, sooo insignificant . . . bueno, that's what we thought about it until it started itching y qué suena nos dieron en casa what a beating we got . . . I, being from the very beginning a very democratic creature, gave the piojos to my little brothers . . . Immediately, so as not to keep the pleasure to myself. My mamá? Pues enojada, angry because "Haven't I told you so many times that there are certain people we just don't hang around with? . . ." Bueno, it seemed to me like my ma just didn't understand about social classes really well, she never got past third grade and, of course, she, unlike us, never had the privilege to go to . . . that mansion, that formidable building . . .

(Or what, you never did anything there, either?) One time, by accident, I earned the Principal's special attention . . . por, for being in love . . . And it kept happening to me like that, people kept busting my chops for being in love, pero back to the point . . . I fell in love with Kiki Enríquez in the second year and, well, I looked at him lo miraba a escondidas without anyone knowing, both in and out of class . . . One day, Kiki gave me a sign . . . Pues, I all excited and rete feliz really happy that *he had noticed me* . . . Pues, I gave him one back, no? and with that the ticher comes along and pulls my chair out with a Hrrrmp! . . . takes me out into the hall and while she sent who knows what mocoso bratty kid to get the Principal, to whom she said when she arrived: "She was giving that poor young Kiki Enríquez THE BIRD!" And then like I tell you, I always get punched out because they catch me, the Principal gives me a WUAAAP! with the wooden ruler across my hands . . . Sí, pobrecita yo, poor me, huh? Ajá, and Kiki, well, he was all happy in the classroom drawing birds ... hot shot ... Después, well after ... I wasn't a resentful girl, and I forgave him ...

Resentment. At what moment does resenting what gets done to you start to count as much as other people's pain ... What are resentment's origins when one morning what they did to OJOS VIVOS COLOR CHOCOLATE LIVELY EYES ... they did it to you, and what they have done to you ... it makes it hard to breathe, HE WANTED TO TELL US SOMETHING BUT HE COULDN'T ... At what moment do you yourself overcome terror the fear of not being able to say what they have done to you/them ... When do you stop being a blind/passive witness of the facts ... When ... (How many times, masa, did you decide *to forget* the forgotten el olvido in order to go on ... And when you least expect it, ha, ha, you can not escape ... from ... what ... who ... You still don't know, ha, ha ...)

> Several years ago, Puppet's mother died, leaving behind a baby in diapers and the five older children, including Puppet ... "Puppet and two of his little brothers suffered a bone sickness that made him walk like this ... Como d'esos like those, what are they called ... títeres ... puppets ajá, that's why he walked like that and that's why he got the name" ... Three of them suffered from a bone disease which crippled them and this eventually resulted in a bobbing rhythm to their walk as the diseased limb was overtaken in growth by the other ... (we thought that they could've done something but they didn't take the chamacos to the doctor, pues, because in this case ... they didn't want ... pero there were other cases in the barrio when people looked for help pero nomás nothing ...) Because, you see, they buried Puppet last week, after a series of very sad and perhaps bizarre events. "Jue ajuera del Fourth Street Bar outside ... pos no'stamos we're not sure what he was doing 'round there ..."

"Pat? It's me . . . You're not going to believe this . . . I am still pissed off . . . That stepmother of his went to where Puppet worked on the weekends at the Hotel Palacio . . . And she cried to the managers telling them that, her pooooor son, how they killed him and those people felt sorry . . . pues for the batito and not for her . . . and they doubled his pay . . . So la vieja took double the one hundred and fifty dollars they owed the batito with her . . . pues letsee if it dawns on them to get him a stone . . . lápida . . ."

BRIGHT EYES PUDDLES OF BLOOD DIDN'T YOU SEE IT IN THE NEWS?

4 / MEMORIES OF THE DARK

"Hi, Petra . . . Me acaban de llamar del banco de Puppet," Memo says they've just called from Puppet's bank, "since the batito worked with us mostly, Nancy and I were there for referencia . . . Just think, the stepmother went to the bank, gave them the same line she gave at the hotel where he worked, and took out Puppet's savings . . . Pues ya ni aguantamos nojotros . . . no we can hardly stand it anymore, but the only thing that we're hoping, is that at least pues that they use those centavos for the other chamacos, the younger kids still at home with'em . . . Can you b'lieve it, one of the chamacos . . . jeez it spooked us when we saw him . . . he's the spittin' image of Puppet . . . the hair, the eyes . . . Pues you'll see, at the wake . . . the *velorio* . . ."

BRIGHT EYES MEMORIES OF POOLS AND POOLS OF

"Petra, this is Loreto . . . Oye, this relato of the muchachito that they killed . . . You have to go on with it . . . Look, it has a lot of . . . it really grabs you . . . tiene mucha garra . . . No, what do you mean you're scared what fear . . . no te rajes, yeah I know you don't like that expression, but forget that for now and listen to me . . . el pueblo, people need to know this stuff . . . No, it's fine like it is, it's really strong . . . The writer has to be witness,

Petra . . . La investigación? Ajá . . . Mira, look here, do you love your people, Petra? Bueno, then work on the story . . . or the relato . . . might be it'd turn out better en español . . . What you could do, is give more detail to the characters . . . así, yeah like that, make al muchachito ése stand out . . . Yo, por mi parte, I'm going to make some pesquisas, sniff around my compadres . . . I have the same feeling they're covering up something . . . Hay algo, something like . . . I don't know what . . . but something doesn't set right en la versión de la placa . . . Sí, I'll see you next week at the reunión en el Centro . . . Pues anímate muchacha, perk up and go to it . . . talk to you later . . ."

NO LO VITES EN LAS NEWS?

In your insomnia, you read poemas by Chicano writers and there's one about la voz del pueblo, the voice of the people that wants to speak . . . and you recall that la oscuridad, el olvido the dark, oblivion, is no longer an abstraction . . . *ya no es abstracción* . . .

Imperial Valley, California.

UPA. MEXICAN NATIONALS SUFFOCATE IN BUTANE TANK/TRUCK. ARREST MADE IN TRAGIC DEATHS OF ILLE-GAL ALIENS BEING TRANSPORTED BY U.S./MEXICAN RING. FARMWORKERS PAID FOR SMUGGLING ACROSS BORDER IN SEALED TANK AND ON ARRIVAL IN U.S. ACCUSED CHARGED SEVERAL COUNTS MURDER PENDING INVESTIGATION OF NUMEROUS PRIOR CROSSINGS.

Salinas Valley, California.

API. TRAIN HITS TRUCK TRANSPORTING BRACEROS TO FIELDS. MULTIPLE DEATHS TRAGIC END OF LONG ODYS-SEY FOR MEXICAN NATIONALS. ARRANGEMENTS FOR RE-TURN OF BODIES TO MEXICO PENDING IDENTIFICATION.

STATE AND FEDERAL INVESTIGATION OF ACCIDENT IN PROGRESS.

San Joaquín Valley, California.

WU. MEXICAN AMERICAN RESIDENT OF FARM LABOR CAMP DIES IN AUTO ACCIDENT. TRAGEDY BLAMED ON DEFECTIVE BRAKES. VEHICLE HAD REQUIRED REPAIR FOR SOME TIME. VICTIM LACKED MEANS FOR REPAIRS ACCORDING TO FELLOW RESIDENTS OF LABOR CAMP.

My little brother, Plonquito, and I had a velorio for Wimpy outside the dining hall in the labor camp in which we lived in those days in Masterton, in the San Joaquín Valley in California.

The labor camp was made up of some green barracks with the gray building that was the kitchen and the dining hall in the center, not far from the entrance to the camp and the first row of barracks in which our family lived in two rooms. When the carroza arrived that afternoon at the camp, Plonquito and I ran to the bedroom window, bumping into cots and the blankets that served as walls and divided the room.

It had been a few days back that Wimpy had left to pick tomatoes with my dad and my uncles, but our friend never returned. "There was a wreck . . . ," Güero came to tell us, crying and twisting his straw hat in his hands. Wimpy and Güero were my mama's boarders and they ate every day with us in the other room that served as living room, kitchen and dining room, and Wimpy was always nice to my brother and me; he used to bring me funnybooks because they all knew that I liked to read and to imagine a lot; once he brought me a Pepin from Mexicali and he told me: "Remember the Mexican funnies?" And another day that he'd brought me some funnybooks, Patsy, my little sister who was only a few months old and who I was taking care of, fell on the cement floor because I was reading my new funnies, and she got a big bump on the head by the time my mama and papa came home. They gave me a good spanking and they told everybody about it, and afterwards Wimpy and Güero used to make me real mad, making fun of me and calling me "Miss Funnybook," and sometimes I cried I was so embarrassed.

But Wimpy was always very nice to us, and that's why we ran to the window to watch him arrive that afternoon. He came in a long car, really big, black and shiny and we couldn't understand how he could sleep in that long box, which was also black, like our mama had told us.

When it got dark, cars began to arrive with families and friends that came to see Wimpy in the camp dining hall, because that's where they had put the long box that my mama had said Wimpy was sleeping in. And my parents went also to the velorio, but they didn't let us go, and I stayed behind but I was mad. Soon after, Güero arrived really scared, looking for my parents, because he said that Wimpy's brother, who was coming all the way from Ensenada, had smashed up in a car wreck. I wanted to give Wimpy the news, because he was my friend, and I just had to tell him, and so that's why I sneaked off anyway to the dining hall while the neighbor lady was busy with my little sisters.

"I've gotta go see Wimpy," I told Plonquito. I grabbed some funnybooks for company, and I crossed the road in the crickety dark and went towards where I could hear shouts and people talking once in a while . . . somewhere in the labor camp you could hear a radio with off-key mariachi music. When I got to a dining hall window, I could see some women inside; the men were already drinking outside of the hall, and they were talking and sometimes one of them would laugh nervously. The mariachi was singing ". . . si muero LEEjos de TIIIII . . . ." I began to think that a *velorio* was some kind of fiesta for Wimpy and my little heart was beating with anticipation, but first I had to talk with him, with my friend.

I couldn't see Wimpy's face and I went to another window that was right in front of the long box with its pretty lighted candles lined like a fence around it. There was my friend, and I was really surprised that now he had both eyes closed; I always thought that Wimpy slept with his good eye open just like that, and with one eye closed, but no, there was another Wimpy, all pale, and his curly hair combed real good, his face the color of the candles that surrounded him and pretending to be asleep.

I felt like my heart was going to pop out of my chest, like I was going to swallow my tongue, but I was about to call to my friend when Plonquito crept up, and I jumped with a start, frightened. "Manita, come home now because I'm scared. . . ," he said, but at that moment some comadres came out of the dining hall, crying and shouting, and a man came up to them to say "I'm really really sorry about Wimpy's dying," and he went back to the group of men with their bottles.

Plonquito and I stayed there a long time, thoughtful and trembling in the dark, holding hands tight and looking inside to where the candles and the little open door of the black box were . . . I began to cry, feeling a heavy confusion, getting an anxious knot in my throat, because I hadn't been able to tell Wimpy that it was his brother that had died, that his brother would never get to come to the velorio, nor to anywhere else, and I just knew that someone must have made a mistake because he, Wimpy, was only supposed to be sleeping in his box and because there were only supposed to be dead people in the *funnybooks*, and then Plonquito and I left, running and crying, and my braids kept hitting me in the face and they felt really heavy and I threw my funnybooks far, very far away . . .

(That wasn't you, I know you already and it just couldn't have been you . . . Where'd ya get that story from, you romanticizing liar?)

From a magazine, one of those that they say is from the Left . . . The woman that wrote it, the one that had to reinvent it in order to write it

31

later, that one that did try to . . . to do something and to speak out . . . One of the many voices that wanted to speak out, when one starts to remember what gave meaning to . . . a . . . qué pues, what, you know it all?

(Mira, boliche pinhead all that stuff about campos and braceros and that EL MOVIMIENTO THE MOVEMENT, doesn't it seem that it's a bit . . . behind the times . . . ? No viste the writing on the wall . . . pos que in the magazine where that girl's . . . story . . . el relato . . . appeared there is an article about the campesinos and they don't even mention Chávez as the Líder . . . I'll give you some advice . . . Don't get involved, te lo aconsejo, no te metas in things you don't know much about . . . Or you'll start remembering other little things that years ago . . .)

A Salvadoran refugee friend of mine asks:

"is César Chávez a VENDIDO . . . ? Is it possible he sold out . . . ?"

IT MAKES YOU IN SPITE OF YOURSELF IT MAKES YOU THINK THINK ABOUT SOMETHING . . .

5 / BEAUTIFUL EYES, GRANITE EYES

Félix comes out of the County Jail early in the morning, this time he wants to get to his older brother's house by 7 am . . . Memo had helped him fix everything up with the D.A., so Memo now officially answers for his hermano . . . Petra's friend had done the same for several other young men from the barrio . . . Now Félix's deal, this was more complicated, since they had caught him with a bag of crude heroin in the Chevy . . . They wanted for Félix to *cooperate* . . . The kid agreed, only after lots of pressure from amigos y familia, 'cause these wanted Félix to cut it off with those corrupt dopers . . . le propiciaban el vicio . . . those suppliers just kept messin' him up . . . As he left the jail that crisp clean morning, there was a red Lincoln . . . like blood from a deer . . . como la sangre de un venado . . . parked but motor running, beside the curb . . . Félix recognizes too late one of Samuel Longoray's lieutenants waiting for him. Longoray, the amigo traficante that will shortly turn into his enemy the moment that Félix . . .

"Testify, Petra . . . he was going to *testify* against those dealers . . . The D.A. tol' Félix he'd go free if he'd give testimony against that dirty guy . . . chicano sucio . . . They got'im, them, real young, chavalitos los agarraban . . . Pos, anyplace they could get'em, but in the barrio right there there's a parque . . . When they're eleven, twelve, they grab'em . . . 'n' if they don'wanna, pos a juerza, well they make'em ennyway . . . They shoot'em up right there, injecting'em in some dark hidden corner . . . Everbody knows, but they're scared'a that guy . . . ése, es una vergüenza pa' la raza . . . a disgrace to us that's what he is . . . And one day when you don't expect it, it's your hermanito, and then he's not . . . Y ólvidate de las esperanzas . . . You kin forget about any hopes . . . He was going to testify, Pat, y naide nobody was s'posed to know it outside of the D.A.'s office . . . Sí, that's what we figure, that someone inside whistled to the *main pusher* . . ."

Anger got to you, the kind that enters like a hurricane and passes by, and you started to fire shots . . . words (in any case, palabrería, romantic words . . . who was going to pay attention to you? And it terrified you that . . . that they'd pay attention . . . !)

> THERE IS A CHICANO SUCIO
> WHOM NOBODY WILL NAME
> TAKES LITTLE BLACK AND BROWN CHILDREN
> AND MURDERS THE SPARKLE IN
> THEIR BEAUTIFUL BROWN EYES
> AND KILLS BLOODLESSLY
> THEIR PARENTS' LAUGHTER
> AND IN FALSE EUPHORIA
> SLOWLY DROWNS
> THE HOPES OF
> MY RAZA!

Let's see, cómo va, how does it go? Ha, ha, ha, let's see qué what of "braun ais" . . . ha, ha . . .

THEIR BEAUTIFUL BROWN EYES . . . there are ways to kill, without blood, and people fear those who kill . . . they might know their names, but they don't name them . . . (like as if it's for no reason, mensa, didn't you get it yet . . . no lo vites en las news? . . .)

Sí, so loving of "mi raza" here, and "mi raza" there, as if it was a samba, samba . . . Pero you have never done anything, I'll tell you, and you insist, on keeping on, and you'll hang out all that dirty laundry you didn't want . . . ha, ha . . .

BBBBRRRRIIIINNNGGG

"Petra, it's Loreto . . . pues, qué te pasa what's wrong muchachona? We were hoping to see you yesterday at the meeting at the Centro de Comunidad . . . Pues weren't you interested in helping us with the Chicano Literature Conference? Why? . . . Pero we're all scared, all of us who have decided to do something, no matter what, to fight for justice . . . Because of the story . . . el relato about that kid? . . . Ajá . . . a poem you wrote against. . . . ah caray . . . But no, don't believe it, muchachona . . . Be strong, mujer . . . I've seen the other Petra. . . . in your other poems . . . Just so you know. . . . No even if you were to read them in front of their faces, they wouldn't pay attention to you . . . Those people as full of shit as they are, they're not afraid of anyone . . . Look at what they do. But don't stop writing, Petra, it's too late to not say anything . . . Look, we're taking action so that the official investigation, no te rajes, don't back out . . . Sí, sí, perdón . . . Ah, look at you Petra . . . liberate yourself libérate, pues muchachona . . . What are you waiting for? Ajá . . . bueno, I'll be waiting for your call . . ."

DROWNED BEAUTIFUL CHOCOLATE COLORED EYES BEAUTIFUL WITHOUT BLOOD

"Cooooooolorado. . . . coloraaaado . . . Like aaa deeeer's blood . . . " the young student from the Universidad Autónoma sings with feeling . . . Like a lot of those gathered at the Centro on this humid night the young student is from Sonora . . . Loreto, sitting by my side, gets up to congratulate the singer who has finished . . . " . . . Compañero . . . !" The song reminded me of something Medeiros had told me about the last Sexenio, al otro lado on the other side . . . of parks, of plazas, of blood. . . . After the poetry part of the program, I imagine those distant deaths going to the parked car in a dark corner of the parking lot. Suddenly I see or I think I see that Samuel Longoray's lieutenant is waiting for me with a giant hypodermic needle that is laying out on the hood of his long shiny Lincoln, red like a deer's blood . . . Scared, I start to run, desperation tying me up in knots . . .

(EEEEEEEPAAA! ha, ha, ha, ya vamos, here we go burrito, ha, ha . . .)

The stepmother and father used to take her own children out for dinner from time to time, but Puppet and his brothers and sisters were left home to eat "gorilla meat" . . . That's what they called the canned meat that las blonde ladies del welfare gave them to eat . . . Carne de gorila . . . pues, since they didn't know what animal the meat came from, they called it "gorilla" . . . That Puppet, pudía ser más tapaderas, he could always make a joke . . . Era juerte, he was strong, huh, very strong el batito . . . It's just that in the end, when he saw his father, in the end he couldn't any more, he just couldn't . . . It hurts, ya know, Pat? Aren't there things it hurts to remember . . . ?

BRRRIIIIINNNNGGGG . . . BRRRIIIIIIIIIINNGG. you don't want to you don't want to

"Pat? Are you coming to the wake tonight . . . ? . . . No, I'm so pissed I'll explode, that woman . . . Yes, we just saw her at the mortuary . . . Ya' know what she did? All she did was bring a shirt for the chamaco, so they could bury him . . . Intonces, then she foun' out we was gunna bring'im some *real sharp* clothes, and, ya' know, when the vieja found out . . . Pues, so that we wuddn't be one up on'er, she wen and bought a jacket and a tie . . . But, go figure she didn't bring'im any *pants* . . . So, we went 'n' bought'im some . . . No,

I don' know where his father is, he's probably all drunk somewhere . . . ya pa' qué, verdá? . . . Why bother?"

Pools of blood. There's a body inside a dark room, but you can see that it's laying in a darker pool . . . of blood . . .

"Professor Leyva? Why is it Mexican and Chicano literature . . . Gosh, come to think of it, that's the impression I get from all Spanish literature. How come there's so much *death* . . . Like it's all they think about . . . I don't like it, it's too heavy . . . Why is there, what do you call it . . . a *preoccupation* with death?"

(Oh, this is getting good, ha, you answer that zo mensa zozobra, that the dance with death, that *The Labyrinth of Solitude,* that the mummies in Guanajuato, you could've said something else, don't you think? but no, you say aquello otro that other stuff because you don't want to remember, you don't want to)

The body of a woman lies in a darker pool of blood . . . she's neither young nor old, she's got brown hair, tan skin . . . tangled hair . . . a baby cries, a new-born, squirming in the woman's extended arm her legs are still curled up . . . the pool of blood comes from between her legs the exhausted woman who fights to breathe air, more air . . . Blood clots, a twisted chord, pale with dark veins, everything still warm and steaming . . . The woman's face and hands smeared with blood . . . You start to write a new objective version of Puppet's life. You start but you don't finish because you don't know where.

You could write about his death first since it was the most shocking. . . . you throw out that idea because then it would be giving it a meaning that it didn't have, so sad and meaningless that end, making no sense . . . You didn't want the story in chronological order either, since that wasn't how the facts of the case had been perceived or brought to light . . . You look at the calendar the day you start: it is November 2 . . .

At the University you're teaching: "Class, in the colonial city of Guana-juato, there's a really interesting cemetery ... the chemical composition, or something like that, of the soil, has given the city a new addiction ... for-give me, I wanted to say addition ... Umhum ... a basement that has mummies ... No, they're contemporary mummies, not as famous as the ones in Egypt... Qué va! Can you just see King Tut's people going 'Come and see our dead! Cinco pesos, five pesos a looksee ... Just go down those stairs and you'll be really impressed with ... disgust,' (although people pretend well enough, don't you think, that they're not scared shitless, ha, ha!) Five pesos ... bueno, maybe it has gone up to ten, you know inflation can be contagious ... ."

(Oh, that professor! She got away with it again ...)

And there was a woman mummy with a mummy baby in her ... pues, in what were her arms ... how disgusting, that notion of remembering death ... But why do people do it? Qué preocupación ...

"Hey, maestra, it sounds like you people sell your dead, or something, I mean, aren't you afraid of something bad happening to you? Why don't you Mexicans, I mean Chicanos, let the dead rest in peace?" (And besides, if you don't let Puppet and Félix and Medeiros's son rest in peace, y tus recuerdos, your memories, your memories ...)

"And some children-guides go down with you and look at you and look at you and look at you" (don't they ever smile? ... ha, ha) No, no smiling, very serious they look at you y te miran while you look tú miras (Don't they say anything after their spiel ... ? hee, hee) "No ... they look at you, you look" (What are their eyes like? Ha, ha I caught you, te agarré guáchala, watch her now, ha, ha)

DARK EYES OF AN OLD MAN IN THE BODY OF A YOUNG

KID GRANITE EYES THAT ASK YOU THEY ASK YOU SOME-
THING . . . ARGO . . .

"Why do you run, Petra? What's wrong? It's like you've seen a ghost" . . . !
Loreto is coming out of the Center as I come running down from the parking lot.

"I thought I saw a . . . Longoray's . . . his . . . because of what I wrote . . .
I don't know if I'm strong enough for this crusader business, Loreto, no sé
I don't know if I have the spiritual strength . . . I am afraid of . . . I don't
know, te digo . . ." I recover, and Loreto walks me to my car. We say goodbye
with a hug and he says in a low voice . . . "Oh, Petra, you still don't know
what you can do. . . . You don't even realize it yet . . . I'll call you tomorrow
to see how you're holding up, eh?"

(How are you holding up? Pues cómo le va a seguir, how do you think,
blind, that's how, like you've always been when you should have been afraid
. . . you weren't, and now that there's no time left)

That night, walking to your house, you think about what you have thought
about, about the scare, and when you get home you lock yourself in the apartment to write poems about how reality was and how it had been.

in Mesilla New Mexico

in the summer when I was a very little girl

"And so, every day we would go to play in the old cemetery, over on the
other side of Uncle José's orchard . . . I used to love to run around with my
cousins between the tombs, kicking up dust all over the place . . . When we
felt like it, we would pick the fruit of the mesquite tree, yes there are still
mesquites around there, and we would peel it, ajá, and we would suck it
. . . it had both a sweet and sour-like flavor . . . We would see those people's
tombs, boy there were a lotta dead people there . . . No, I was never scared

of them because they were sooo quiet, they never bothered us na'a . . .
Umhum, we used 'ta play . . . What? . . . Güeno, we would arrange our
dead aunt's and uncle's dried flowers . . . Every once in a while, it would
occur to me to stick some dead person's flower, ajá, in the back of one of
my braids . . . Sí, yeah I would make my cousins scream . . . the live ones,
right? . . . But the best, lo mejor, what really gave us goose bumps out of
fear . . . even though I liked it, I liked making them scream . . . was when
I used to dance on a huge cement tomb . . . Hee, hee, it had a black skull
painted on it . . . It was my *stage*, you know . . . oh, pardon me, *proscenium*
. . . and I danced and danced and they screamed and screamed nervously
. . . Later someone in my family told me that it was soo scandalous to insult
the dead like that, that it was a sin, or who knows what but pos I say they
were just *jealous*, sabe? Ahá . . . as if they wanted to have done it themselves, ha, ha . . ."

And now that they're coming to look for you, bola de miedo? And now,
fearball . . . ? Ha, ha, tú

WHY DO YOU RUN WHAT'S WRONG THE BLOOD

6/ BLOOD, LIKE IT WAS JUST YESTERDAY

La sangre le hililla de la boca . . . the blood threads down from the woman's mouth, the woman who has fainted with her just–delivered baby in one arm. Hay una niña, a little girl is snuggled into a corner of the room, a little girl whose face you can't see except the vacant eyes, una niña about four or five years old who trembles, whimpering, GRANITE EYES terrified eyes . . .

BRRIIIIINNNGGG . . .

"Hello, Professor Leyva . . . Pat? This is Sally Aguirre, from your class for people that work in hospitals . . . I can't make it to class tonight . . . So tells me the young nurse that works at Unity County General that she can't make it to class, a special Spanish class I give Tuesday nights at the College of Nursing . . . Something happened to a friend of mine, from the barrio . . . they found her passed out at home . . . En un pool of blood . . . "

"Sí, nojotros la conocemos, Pat . . . we know her, she lives two three house from us . . . When her husband got home an' foun' her in a charco de sangre a pool of blood and the tiny creature already born and the older lil' kid there like in shock, he came over to use the phone . . . he asked Nancy, who was home, to call, que trajieran . . . bring an ambulance . . . Sí, later they found out the woman knew she was gonna have the baby but looks like no quiría avisar a naide . . . din't wanna tell nobody, din't wanna go to the hospital . . . Don't know . . . 'cause of somethin' that happened to her the first time, with the first little kid . . . Qué? Pos, no sé . . . don' know, Pat, if they'll let you see her, but you can try . . . "

They've taken the woman to Santa Cruz Hospital of course . . . When she wakes up in the hospital and she becomes aware of her Hexol smelling environment, she screams, "Sáquenme de aquí, get me outta here, por Dios, for God's sake . . . !" She calms down only when she sees her husband next to her, there's a doctor and some nurses there that all speak Spanish . . . And that's how they calm her down, talking to her and asking her in a way she understands that . . .

"She almost bled to death on the floor, señora maestra, and she hadn't told me anything in the morning because she has had a fear of doctors since they interned her for the first time, when she gave birth to Maricelia, our four year old . . . Bueno, I came from Oaxaca five years ago, where I used to work in a store . . . one of those grocery stores from the barrio . . . We were close to the main plaza so we sold just about everything, from films to tapestries for the tourists, to milk, candy, and rice to the neighbors . . . After a few months, since I found a job as a finisher in a dry cleaning place, I sent for my wife who was already pregnant . . . pues, since I didn't speak almost no English, that was the only thing I found, and I'm still there . . . you know that those of us who don't have any papers, pues, one has to swallow so much in order to . . . por, pues, for the wife and kids . . . Bueno, I was telling you that my wife is very shy with Americans, because she doesn't know what they're saying, since she doesn't know nada, not a word of English . . . now she knows a few words, but she doesn't want to have anything to do with them . . . Bueno, a ver si, letsee if she wants to tell you . . . Since you are Sally's friend . . . We'll wait a few days until she gets stronger, no? and then letsee if my wife wants to talk to you. . . . Imagine, with her own teeth, she bit the cord . . . that's how I found the three of them, even the oldest with her little hands . . . all smeared with blood . . . And if it hadn't been that they closed early where I work, I almost would've lost them both, pues . . . The oldest? Oh, she still hasn't gotten over the scare, but she'll be better when mamá comes home, don't you think . . . ? This will pass, no cree . . . ?"

THE BLOOD WILL PASS WILL SHE GET OVER IT?

"Señora, how did this happen to you? Why didn't you want to go to the hospital, since you already knew what was goin' to happen when the pains started . . . ?"

you don't want to you don't want to remember no no your
daughters no

for God's sake, what've you done bringing me here to this place so
hygienic and so barren of luxuries and without a soul to talk to so I
understand what they're doing to me what they're saying to me
what is that blond man doing here ah caray here comes a black
man everybody is watching me now they remove the sheets no no
no don't put the cotton robe on me everything smells like medicine
like chloroform like I don't know what nightmare because now
they poke into me NO NO NO don't tie my hands my arms, don't
tie me down . . . let me go they poke black white fingers in me they
say what? say what? do to me? here comes a young nurse it seems
like it seems like pero NO HABLAS ESPAÑOL DON'T YOU
SPEAK? no but she looks at me with brown eyes Sally says Sally
Aguir—ay what are they doing to me it hurts my baby is coming
already? qué why do you have me like this all open help me help
me she doesn't understand what I say but her brown eyes understand oh no other men in white spread me up el dolor the pain

what are they doing to me they touch me they see me all spread out
who are these cold eyes white and black fingers without permission or pardon oh oh here comes a moreno NO NO HABLAS
ESPAÑOL? no he doesn't either sorri he says sorry qué what are
they doing to me don't stick that finger in it hurts todo everything
I'm dying and they see that there is blood and they bring me
quickly a dónde where Rafael Rafael where are you get me out of
here you wanted to have sons, male heirs, no no damn you where
are you now what have they done bringing me here what is this a
mask a black plastic thing that smells que huele a gringos that
smells like gringos cold fingers Rafael oh Virgen María madrecita
mamaaaaaaaaaaaaaaaaá

"What is the meaning of original sin? Yes, Petrita Leyva? Well? . . . " (Sí,
quedaste muy bien you always did the right thing, tartamuda meona stuttering pissant . . .)

"Señora . . . I'm sorry, I can't . . . there are some things that one doesn't
want . . . those memories, I don't even want to share them with my husband he brought me here with so many illusions of a better life, but there
are things that he doesn't understand . . . that our daughters, no, that our
sons and daughters . . . I didn't want to have children any more because . . .
Bitter? Señora maestra . . . I think it goes way beyond that . . . "

The woman's beautiful eyes, gray eyes with flecks of brown, fill with . . .
DON'T ASK ME I DON'T WANT I DON'T WANT TO ASK " . . . Please,
maestra, don't make me remember . . . Why bother now, anyway?"

(To choose, whose fault is it, whose?)

"Memo, this is Pat . . . Sí like Sally told me later on, the only other thing
they could've done was to sell tickets to the birth, as if it was an exhibit . . .
as if the brown-skinned woman didn't have any feelings, like she was worth

less than nothing . . . She was in terrible pain, pero se moría de vergüenza she was mortified at how they had her . . . like that . . . La Sally? Oh, she stayed in Unity County, pero por eso she decided to learn Spanish for that reason, to better help when desperate people arrive because like the señora told me she cut her own cord . . . "

You go on, blindly, collecting stories, incidents of the barrio, of the community, of . . . You write disorganized fragments, confused. Some papers you put in your desk drawer, others in the wastebasket. . . . When you arrive from work you check the mail, you lock yourself in your apartment and the phone is your only connection, nuisance, and interpreter to the outside world . . .

BRRRIIIINNNNGGGG . . . BRRRIIIIINNNNNNGGGGG.

"Is that you, Marcos? Uh, huh . . . Loreto told you . . . sí it's hard for me . . . No, but it almost always affects me because . . . I'd never given these things a second thought, you know, Marcos? I didn't know these things happened . . . Pues, sí . . . they talked to me and I had read here and there and you used to tell me little things . . . but to really realize and feel what's going on . . . But it's funny, Marcos, I'm thinking and writing some stuff . . . well, you and Loreto, pues you're not going to think that it is social protest because I have started to think about other things pues . . . also unjust . . . You, like Loreto, vas a pensar you'll probably also think that I am going crazy with all of this about liberation and that love, and that my daughters . . . I don't know . . . Sí, yes I want to believe, I want to believe in something . . . ARGO . . . Okay, send me what you have written for that magazine, I'll return it to you right away . . . "

Romanticism. Idealism. Believing in ARGO . . . or Alguien, Someone, written in big capital letters. Escapism? Extremism? Fuckism? Pa'llá vamos, we're getting there, I'm getting there (ha, ha, eeeeepaaaa . . . ha, ha) . . . let me talk.

"Vittorio? Sí, it's Petra . . . Can't you come eat dinner with us tonight? You haven't seen Marisa since Saturday . . . your visiting day. And I thought that . . . maybe you could stay a while after, to chat . . . no, no, just a little while . . . Yes, I know you're very busy with the piece you're painting now, the one that they commissioned you to do aquellos señores . . . those rich folk . . . Nada, nothing's wrong . . . yes, I seem a little different now, huh? We'll talk about it when you come over later . . . Ciao"

Ha, ha you're really going to tell them about Vittorio? Oh, you have no shame, you're taking out those dirty linens little by little, and you'll see that when you least expect it . . . what you didn't want . . . ha . . . Bueno, go ahead, burrita, but I don't think I want to stick around for this . . . Chale . . .

✝

Vittorio enters his apartment, arriving punctually at six, with a bottle of Cribari wine, a red wine to accompany the elegant dinner that you have prepared without much effort. You have the table set, with imported porcelain and damask napkins. The candles and flowers create an ideal romantic ambiance for the dining room with its Cézanne and Matisse originals and a few gems that you have painted yourself, multicolored, imitating those Italian Maestros . . . Practicing impressionist or impressive technique. . . . Vittorio enters his/your apartment, dressed in the latest Italian fashion with a tight embroidered shirt, open to the third button so that one could clearly see his chest bronzed by the Italian sun (he just got back from the European Riviera) and his curly hairs, not many . . . but they are enough to attract attention, at that moment, your attention. Vittorio enters in his apartment, arriving punctually, and Marisa runs to his arms, dressed in a little velvet dress with tiny pearls, her little tan face happy to see her dad after a long day. You enter into the comfortable living room, furnished in the Italian provincial style, in spite of the fact that the furniture is only imitation, you're happy to greet your husband. It has been a long day without him, and you've spent a tedious day reading Le Monde, talking to your friends from Ciudad Juárez — the only cultured ones in this arid zone — comparing the nail polish colors of their recently manicured nails. When Vittorio enters his castle that night, this night that he hasn't called you before hand saying he couldn't arrive on time for dinner because he has to work late and this night he won't arrive late smelling of Chanel No. 5 or some other elegant fragrance, when he arrives that night to his castle you have dressed in your most see-through negligée, you look great with your henna hair styled flirtatiously, with just a few curls off to the right . . .

"Vittorio! Amor mío, sweetheart, I kiss you hotly, let me kiss that tanned chest and each curly hair like this, like this, ay ay" "Petrina! Cara dolce vita mía, mía moglie, bacioni tanti, tanti baci besos así like this wow wow"

You sit down to dinner happily, a delicate smile on each face . . . speaking to each other in mellifluous, euphonic, and melodious tones. Vittorio, your husband, tells you poetic things while he fills your wine glass . . . with Cribari red wine . . . and while his perfect daughter eats happily without being the slightest bother, you look at each other meaningfully while you drink and eat the Rock Cornish hen a la carbonara . . . When it's time to go to bed you kiss the little girl and bring her to her little white bed with its tulle-flounced canopy. Then you two . . .

BRRRRRIIIIIIIIIINNNNNGGGGG

Neither one of you want to answer the telephone because you just can't wait anymore . . . It has been a long day, too long and now you want it to be just the two of you, and you're walking arm in arm when out of nowhere an orchestra explodes into song to which you dance a Vienna waltz . . . and by chance —Vittorio is very, very sophisticated — you arrive to the bedroom, next to the bed, and without any apparent effort, your pegnoir del negligée falls to the floor . . . Vittorio whispers: "C'est vraiment un soirée, n'est ce pas?" And you forever happy married Petrina, answer him breathy voice, "Oh, pero OUI OUI my pet!" and then the two of you . . .

BBRRRIIIIIIINNNNGGGGG

No, he doesn't make your bell ring, not yet . . . Neither of you want to answer the phone because at this moment you're unzipping Vittorio, your husband's, very tight rose-colored pants and then — PLINNG! his wide, long, dark, pulsating penis jumps out and you take it softly but strongly in your hand, yes it is possible, and you murmur in his ear as you push him onto the bed and jump on top of it, the penis I mean, squealing squealing you softly yell, yes, it's possible, "Oh, oh, pero OUI yes yes uy uy uy mi pirulí . . . !" Your orchestra is playing Wagner, and you suddenly realize that you are . . . you both are, the most cultured and idealistic beings on the whole planet . . . Bueno, at least in Southwest City.

BBBBRRRIIIIIIIIIIIIIIIIIIIIIIIIIIIIIIIIIIINNNNNG!

"Aló . . . Oh, yeah, Memo . . . oh . . . really, the wake is tonight, that's right . . . No, no, I was just pushing papers here, as they say . . . making tortillas!"

Vittorio enters his apartment and kisses you so strongly that blood comes out your mouth, your lips, a string of blood runs from your mouth and you faint. Your cup is full, your cup is overflowing. . . .

WHY DO YOU RUN RUN WHY

That night the wake makes you think in spite of yourself BLOOD

✝

7 / REMEMBER? DO YOU REMEMBER?

Sus venas de niños violadas por penes de hierro . . . their child veins raped by steel pricks, violated veins, without blood . . . violated they come back from the park, just kids, barely . . . one day he's your hermanito and . . . then he's not . . . no more, para siempre, violados . . .

DON'T GO NEAR THERE MIJITO

PLEASE DON'T GO

My head hurts, with the velorio I start to get a migraine . . . **jaqueca** (it always made me think of **hot-cakes**, that word). I don't want to think all this I'm thinking that I've gone over and over like a recorder . . . no quiero, I don't want to and find that as I enter the mortuary, I keep on making up sentences, fragments of poemas, scenes in my head . . . Me duele, my jaqueca keeps on hurtin', I sit down slowly in one of the last pews . . . Here there's no little open door, but there is a long black shiny coffin, there is a little fence of candles around it . . . I get choked up . . . "Petra?" I jump, jittery . . . Memo is talking to me, he's saying had I seen Puppet's kid brother, while he himself searches turning towards where the relatives are seated.

"They're not gonna give'im a tombstone . . . lápida . . . after all . . . Dijieron que más tarde, later on they'd send plata, some money for that . . . We'll see . . . Nojotros pudinos juntar pa'l cajón nomás, we got together just enough for the coffin, t'ije? Mira, ai' stá . . . there's the kid brother, in the corner there 'on'tán lo'jotros with the others . . . "

PUPPET PUPPET PUPPET YOUR EYES YOUR HAIR YOUR BEAUTIFUL FACE TUS OJOS PUPPET

Oh nononono no quiero I don't want to remember . . . "No lo vites en las news?"

"Oh God, Memo . . . it's him, it's him . . . la puritita cosa the spitting image . . . another Puppet . . . " Puppet's dad looks worn, parece que sí it seems like in the end it has affected him a lot, the sad ending for the son they abandoned long ago . . . he cries inconsolably, as do the children beside him. The stepmother sighs and gives some sobs for show. Memo and I utter a look and we both agree, nodding our heads "Oh no, I don't believe her for a second either . . . " without saying a word.

CLOSED CASKET SHOT BLOOD SANGRE

My thoughts start to wander while we wait for the room where we are seated to fill . . . It smells like candles, perfume, workers' sweat. Some are already getting impatient, waiting for the others . . . We constantly hear "Our condolences, señor . . . We're sorry for your loss, Señor López" . . . Practically no one pays attention to the woman. I think about the **hotcakes** burning my temples, the headache swelling in my brain . . . sangre . . . I should have anticipated this, I should have taken something . . . ARGO . . . Pero yo ya andaba bastante alterada en estos días . . . I hadn't been myself lately . . . PETRA QUE TE PASA WHY DO YOU RUN "Look Pat . . . Here comes Inerest!" It's Inés . . . The one I told you was Puppet's girlfriend . . . On the other side of Memo, Carlos y Medeiros in the pew, keep real quiet . . . When they realize that it is . . . indeed, it is Miss Ineresting Inerest . . . Carlos el grandotón the big guy lets out a suffocated laugh . . . When he sees that the girl is crying very sincerely, our young friend beside Medeiros calms down slightly. "I'm Puppet's fiancée," le dice a los padres del batito she says to Puppet's parents. Puppet's dad jumps up and hugs her, and invites her to sit with them among the relatives. Carlos bends over, his head between his legs . . . I don't think he's crying but for some reason he's trembling . . .

VELÁS SI TE INVITO A UNA BIRRIA IF I BUY YOU A BEER TONIGHT CABLÓN CA'LOS

Lápida . . . he doesn't have a tombstone except for the cross on his mother's grave . . . Being poor, he gets no grave nor tombstone of his own . . . I never thought about these things before . . . it was something more abstract like the darkness . . . Death, I mean, was ARGO so abstract because people only die in the funny books . . .

??? . . . OR NOT TO BE

That is really the question . . . the definitive question . . . To be, or not? Did Puppet have a choice? I begin to imagine Puppet like Hamlet, so as not to think, my head was splitting by now . . . I saw that a priest had arrived, and was now greeting the family up in front, and that Puppet slowly sat up in his shiny black box . . . (Oh no, here you go again with your tangents, just look what happens when I leave you alone for just a little bit . . .) Now Puppet is facing the audience that obviously has gone speechless, paying full attention to the batito . . . Pero Puppet se ve muy extraño . . . he looks really strange without the jacket and tie that his stepmother bought him, nor the matching pants that Memo and friends bought him . . . No, he looks really weird, he has black tights on . . . A black blouse with puffy sleeves, a bright black silk vest, and a collar like a little white accordion underneath his brown chin . . . On his chest shines a red eagle . . . "What a weird getup," Memo says in my vision-delirium "but he looks real **sharp** no crees, Pat?" (just look what occurs to you, bringing Memo into your ramblings and to top it all off dressing up el batito like Hamlet!) Puppet was speaking, I can hardly hear him because he is embarrassed that everyone is looking so fixedly at him . . . He is murmuring something, staring at the floor with its aseptic tiles . . . We lean in to better hear what he says as he wrings his straw hat . . . No, no, no es de paja, it's not straw (See how things you read elsewhere stick in your head, romanticaca?) it is black velvet, a beret, that's it, a velvet beret with a white dove's feather on the rim . . . He wrings the little black hat and I barely, just barely begin to hear his words, as if it were a soliloquy that floated in from far, far away . . . I don't really understand what he's saying, but I think he says

> ". . . . Vivil o no vivil, ésa e la plegunta . . . To live or not to live, das' the question . . . Whad' those two cops shoot me for, das' what I wanna know, pala qué . . . Qué les jice, whad' I do to them? Die? Pos I was nottafraid, nope . . . (while Puppet speaks dressed all weird in black, he stands on one foot and then changes to the other, giving him a semblance of an unsure marionette . . . he still hasn't lifted his eyes towards us, towards me . . .) . . . drinking? Yeah, pos pala no recoldal, to forget . . . I know I saw my pa, yo sé que lo vide . . . (at this point, el batito dressed in black turns toward the first row, where his parents are) . . . Pol qué, eh? . . . Why . . . ? Whad' I evuh do to you . . . ? Whad' we evuh do to you . . . ? (he turns again towards the audience as if he was on a **proscenium** . . . Ya know? I still gotta lot'a questions . . . I didn't have time to ask somethin' . . . ARGO . . . "

Suddenly, I realize that Memo is nudging me with his elbow so I'd notice something that was happening in the front of the room . . . "Mira, Pat, look what's going on . . . !" I clearly see now that the coffin is still closed there in

front of us, and that there's some woman and her teenage daughter argu-
ing about something with Puppet's father . . . everybody's in on the conver-
sation: "but I'm telling you that my son already has a fiancée, Inés, she's
seated right here . . . !" "And I say that mi'ja y el chamaco ése de usté
'staban bien engachados . . . **engaged** . . . my daughter and your son, pues . . . "
the angry woman snaps back . . . The father answers "no, it couldn't be
that Puppet . . . " then the second joven-novia answers "Sí señor, juinos
engaged looka' the ring he gimme . . . " It seemed at that moment that the
girl's words softened the batito's father's heart, for a sudden nostalgia or
for regret, who knows what for, and to end the story, finally, he invites the
second fiancée to sit at the other end of the row, also with the relatives.
Memo and I look at each other, dumfounded and fascinated by the scene . . . on
the other side of Memo, Carlos once again with his head in his hands, he's
really bent over, is now trembling, all red for some reason . . . By the
sounds that slip out (he now covers his entire face with his hands) I suspect
that he's **not** crying . . . Memo looks at the ceiling, I bite my lip, thinking . . .
Puppet, dressed in black, is back shaking his curls:

> . . . ain' nuthin' wrong whidat, whadd'r ya, jealous or somethin'? . . .

WHAT DO YOU DO SO TO KEEP FROM BECOMING FOR-
EVER BITTER WHAT DO YOU DO WHAT

> like I said to damn Ca'los (velás cablón for laughing at me, you'll see)
> . . . bein' afraid a dyin' makes people 'fraid de hacel argo . . . to do
> somethin', ask questions to yo'self an'ta others . . . Pos, y esos dos
> chotas, y qué whaddabout them two cops? Whatsit ta you if I have
> two fiancées? (although Puppet is clearly embarrassed here dressed in
> black and shuffles his good foot around for a second as if to change the
> subject, the second girlfriend that arrived) Why don' ya ask the cops
> argo güeno, somethin' useful instead, like . . . I was drinkin' and
> lookin' for mi 'apá . . . yo qué les jice whad' I do to'em . . . ?

BRIING, BRIING. The bell rings when the priest saying mass gets to the part "Through my fault, through my fault, through my most grievous fault . . . " there are sobs up front, and the sound of Puppet's dad's heavy fist to his chest . . .

WHY DO YOU RUN PETRA QUÉ TE PASA WHAT'S WRONG YOU RUN RUN

"Petra, it's Loreto . . . There's something like . . . I don't know what . . . but something isn't right with the cops' version . . . Pues, anímate muchacha, go for it . . . "

Oh, sí, real easy, go for it . . . hours and hours trying to write a version of Puppet's life, or of Puppet's death, or of Puppet's non-life, and all you achieve are fragments pure, stuttering, romanticrap . . . I agree, something, ARGO something smells bad in Southwest City . . . What is that batito in black tights trying to tell us/you . . . (ha, ha, you don't know, you never knew, and you have never done anything, ha) Is he just asking for plain and simple vengeance? Why does he appear to me as Hamlet, what could a Chicanito bato del barrio have to do with that Danish prince . . . Que argo huele en Dinamarca, something smells in Denmark, qué qué . . . ? The stepmother in this case, the stolen affection, the weak parents . . . what injustices . . . ?

> Why do people kill themselves, pala qué ya, that thing called
> **suicide** . . . an' also when some cops o some pushers or your parents
> . . . you . . . pos, no, I wasn't afraid 'a dyin' . . . Pelo quelía vivil I
> wanned ta' live . . . Why are they afraid to say something, decil
> argo . . . ? . . . of asking questions . . . ? HIS EYES

Me duele, I have a headache, the incense makes me nauseous, the sweat, the candles' smell as they burn like fireflies around the black box . . . I feel nauseous . . . Campanas, there are bells . . .

BRRIING. BRRIINNG . . . Dry thuds on their chests, sobs of **mea culpa, mea culpa** . . . it's not Puppet's father, nor his stepmother . . . I realize with a start that **it is I** who said (ha, ha, it finally came out, se te salió por fin) . . .

. . . But that the dread of something after death,

The undiscover'd country from whose bourn

No traveller returns . . .

Yes, yes I remember and I don't want to, because it hurts me, my conscience has made us cowards, all of us—and likewise the resolutions to act, those big undertakings, what we consider of importance—they become pale, they dissolve, they disappear in thinking of the possible consequences, that if I do this, this other thing will happen, en que si hago eso, me pasará estotro TE VA A PASAR ALGO MALO SOMETHING WILL HAPPEN TO YOU YOU'LL SEE VERÁS

Thus conscience does make cowards of us all . . .

(But that **other** conscience is what's missing, don't you think?)

YOU NEVER WANTED TO HEAR

Puppet-Hamlet is back, at my side evito su mirada I avoid his look and out of the corner of my eye, trembling, I see blood polka-dots start to seep through his black tights polka-dots de sangre . . . I start to count the malformed red polka-dots on his skinny black-tighted legs beside me as he is saying

Why don' you ask the cops something useful argo güeno . . . Oh, sí me'ijo Félix q'l'ijera esto, Félix tol' me ta' tell you: Why don't you ask around, plegunten pol ai . . . 'Cause there's somethin' argo güeno . . . nomás no sí 'agan ya los desentendi'os . . . don't preten' ya' don' gettit . . . Why don' you lookit me, siñola . . . ? Oh, you'll see cablón Ca'los . . . velás . . . !

"Pat, Petra, look . . . !" Memo is interrupting my thread, the thread of blood that I'm following, that now that I look at Memo, it seems that he is talking to me from very far away . . . "Pat, qué te pasa what's wrong with you . . . ?" Once again I'm next to Memo, seeing that the service is ending but that another teenage girl about fifteen has just approached where the batito's relatives are getting up. She is small, olive-skinned, is wearing a black shawl and a rosary and she's crying, she says something to Puppet's little brother that looks like him . . . his little brother looks at her, he says no, then says yes, and then that he doesn't know, takes the girl to the father and it looks like he introduces her to him . . . the father says, "What . . . ? Ah, qué mijo, quién lo iba a creer that son of mine, who'd ever believe it . . . !" Carlos, dying of curiosity, has gone to ask who knows what to Puppet's little brother and we see that he returns . . . qué qué falta de respeto, how disrespectful he's choking back the laughter, damn him YOU'LL SEE CABLÓN CA'LOS VELÁS what news . . . Memo looks at me with apprehension and he blurts out . . . "Oh no, not again . . . !" Memo turns around to hear what Carlos has to say, he says something to Medeiros, who just shakes his head, no lo creo, I can't believe it, Memo asks by jerking his head "Qué pues? What?" at Carlos and Carlos, damn him, dying of his contained laughter barely says yes and shows one, two, three fingers on his hand . . . "Three girlfriends . . . fiancées . . . !" Memo cries out turning towards me, " . . . three! Y tan calladito el chamaco . . . and so quiet!" He takes out his hanky, wipes the sweat off his face, covers his mouth, and shaking his head starts to laugh softly, he drowns, laughs, cries, we hug each other, laughing tears QUÉ BATITO PUDÍA SER MÁS TAPADERAS THAT BATITO COULD REALLY BE CRAZY FUNNY . . .

"ain' nuthin' wrong whit dat,

whad'ya jealous or somethin'? . . . "

TO NOT ALWAYS BE EMBITTERED WHAT DO YOU DO
QUÉ HACES

WHAT BEAUTIFUL EYES

> You did not say nothing 'bout my águila colora'a colorful eagle
> (like deer blood . . . ? Ha) Dees one here I have on . . . my chest . . .
> Pol qué no me mila, siñola, why don' jou look . . .   . . . vivil, o no
> vivil . . . to live or not . . . Eees getting dark . . . están celando las
> luces aquí . . . muy dark . . . very . . . I'll be back . . .

I still have hot cakes throbbing in my head . . . "Vámonos, Pat . . . " Memo walks me to my car that I've parked behind the funeral home, hidden among the trees . . . Memo is pensive, and as he opens the door to my car he says suddenly, as if he just remembered something, "Pero si apenas tinía pa' meter just had barely enough to put in savings, to dress sharp and to eat . . . ! Oh, qué Puppet, he could really be funny! . . . three fiancées . . . And not a word out of the chamaquito . . . !" My friend gives me a hug, and while I'm pulling out of the parking lot I hear Memo going towards his truck, laughing softly, and I see him through my rearview wiping his eyes and shaking his head back and forth . . . ah, qué Puppet, pudía ser mas tapaderas, he could really . . .

(more craziness you came up with, dressing him as a melancholy philosophical Dane, qué qué what did the red eagle on the chest have to do with it, what you didn't want, you didn't say, you didn't do . . . ?? guáchala look at her, ha, ha. . . . Render unto César what is his, ha ha ha ha . . . !)

No quiero recordar no quiero I don't want to remember I don't want to . . . In my rearview I think I see following me . . . a long shiny black car . . . no, no, it's a red car, like (Wimpy's? ha ha . . .) blood. Oh no, it's been a long road, and I can't . . . The long shiny red car **follows me** it's only a couple of meters away now, I can pick out the driver . . . Samuel Longoray . . . wearing a tall dark hat . . . a black uniform . . . no, not black . . . dark green, como como como caquita de gallinas like chicken shit . . . the car pulls up along side . . . why haven't I arrived yet, how long the way home seems, my heart's in my throat my dry throat I swallow dry mouth . . . someone rolls down the shiny car's window beside me and someone yells to me . . . qué me grita what . . . I hear sirens in the night . . . this someone, this thing beside me in the shiny deer blood red car has a face tiene cara de . . . momia muerte huecos sin ojos without eyes the mummy of death with fangs it's an animal un animal it's a it's a it's . . .

"AAAAAAAYYYYY, mamaaaaaá . . . papaaaaá . . . ai viene, ai viene nos va' agarrar it's coming to get us . . . aaayyyy . . . !" (ha, ha, ha, te acuerdas, d'you remember . . . ?) Two children, frightened and holding hands, come in terrorized yelling for asking for their parents fear terror it's coming to get us . . . "What, mijita, qué te pasa, por qué corren . . . ? Why are you running?" Mom comes out of the restaurant kitchen, abuela comes out too, uncles, papá ah qué se traen ahora what is with these kids now estos buquis the customers the mojados friends wetbacks the waitresses qué te pasa quién los sigue who's following you who . . . ?

"LA MIGRAAAA . . . la migraaa. . . . the INS is coming. . . . ay mamaaaaá . . . !" Two little kids crying creating a stir in the abuela's restaurant two kids terrified by the migra the border patrol they know ay viene ai they're coming los mojados las meseras running to hide run out the back alley behind the kitchen counter in the basement sounds of tipping chairs risas risas who is laughing your uncles your father your father your mother asks you les pregunta hugging you abuela brings water how do you know what did they tell you we ask them . . . aaayy mamaaaá nos va 'llevar ya viene ahora por nojotros . . . they're coming for us they're coming to take us away . . . NO LO VITES EN LAS NEWS?

He came in a shiny dark green car . . .

WHO IS THIS CÉSAR CHÁVEZ ANYWAY . . . ?

two kids walking alone at sunset, walking to the abuela's restaurant that's two blocks away in this little town that's barely on the north side of the border apenas al norte de la frontera a little Mexican town in your memory but to the north of the border two kids walking along at sunset coming from la Cuca's house she is terrified of the border patrol LA MIGRA dark green uniform she told them cowboy hats she warned them they take the people se llevan a la gente por la noche by night by day they're running they don't care about families mothers not even kids like you LA MIGRA . . . WHAT DOES THIS CHÁVEZ WANT ANYHOW . . . I take good care of my workers . . . the cowboy hat comes up slowly and says "EEIIITT . . . ! Qué hacen por allí chamacos . . . What are you doing there . . . !?" It is a deep voice . . . We ask, trembling, "Who is it . . . quién es . . . ?

"... LAA MIIGRRAAAAAAAAAAA. . . . . !"

"aaaaayyyyy maaaaaamaaaaaaá . . . " two kids walking crying yelling because they're being followed "ay ay ai viene they're coming to take us away . . . "

(do you remember, you remember, chicken shit? Oh, esto se está poniendo güeno, this is getting good . . . ha ha ha)

THEY ARE MARCHING WITH A BLACK BANNER, A RED EAGLE IN THE CENTER CHÁVEZ WORKERS PRIESTS AND THE VIRGEN DE GUADALUPE

(didn't you see it, idiot, no lo vites en los news, mensa . . . ha ha)

two kids that remember that they took Josefina from the field se la llevaron in front of everyone that was standing watching that she screamed lemme go déjenme suéltenme malvados those fucks took her PA'L OTRO LADO TO THE OTHER SIDE because no traiba los papeles she had no papers in front of la Cuca and the Gallareta and Efrén and Hilda and the

Escarcegas and the Herreras and their buquis that were also in la pizca te acuerdas the harvest you remember LA MIGRA Cuca and the Gallareta hid between the plants the empty boxes but they could hear lemme go auxilio help LA MIGRA other children hidden LA MIGRA why doesn't anyone do anything two kids that don't know what that is but it's ALGO "Can't your dad help you? Can't your mamita help you, Cuca . . . ?" children's questions dos niños que no saben kids that don't know

CHÁVEZ? OH THAT TROUBLEMAKER MUST BE A COMMU-NIST! "No . . . " Cuca tells them, hugging them, her eyes strange different teary . . . "they are . . . very far away . . . "

(y tú y tú y tú y tú y tú y tú y tú and you and you and you ha ha ha)

WHY ARE YOU RUNNING WHAT'S WRONG WITH YOU

tío Juanito enters, enters your grandmother's restaurant enters laugh-ing because because enters laughing riéndose at seeing the two scared kids there in their mamá abuela's arms two kids convinced that LA MIGRA comes in, taking off his cowboy hat, laughing he says something to your papá the two of them laughing the cowboy hat, your mother and your grandmother look at each other, your mother furious now gets up saying something slowly but in a tone you haven't heard much " . . . Entonces fuiste tú, sangrón . . . So, it was you, jerk . . . ?" El tío Juanito that doesn't catch your mamá's fury, says something like " . . . Oh qué buquis these kids don't know yet what it means to be **American-born** . . . They're so afraid of the migra these two . . . ha, ha, ha . . . !" two kids that don't yet know resentment soon forgive tío Juanito and they don't understand why mamá doesn't talk to tío for a long time nor does she even want to see his picture in front of her eyes LOS OJOS LOS OJOS hay algo there's something

(te acuerdas? te acuerdas? remember that "original and pure" in the parents' eyes of that Chicano story?)

VIVIL O NO TO LIVE OR NOT TO

This is what you're remembering when you finally arrive at the apartment, corres you run you run and lock you lock yourself in you don't want to remember you don't want to think you don't want to write duele it hurts the phone that's it call Vittorio on the phone to bring your little girl que venga to come and stay with you so you don't think don't write this night full of Puppet and other signs of the barrio . . . You see that among the mail, a letter from María has arrived from Germany . . . You resist opening it . . . at this moment, you don't want to you can't remember . . . ARGO . . .

8 / A LETTER FROM MARÍA

You carry María's letter to the bedroom, leave the outside and living room lights on but not the lamp beside the bed . . . todavía no quieres you still don't want don't want to read. You lie down, waiting for Vittorio . . .

BBRRRRRIIINNNNGGGG . . . BBRRRRIIIIINNNNGGGG . . .

"Mamá? . . . Sí, habla tu number-one daughter . . . Hee, hee . . . Ya, I'm feeling real good . . . I like it here in the dorm en la universidad . . . Sí, yo sé . . . I miss you too . . . Pero necesito mi independence . . . má . . . You know . . . Pues I'm eighteen now, qué no . . . ? (ah crap you see what you get always putting off the conflicts saying You're not eighteen yet! y ahora and now and now) . . . Mira, mamá, I think that I'm gonna write the Universidad de California en Santa Cruz . . . Well, I think I would like living en la costa . . . they say it's really healthy over there . . . An' then I'd be close to the family, don't you think . . . ? Oh, mom, don't be like that . . . Don't . . . (ya para qué dummy now for what) . . . You'll be okay . . . California isn't so far . . . no está tan lejos . . . "

(Muy touching, someone's gonna say . . . ay qué trágico ay you tragicaca all over life salpicaca mosca muerta as if you really . . . Very touching ha ha ha)

Defiant, le sigues la corriente . . . you keep it up with . . . this thread of blood that you're following, and you recall how you began to miss those California letters . . . las cartas de tu hija . . . the letters from children that have gone far away . . . what do they search for, these children that have left and gone so far from you . . . ? (Y tú why did you go so far away? And when did you write to your parents . . . ?) De vez en cuando, every once in a while, you write to your own parents how are you? we're fine nothing's new greetings, and memories, in telegraphic form you send word that you still exist. The last resort for everyone has been to call you by telephone . . . your oldest daughter is more persistent . . . Her letters make you think in spite of yourself . . .

"Mom, why didn't you answer my last letter . . . ? Are you angry because I asked you certain things . . . ? It's just that I remembered that you were finishing your last years at the University when César marched through the Valley . . . that's why I asked you what I asked you . . . I know that was years before Kent State, when they killed those students, but the resistance had already started in the universities over here . . . Remember . . . ?(hahahahaha . . . you sure do remember, ha ha) Mom did you meet César Chávez? . . . didn't you tell me that you had friends that worked with him? . . . And you? We're studying the Movimiento's formation in my La Raza Studies class, here in Santa Cruz, and that's why I . . . Write to me, mom . . . Did I tell you I started to write poems . . . ? Here's one . . . it's a little corny, but my teacher from that Chicana class liked it . . . Kisses to Marisa . . . (P.S. MOM! Estoy trying de practicar el español . . . anyhow así te escribo I'll write to you OK)"

That time, the poem that María sends you has a new theme . . . the ones from before, los poemas that your daughter used to write in high school were of love, of relatives, of friends . . . este poema is clearly from a different María . . . conscious of something . . . it's titled "Half-Breed," it's written in first person . . . You read it over and over el poema, you keep it in your desk drawer and for a few days it bothers you that it's there . . . María's poem with its ambivalent conflictive feelings about her own origins, it doesn't want to stay on its paper in your desk, and it follows you, it goes with you and fragments of phrases from it reappear when you least expect it . . . "To be half-breed . . . is **dolor** . . . pain . . . is not having had a choice. . . . quién soy . . . who am I? Between those two cultures . . . how to choose . . . ? Soy las dos I'm the two of them . . . I'm neither the one . . . nor the other . . . soy yo . . . HALF-BREED . . . and only under stress I accept . . . / this mind-split imposed on me . . . " **Corny** el poema . . . it's not simple at all . . . She still doesn't realize how much she can do . . . María's next letter contains a Polaroid photo in front of the beach in Santa Cruz, the University at a distance, and a smiling María, standing tall, with brilliant eyes, brilliant like the young stars. She's wearing a yellow T-shirt that says in big black and red letters:

CHICANA 1/2

Really, you think, something is happening to your daughter algo le está pasando a tu hija . . . she's changing over there, far from you . . . She's really growing up . . . (y tú hahaha and you)

MARÍA'S LETTERS MAKE YOU IN SPITE OF YOURSELF THINK THINK

"Chema's letters, yes, he's my oldest son José María, the one I told you was in México, they made me think a lot, Señora Petra . . . Cómo no, I sure saw that he was getting more involved with that roommate of his, who got him tangled up in politics . . . The brochures they distributed . . . ? Oh, well they were about Tlatelolco . . . You didn't see it in the news, right? No, no we didn't either . . . but Chema's roommate works with a group of . . . well let's just say with a group of student writers . . . they want to let people know, the nation they say, . . . that the world has not become aware of what really happened there, in the plaza . . . sí, yes, Tlatelolco . . . sí, ese lugar that Las Tres Culturas place . . . "

CAN'T YOU GET IT YET? DIDN'T YOU SEE IT IN THE NEWS?

I tell Medeiros that I was there in '67, a year **before** ... At the Universidad de las Américas during summer school, a few minutes ago the professor started his lecture of the day on the origins of Mexican literature ... you have lost your train of thought, you were thinking about the excursion you and Elvira took yesterday afternoon after classes ... in your notes you see that you have written today's lecture topic "Literatura de conquista" ... The professor is saying that he'll give us both sides of what the conquest was, not only the Spanish side of what it was ... he was now citing an anonymous indigenous poet ...

ALL THIS HAPPENED AMONGST US

NOSOTROS LO VIMOS, WE SAW IT ...

In 1521, the professor says, the city of Tenochtitlán remains under the mercy of the conqueror ... you write, without thinking on it, "The Mexican is a product of the union between the Spanish and the Indigenous ... **it is, therefore, a fait accompli** ... " You remember in passing certain pages from Octavio Paz, you're not sure if you agree or not, you just write it down for the final exam (ha ha cuál examen final, which final exam, ha ha ha) " ... Then the spiritual conquerors arrive ... a very symbolic number of them: **twelve** ... " Elvira takes you to meet a friend of hers in the afternoon, "He's a priest," she tells you, "I met him in El Paso a year ago, but don't worry, he doesn't seem like a priest, you'll see.... " The missionaries, continues the old Spaniard, founded schools, for example Friar Bernardino de Sahagún taught the natives in ...

" ... the old Colegio de Santa Cruz de Tlatelolco ... " Elvira's telling you on the bus that took them to the big open market, "that's where Father Nacho is, in the old church. ... from the market we'll walk to the

Plaza, you'll like it, it's a really ancient place, don't you remember Aztec history . . . ?" The old professor is getting all excited now and you can no longer concentrate on what he's saying, he is saying something like "Many Spanish soldiers took advantage of or lived with the Indian women and didn't even take the children into account . . . " . . . you think, so what's new, and you look at the professor's leg, the profe exiled from his country after the Civil War who knows how many years ago, his foot is moving furiously back and forth and his voice rises with emotion . . . "El Colegio de San Juan de Letrán," says the senile profe chochito, "is another example of the spiritual conqueror's, I mean the missionaries' jobs, it was dedicated to educating the mestizo children that had been abandoned by their fathers and this would become what is now a public school . . . " you're beginning to get sleepy from staying up late last night but in any case you write down what the profe has just said . . . something like, "at la Plaza de Las Tres Culturas, in Tlatelolco there still are excavations that have been preserved, there are some buildings, the historical facts should be very important to you, . . . as students from the States . . . and especially to **you**, Señora Leyva, you should be really interested . . . " this makes me wake up, the profe isn't as chocho as I thought, he's noticed that I'm not paying much attention this morning . . . ". . . the conquered-mestizo children are taught in the Colegio de Tlatelolco" I jot this down, thinking about Father Nacho and the night before . . . When Elvira and I arrived the Plaza was deserted . . . there were a couple of blond German turistas with their cameras by the new monument, you both had your cameras too and you run to see a preserved excavation site . . . Elvira says to you, "Look, they're ruins, imagine, this used to be the site of another Plaza, an older one . . . "

The two of you cross the open space towards the church, Elvira enters through a side door, and you both go up some stairs out to a verandah on one of the building's upper floors, Elvira takes you to the edge of the verandah . . . "Look, Pat . . . the mestizo kids played down there in that patio . . . " You imagine a lot of young bodies, full of life and filling that empty space with their voices . . . "Here comes Father Nacho . . . Hola, qué tal . . . ?" I would like to introduce you to Father Ignacio Flores . . . bueno, call him Nacho, pues . . . The priest is dressed in dark sport coat, a white shirt and khaki pants. . . . He offers them a beer, they sit at a table there on the verandah, and the priest comes back with a beer, a salt shaker and a little plate of limones rebanados . . . "Mira, Petra, I'm going to show you how to really enjoy a beer . . . " Father Nacho says . . . You go happily down to the Plaza, full of life, and you ask Elvira to take a picture of you and Father Nacho to send to your daughter María, a picture of a Mexican priest, she won't believe it, "that was one of the things they wanted to change, the separation of the Church and State," Father Nacho is telling you, "No van a creer que usté es cura, es usté muy diferente, they'll never believe you're a priest . . . "

"Dear Mommy, thank you for the picture of that Indian place. It looks very empty . . . Where did all the people go? Is that really a priest with you? He is young and handsome, golly. I miss you very much, love, your baby, María . . . "

THOSE PRIESTS MARCHING WITH CHÁVEZ MUST BE

COMMUNISTS

THOSE NUNS IN NICARAGUA MUST BE MARXISTS

OR COMMIES

MUST BE

Father Nacho invites you to dinner at a club on the Plaza Garibaldi, " . . . Vamos a los mariachis . . . Shall we go see the mariachis . . . ?" he asks. That night, you three sing the songs made famous by Pedro Infante, Libertad Lamarque, los Panchos, Manzanero's hits, rancheras, and other songs that you don't know how nor from where you remember the words to each one . . . songs that you hadn't remembered for years, since your family went up north, to the San Joaquín Valley . . . . . . "It shows that you're still **Mexican**, Petra . . . " Nacho looks at you for a long while and then asks you tentatively and in a low voice, " . . . crees que los curas se deben casar . . . do you think that priests should marry . . . ?" You get embarrassed, you don't know why but you want to run, and you say, "pero usté y yo podríamos ser hermanos, no cree, we could be brother and sister, we even look alike, no, no, no, I've never thought about it . . . De veras, usté es muy diferente, you're real different from the other priests I've met . . . " (And you were always, yes always afraid of them, of those radical freethinking revolutionary ideas hahahaha oh how you always tried to toe-the-mark cómo te gustaba quedar bien haha) "He's going through some kind of crisis . . . a spiritual, ideological, I don't know what kind . . . pero pues, no le viste los ojos, didn't you see it in his eyes, how he looked at you . . . ?" Elvira advises you, "Sí, he's all mixed up, his eyes are all confused . . . he's just very frustrated with a lot of things . . . with the Church. . . . the government. . . . he works a lot with student groups . . . Por qué no le hiciste caso . . . ? Why didn't you pay attention to him, didn't you see it in his eyes. . . . **he likes you** . . . "

FATHER BERNARDINO DE SAHAGÚN HAS A SEVERE

CASE OF PARANOIA

HE TRIES TO DOCUMENT TO RECTIFY TO CHANGE

RETARDED CONVINCED SINNER

"Why are you running, Petra, por qué corres? Qué te pasa?"

VIVIL O NO

" . . . no sé Elvira, I don't know, but don't ask me anymore let's just get outta here, here's the taxi, vente ya. . . . "

SAHAGÚN? OH HE MUST BE COMMUNIST!

BRRRRIIIINNNNGGG . . . BRRRIIIINNNGGGGGGGG . . .

BRRRRIIIINNNGGGGGGGGG. . . .

"Aló, Petrina . . . ! Sí, it's me, me . . . Vittorio . . . qué estabas dormida, were you asleep, or what . . . (that's right **bien dormida** así estabas **unconscious** ha hahahaha) Sí, I'm coming over with the baby. . . . We're on our way, no, no, I can't stay, I have an appointment with. . . . with **un amigo** . . . Well, it's none of your business así no me preguntes don't ask, it's not as if we were married . . . (juuuuuuuuyyyyy, here we go, time for confessions ajúa . . . hahaha) . . . Sí, CIAO!"

Vittorio has hung up the phone . . . you remain staring at the receiver in your hand, and as you put it on the night stand you see María's last letter . . . What had you thought, dreamed when the phone rang . . . qué fue qué . . . what was it . . . Oh! Oh no, tú no quieres recordar you don't want to remember . . .

HE LAY FACE DOWN IN RED STAINS

THE ANGLED BODY

" . . . Señora Petra! Señora Petra! . . . What's wrong, aren't you going to answer the phone?" Medeiros, who just entered from outside where he was trimming the ocotillos and saguaros around the office, asks. Distracted, you notice that the workers had brought in gravel and mud on the rug this morning. . . . You can clearly see which are Puppet's footprints, always dragging his bad leg, el pobre, the poor kid, but he never stops working . . . "Ya lo conoces, Pat, you know him, always so accommodating the batito . . . " The phone, the phone, you gotta see who it is . . .

" . . . Good afternoon, Southwest City Estates . . . Oh, sí, Señora . . . aquí está . . . Medeiros, it's your wife . . . can you talk . . . ?" Medeiros goes to the phone in the back room and I hear something like a contented exclamation, he says goodbye and hangs up.

" . . . A letter from Chema has arrived, at last . . . ! Cómo está de contenta mi mujer, my wife is sooo happy, you can just imagine, it's been so long, and with those friends he hangs around with, who know's what's going to happen with that kid . . . Always so inquieto, always looking for something . . . so idealist, sabe? Por eso, pues, that's why he couldn't take it in Rayón anymore . . . I don't know why he went to the capital . . . 'México no está tan lejos,' nos dijo al despedirse, he said as he said goodbye, 'Mexico isn't that far, and they say there's work there and maybe I can go to the Autónoma at night . . . No está tan lejos, y tiene que ser mejor que aquí, it has to be better than here, right? I'll write to you, I'll send you money, it's not that far . . . ' that's what he told us," Medeiros says. Seeing how distracted I am, he picks up the rake and goes out the back door to work until Memo comes by with the other workers to pick him up.

YOUNG EYES FULL OF

MÉXICO NO ESTÁ TAN LEJOS

9 / IT'S BEEN AGES SINCE YOU'VE WRITTEN

You've been thinking 'bout una carta
de María, that she's sent a few days
ago, from Berkeley ... Her class of La Raza History has made a trip to the
library at the University of California, Berkeley ... ha cambiado tanto tu
hija, she's really changed, you don't know what's going on with her, how
this kid is gonna end up, so many ... ideas nuevas ... "... **progresistas**,
mamá, that what we are ... En our study cell, we've read Marx, Engels,
Hegel, Lenin, and even Trotsky, we're examining them all ... a todos ...
Why didn't you talk to me about this stuff, mamá ... the injusticias ...
tanta sangre, so much blood for so many mistaken causes ... Mom, you
always taught me to know right from wrong ... "

BUT ABOUT THIS OTHER YOU DIDN'T KNOW YOU'VE
NEVER DONE ANYTHING

Besides, Venus continues, I don't think the communists have all the
answers, either ... Anyway, I have to resolve problems **right now** ...
simply put, when they catch or jail one of César's guys, well my job is to
get them out as soon possible ... it's, as I was saying, us against THEM
... and amongst us and them, I tell you, Pat, de todo hay, there's all kinds
... We want justice, and if they accuse us of being impatient, pues, it's

about time, don't you think? Well, it's just that simple . . . what are you so afraid of . . . ?

IT'S JUST THAT SIMPLE

"Mamá . . . I went to see a movie about Nicaragua, and met a lot of Latinos . . . estoy aprendiendo mucho . . . I'm learning a lot . . . And you, mamá, what's up . . . ?"

LA(S) CABEZA(S) MORENA(S) YACÍAN EN

UN CHARCO DE SANGRE SANGRE

CHARCO(S)

BROWN HEAD(S) LAY IN A

POOL OF BLOOD BLOOD

POOL(S)

" . . . mamá, it's been ages since you've written . . . Qué te pasa? When are you coming to see me in Santa Cruz . . . ? We can rest at the beach, you can see the library . . . I am now living here in the city's barrio . . . it's the funniest thing, here, the barrio is between the big luxurious houses, between the ritzy hotels, across from the carnival and on the other side, the beach . . . You'll see when you see the cholos from the barrio among the tourists . . . what a contradiction . . . it really makes you wish you could do something . . . Mamá yo **quiero hacer algo**, I think I can do something to help the people, I still don't know what, but after seeing those Latin American films my professors bring to class . . . I miss you mom . . . but there's things I need to talk to you about . . . When are you coming to see me . . . ?" Your daughter has sent you some political pamphlets . . . they sound socialist, communist (idealist? what other -ists have you/she conjured up, have occurred to you/her to chose a escoger tartamuda meona you pissant stutterer)

AGES AGES

" . . . Mom, you still haven't answered about César and the March of Delano . . . weren't you there . . . ? Write me . . . Love to Marisa . . . "

JESUS CHRIST? COMMUNIST HIPPIE?

OF COURSE

(you're slow, rete imberbe, but de veras creo vislumbro que estás catching ON I see you're catching ON . . . you're still far, but you're getting there)

"How're you guys doing, what's up . . . ?" That's how I greet Memo and the other workers . . . Puppet isn't with them, I forget to ask where he is because Medeiros comes in and starts to tell me about José María's letter that's arrived from Mexico . . . Memo had told me . . . "Anda algo preocupa'o por Chema he's worried about Chema . . . I'll leave him here to start on the porch, I'll be back to pick him up in a while . . . Vámonos, Carlos . . . "

"Señora, since you asked . . . It seems that my son's involved in something that I . . . maybe I shouldn't . . . He tells me in his letter that they don't know how many there were, that night in Tlatelolco . . . no se sabe . . . it's not known . . . but some are already writing things, things that nobody will publish, because it wasn't seen neither on television, nor in the papers, nor on the radio nadie dijo nada nobody said nothing . . . "

WHERE DID ALL THE PEOPLE GO MOMMY

"What was officially said, doesn't even come close to the truth," says Chema in his letter, and his roommate has started working, making lists de los desaparecidos of the disappeared or believed dead . . . Come to think of it . . .

GOSH THE PLACE LOOKS SO EMPTY

NO LO VITES EN LOS NEWS? DIDN'T YOU SEE IT NO LO VITES?

You turn on the TV, there's Joan Baez, all modern with her short hair. "Tell us what you have been doing since the '60s, Miss Baez . . . "

SINCE THE SIXTIES SINCE THE SIXTIES SINCE

THE SIXTIES

"I've changed a lot, I think . . . The fact that I am the mother of a child now is really important to me . . . I have just come back from Latin America, I have seen things that . . . I have to tell you now that in certain countries, I don't want to say all, but who knows, maybe . . . well, in certain countries where I was, they didn't let me stay for the amount of time that was planned . . . Why? Oh, I know why . . . of course . . . Where I was, I tried to contact, to make public, and private, gestures of support to some groups of . . . mothers with children . . . that have disappeared . . . What do I mean by disappeared? . . . Well, that is what people are starting to ask . . . What . . . ? And why is it that people are **afraid** to ask, to do more than what this group of mothers has done, for example . . . To ask, to act, they're not the same, but it's a start, don't you think, well take the case of the Madres de Mayo, a group from Argentina, that now has the support of a growing number of people, sometimes the group marching in the plaza gets up to about 2,000 . . . No, not as many as it is believed were at the Mexican incident . . . but the **desaparecidos** . . . that number, **has only gotten up to a mere 30,000 Argentinean citizens** . . . But, speaking of the Tlatelolco incident and those statistics . . . it starts there, you see, Mr. Donahue, it starts there . . . It's only necessary that everybody stay quiet . . . and since it's been a while since I don't keep quiet . . . " Pues, fuera de mi país, Joan Baez, tú eres you're a **troublemaker** get outta my country . . . Sí, sí I also marched with Chávez, since I was convinced . . .

KENNEDY BAEZ MUST BE COMMUNIST

In 1967, in that summer class with the not-so-senile profe from Spain, and after, a little while after receiving a letter from María, tu niñita, you read some lines from some indígena poetry that stick with you, se te clavan because they remind you of some of the things María had asked you, tu hijita allá lejos . . . Todos son idos . . . They've all gone . . . Todos son idos . . . Todos son idos . . .

A DONDE SE HA IDO TODA LA GENTE MAMITA WHERE HAVE THEY ALL GONE

You enter the doctor's office with Marisa . . . No, there's nothing wrong with Marisa, only your menopause, your paranoia, your imagination, your tangents ramblings, that's what's really wrong with Marisa, just like María, pero back to the point: in the waiting room (oye, you've spent your life waiting, don't you think mensidumbre dumb shit?) . . . in the little waiting room, you pick up an old magazine (churida? Hahaha) to flip through, it's a well-worn magazine, you think it's *LOOK* or *LIFE* or something pictographic or panographic with few words sabes tú porque tú tú you know because you you don't don't don't want to think serious things cosas serias como la última carta the last letter, always the last letter from María . . . You open the magazine waiting for Vittorio, no, no, waiting for the doctor, that's it, you open the pages where . . . y te cagas porque ves . . . and you shit your pants because you see . . . pictures of mothers picketing, arm in arm with the Nobel prize winning writer nadamás y nadamenos que madres reclamando, imagine that, mothers denouncing asking for answers PREGUNTANDO asking where are our children? What have you done with our children (that's right even disappeared daughters). . . . Rápido you quickly turn the pages, tú no quieres you don't want to . . . lápidas . . . tombstones . . . N.N . . . No Name . . . N.N.N.N.N.N.N.NONONONONONONONONONONONONO

"No sé lo que está pasando a mi país I don't know what's happening to my country, we're in the dark, we're all depressed about what is going on . . ." dice algo así el laberíntico escritor reconocido that's what that well-

known labyrinthic writer J.L.B. said . . . Sí, sí es él, it's him there all philo-
sophic and sad faced with his blind man's cane in the shadow . . . (está
vestido de negro? is he dressed in black? ha ha haha)

THAT INDIAN PLACE LOOKS SO EMPTY MOMMY

Algo, something smells in Southwest City y tú lo sabes and you damn
well know it, you've known it but you haven't done anything because you're
afraid . . . of SOMETHING ARGO SOMETHING

WHY DO YOU RUN WERE YOU THERE?

"Of course I marched with Chávez," says Venus, your redheaded college friend from the '60s who's now a lawyer and works with the very
same Chávez . . . "No mijita, ella nunca perdió el hilo she never lost the
thread . . . " (y tú y tú y tú y tú y tú y tú and you and you and you and you)

OF COURSE

"Communist? Oh, crap . . . mierda, sure . . . but I was never a communist! Oh, sí claro, of course, amongst ourselves like in any activist group in
those days, sure, but HIM? Crap, pure crap . . . Where do people get those
names, those labels? We just want to help the campesino, punto y se acabó
. . . and the chicano, and if we can, all peoples. But **communist** . . . I'm a
married woman that has to live like a single mother because of the job and
that's it y se acabó, te digo, se acabó . . . And what if I **were** communist . . .
would you have loved me less? What's more important, the label or what
I do? . . . You, contéstame answer me Pat, tú, dime, tell me . . . "

TELL ME NOW THAT I NEED IT AND SO

"When you come to see María in California," continues Venus, "come
and see me, Pat, it's been soo long . . . " Brrriiinggg . . . "Oh, Oh, I have to
hang up, there goes the phone . . . they picked up some strikers in Salinas

and we're preparing a case . . . Sí, la llamada es para mí . . . it's for me, look, call me when you get to your family's in Fresno, and we'll figure out how you can get here to see our offices . . . Once you're here we can talk about what you asked me about César . . . Que si es **vendido**, César, a sellout . . . Ha, ha ha, that's a good one . . . Ah, those people . . . Bueno, call me, okay? Love to Marisa and María . . . "

Y TAL VEZ ASÍ AND MAYBE THAT WAY NOS SALVES YOU'LL SAVE US

Notes in a notebook, summer school (you keep reading just a few minutes before the exam in the exiled and medio-chochito professor's class): "An historical perspective of the Mexican people: There were no links between the Northern tribes and those in the country's interior . . . they were warriors, and a varied number of tribes . . . more than 80 languages were spoken . . . the Spaniards were also accustomed to fighting. For six centuries they fought against the Moors. Politics has been Mexico's life line since the Independence . . . The Revolution's violent phase ended but there continues a passive revolution . . . " You can't concentrate, it's been days since Elvira's heard from Father Nacho, she thinks he's gone to Cuernavaca "to study" for a couple of days . . . Study what? you ask your friend, and she answers, I don't think you really want to know, Pat, she says, "really, mejor que ni te diga it's probably better I don't tell you . . . " On the balcony, drinking beer with father Nacho, he told about the ancestors of those children that studied at the Colegio Antiguo de Tlatelolco . . . "According to history the Mexicas were the Aztecs' descendants, and their ancestors came from the region where the Colorado and the Gila Rivers meet, what is now Maricopa County in Arizona . . . bueno, de tu tierra, Petra . . . where you're from Petra 'Snaketown' I think they call it . . . " Elvira and I laugh at Father Nacho's English pronunciation . . . he's said something like **snacktaun** . . . and we ask him about that unknown tribe, the Hohokam . . . And, full of life, we come down the stairs to the Plaza that afternoon . . .

BBBBRRRRIIIINNGGGG . . .

"Señora Petra, mire, look my son Chema sent me a list in this pamphlet
. . . Sabe, you know if it is like they say,

then what he's doing now . . . pues, I think they have to do it . . .

Fíjese que la lista es apenas parcial . . . . The list isn't complete, they
don't know, like I told you before, no saben cuántos han sido, they still
don't know how many have been . . . You take the list, pero tú ahora no
quieres no quieres you don't want to you don't want to remember . . ."

BBBBBRRRRRIIIIIIINNNGGGGG . . .

You wake with a start to hear the doorbell ringing . . . You get up, María's
last letter falls from the table where you've left it lying open right before
you fell asleep waiting for Vittorio . . . Remembering Medeiros's son's list
and María's letter at the same time, confusing the two, because of who
knows what analogies or similarities or comparisons that you have made
in your sleep and in your memory . . . "Dear Mom, Don't get upset, I'm
fine . . . I'm traveling through Munich with a group from the University,
in July I met a Chilean exile . . . **entre los desaparecidos cuyo nombre
sabemos figuran los siguientes among the disappeared, we know the names
of the following** . . . he was playing with a trio of guys singing on the
corner, we realized they sang in Spanish **Sergio Beltrán, Tomás Figueroa,
Anastacio Esquivel-M.** I went to say hi to them and they were so excited
that I spoke Spanish. I'm Chicana I told them **Clara Belia Pimentel, P.
Ignacio Flores** . . . his name is Antonio San Miguel . . . **P. Ignacio Flores,**
mamá I love him, he's communist, he's a man and I'm a woman, I love him
and that's all there is to say . . ." Y SE ACABÓ TOTAL SUMA FINAL
SUM TOTAL THAT'S ALL FOLKS SE ACABÓ . . . you open the door,
and there's Marisa in Vittorio's arms, the only woman you can stand to see
in Vittorio's arms . . .

TODOS SON IDOS THEY'RE ALL GONE

Medeiros's son's list was partial . . . its total is about at least two hundred names, between them el nombre que tú no quieres no quieres the name you don't want to

VIVIL O TO LIVE OR?????

"Vittorio, I need you tonight . . . Won't you stay with us, with me a bit . . . un ratito nomás . . . ?" Vittorio says that he doesn't have time, that you are an incurable romantic, and you're left there, Marisa in your arms, trying not to remember . . . ARGO . . . You quickly close the door, porque esta noche tú no quieres ya de ilusiones you want no more illusions of beautiful eyes, nor of stars that remind you of they make you think in spite of yourself remember YOUNG EYES BRIGHT HOPE

10 / THE TRUTH IS THAT

The following morning, some little brown hands wake you up . . . "Mommy . . . ? Mamita . . . !" Marisa is sitting on top of you, she's tickling you " . . . ticoticoticotico . . . Mommy, why aren't you laughing . . . ?" You don't laugh, you gather Marisa in your arms, both now getting up, and you murmur in her ear . . . "They're all gone, mijita, all gone . . . "

At work later, you work but distracted . . . When Memo walks in alone to pick up the day's messages, you with a jolt realize that for some moments now, your friend has been talking to you . . .

" . . . Pat! Qué te pasa . . ? Petra . . !"

" . . . What . . . ? Oh . . . Memo . . . Todo esto pasó entre nosotros, this is what happened to us, Memo . . . Todo esto lo vimos . . . we saw it all happen . . . gone . . . Puppet, Félix, Nacho, todos . . . a thread of . . . charcos pools of . . . hundreds of ages, Memo . . . "

" . . . Pat," says Memo, taking me by the arms, "Pat, listen: **I know** . . . but listen, mija, tengo qu'ijirte I've got to tell you something . . . Are you listening to me? Pos mira, we finally got the truth out of la chota . . . You're not gonna b'lieve it . . . Sí, sí, about Puppet's death, de cómo jue how it

went down . . . Pat . . . ! Pat! . . . Qué te pasa, Pat? Carlos, Medeiros . . . !
Come help me, Pat's fainted . . . !"

THE TRUTH

" . . . Mira, Pat, you better go home and rest up . . . No, no, don't go to the
funeral this afternoon . . . No, no. I don't think you can make it today, mija,
listen to me . . . I'll come by and see you later, 'n' if you're feelin' better, I'll tell
you about it . . . If you want, we'll take you home right now . . . ? Bueno, go
home and we'll see each other later . . . "

The truth is that, on the way home you continue on with confusing,
agitated thoughts . . . Hoy entierran a Puppet they bury Puppet today
SHINING BEAUTIFUL EYES your daughter loves a comunista Europe is not so far, mamá, I'll write we have lots of hopes he's an exile because THEY'RE ALL GONE TODOS SON IDOS TODOS SON IDOS
to the hole with el batito "Where have all the people gone Mommy?" OJOS
EYES What do they want what do they ask for "Somebody has to do something, Pat, somebody has to do it . . . " Oh Memo, I don't know anything . . .
TODOS EVERYONE you're coming down from the hills the road becomes long long quién es who is it they're following you vienen they come
at night in the morning but I believe in the police it was two cops but the
immigration has a job to do LA MIGRA LA MIGRA AI VIENE IT'S
COMING AY AY AY eyes full of confusion sparksflecksofhopecan
priestsgetmarried nononononononoN.N.N.N.N. all sad and philosophical that's what you've turned into ya vienen they're coming already you're
coming aquí aquí here it is run corre run what could have happened to
Medeiros's son it's been a while since you haven't what could be wrong
with your daughter they bury Puppet today ayer ayer yesterday it was just
yesterday Félix they were just kids just kids you imagine voices young
kids filling voices young kids full of life filling this deserted place they
don't know how many no one speaks up outside of my country Joan Baez

where are my children la política politics lo que tú creías what you thought la verdad the truth qué es what is it dónde where who will tell you who where runrun you're already getting there you're getting there but ai ai viene here it comes runrun openthedooropenthedoorthe roadhasbeen longlongthewaylonglongargoargosomethingyou arrive at the door you get out the keys the key argo argo long long ai 'stá there's a kid sitting waiting there he is waiting for somebody argo by the swimming pool ai 'stá dressed in black argo tú no quieres you don't want to see more clearly better not yet that is work work write what what pues what are you going to write you type you need air you type you close the door so that no no nonnnnnN.N.N. you lay on the sofa the sofa how many things esta salita this living room has known what are you waiting for nonononono you haven't slept in many days the wake polka dots candles a pretty fence of candles ah qué Puppet más tapaderas could reeeally be nutty just like you when you were a little girl you weren't afraid you didn't have this ARGO you used to do to say you used to act for whom for what did you act who were you who are you tu nombre your name where is it why you haven't done anything yet the newspaper they don't want to they can't the cops they don't want to they can't entonces then leave me alone quiet silence nonononono nothing is wrong with you now ARGO por qué why haven't you slept in so many days

Memo is sitting on the green velvet chair, like always—you listen to him from the lively colored sofa with big bright flowers. He has been talking for a while about Félix, about how he and Nancy had found him in the living room of his house that night . . . "There were some noises . . . something funny, weird como . . . like someone was drowning there inside . . . "

BBRRRRIIIIIIIIIINNNG. . . . .BBRRRRIIIIINNNNGGGGG

"Pat! . . . Pat! . . . Open the door, Pat . . . are you all right? . . . Pat!" I hear the voice and Memo's knocks on the window, I realize that I have fallen asleep on the living room sofa, exhausted . . . how long has it been? . . . I had dreamed about OJOS OJOS EYES EYES about María about Marisa Vittorio LA MIGRAAAA about THEY'RE JUST KIDS about Memo also about something ARGO weird I couldn't remember well qué fue what was it . . . traiciones, something about betrayals . . . ARGO HUELE qué fue something smells what was it

Samuel Longoray smiles big to his little disciple-friend and he tells him in a sweet old voice, "No se escame, Félix, don't be so skittish I'm your friend . . . ! Just wanted to invite you to a party, that's all . . . We been gettin' some good stuff, ése, too bad you don't wanna do it like before . . . pos that's your business, it's cool, man . . . Suave . . . let's go just for a ride . . . We'll just stop by my pad for somethin' that I left. No, naw . . . don't look like that, I ain't gonna hurt you or nuthin' . . . it's a box of cash I forgot to deliver someplace, ai la dejé en el cantón I left it at home . . . Don't be afraid Félix. A grudge? . . . Who, me, carry a grudge just 'cause you . . . It's cool, look, I'll even let you have a drag of some of this good, I mean good **Venezuelan dope** . . . It's better than that Colombian mix we had this sum- mer, I mean, this stuff makes you feel soo goood, you'd wanna fuck Cerote, here, ain't that right, Cerote, it makes you **fly**, man, te pones a volar so high that no one comes close to being as **macho** as you, I mean I bet that virgen ruca that ol' lady of yours would even let you fuck'er . . . Cálmate, calm down, I was just jiving' . . . I mean, how should I know if you . . . I mean if she does or she doesn't. Hey look there's la gringa Beatrice . . . " "Hey Beatrix, wanna come to a party?" Ha, ha, sure that bitch is comin', when does she ever say no . . . Yep, I know she's been everybody's meat . . . Oye, Félix, you're sure getting goody-goody . . . **maricón** . . . no, I said muy matón, ése, it's killer, you should know that. . . . I mean you been my main man since you was a mocoso, ése, since you was just a snotty kid remem- ber? Come on, Félix, just a little drag, see . . . ? That's right, deep, deep, that's it . . . I mean, oh, here's the pad, Cerote, go ahead and pull in the drive, back there by the hedge, in the sombra, there in the shadows . . . Come in and see, compadre . . . You feelin' **good**, huh . . . ? See, I told you, Cerote, Félix is my main man . . . I mean, he's **raza** . . . Come on in here and sit down on the sofa, compadre, nomás voy a buscar algo, I just gotta get somethin' in the back of the house . . . Cerote, give Félix a **copita** to go with that **goood motita** fix him up with a drink to go with this great weed . . . You ain't gonna get that stuff where you been sleepin' these days, bato . . . See, Cerote, I tol' you mi compadre Félix wasn't no **Malinchi** . . . I don't got nuthin' against my compadre . . . Just to prove it, I wanna share this stash of . . . Hey, Cerote, wouldn't he really **love** that coke we been sellin' . . . No, listen, I know you been trying to get off the mainlining, I mean if you was like a **customer** since when . . . Come on, compa, mi casa es su casa . . . Hey, ai llegó la Beatrix is here . . . "Puta, come on in, Whore . . . ha, ha . . . ! It's a party for my compa Félix, that's right . . . just like ol' times . . . Cerote, we need some **discos** . . . no I don't want no mariachis, I heard enough of that in Mass this mornin' . . . Boy, that was really inspirin', compa, you shoulda **been** there . . . Oh, sorry, that's right . . . Well, let's put on some mood music . . . 'I wanna fly like an eagle' . . . Thaaat's riiiight . . . Hey, compa, let's really fly, compa, I mean, Cerote can you fix a real high-flying kind of fix . . . Ah come on, compa, **no se raje**, ni que tuviera verijas . . . don't back out, not like a woman Aaaalll rrriight! Look, Cerote, my compa and me, we're like brothers, seguro, puros hermanos, and he's no Malinchi, I tol' you . . . Hey, Puta, ain't this some fiesta . . . Félix here he been my long-lost **compadre**, that's what . . . WHOOOOEEEEY!"

QUERÍA DECIRNOS ALGO HE WANTED TO TELL US SOME-THING BUT HE COULDN'T NO PODÍA LOS OJOS HIS EYES

"En esos días, in those days they came out of the woodwork . . . There were so many people who wanted to listen to us, what we had to say why we marched, what we wanted . . . Why . . . La raza, they were the worst . . . como víboras a veces . . . Los rancheros, pues we knew before hand that the land owners, pues que no . . . pero our own people didn't want to hear, I mean, they wouldn't even let us talk, sometimes . . . "

(ya ves? you see? ha, ha, qué te dije what'd I tell you, I told you I told you ha ha)

"It was about two, or three in the morning," Memo's telling you in your living room, "and Nancy had heard that somebody had entered the house a while ago . . . I got scared, Pat, I don't know what made me **know** what had happened . . . what they had done . . . **those snakes** . . . Y eran raza, can you imagine, raza sellouts . . . "

(la garrita, la garrita, out comes the dirty laundry, hee hee hee ha ha)

"Business' been so good, compa, too bad you didn't want no more to do with it . . . Tan suave it's been so cool that . . . Cerote, bring out that little surprise we got saved up for mai friend . . . No, I was just saying that we been doin' so **good**, why I think I'm gonna take the little woman, yeah my wife, not you Puta, and maybe the kids too, guess where? . . . Over the ocean blue . . . to Hawaii, ése . . . how's that for **making** it . . . ? Who says the raza can't be successful? Seguro, I got me a real big piece of the pie, ése . . . That's it, Cerote, easy does it, he ain't gonna feel a fuckin' thing . . . How about an abrazo a hug, compa . . . Yeah . . . !"

Y A LO ÚLTIMO AT THE END SCARED EYES Y LOS OJOS ESPANTADOS AAUGH AAAAGH

"It was about two or three in the morning and I knew that . . . something was wrong, there were some weird sounds coming from the living room . . . Some desperate snores asina like this . . . "

> Memo runs desperately to the living room towards the gasps,
> towards the lump in the corner of the room, towards what had
> been his brother, that now was un bulto sudoroso limp arms and
> legs like like a rag doll a lump with his brother's face but without

his brother already a bundle of gasps Nancy call the ambulance the bundle's brother screams desperately hugging while hugging what they've left of his while sobbing then howling NNNOOOOOOOOOOOOOOOOOOOOOOOOOOOOOOO

THEY KNOW THEIR NAMES BUT THEY DON'T NAME THEM CAN'T YOU GET IT YET? DIDN'T YOU SEE IT IN THE NEWS?

" . . . they used to slither up like snakes everywhere . . . " (and you, still at it? Didn't you see it . . . ?)

WHY DO YOU RUN QUÉ TE PASA YOU RUN YOU RUN

"Writer's paranoia," the hunky blond doctor says to you, cool blue eyes, calm and collected él, "writer's paranoia . . . it's really a very common mental ill . . . disturbance. If you like, I can recommend a good book, with definitions and all that . . . " That's all you need, you say to yourself, that somebody tells you that **de veras** estás loca, that you're really crazy, not that you **think** you're crazy, but that your screw's coming loose . . . (your tan(trum)gents, ha)

WHOSE FAULT IS IT WHOSE

Guilt. What is it, where can you start to measure it, that you can no longer distinguish between friend and enemy, what makes you see feel think dis dis in te graaaating inside

"I'm sorry, Petra . . . I, ah, I didn't get the word you just . . . he means what? . . . Oh. Mah–leencheeh . . . Say, wasn't that, she, someone from Aztec times . . . the woman that . . . She was Cortéz's . . . Nurse! Nurse, come quick, Petrah passed out! Sheesh, what did I say . . . ?"

THE TRUTH IS THAT

You read somewhere, you think in some Chicano journal, that there is a high average of Chicanos in mental hospitals, so as not to say that there are some others nicely put away in permanent asylums . . . pura gente descombobulada discombobulated people . . .

THE TRUTH

"The horrible truth is that we are a people in crisis, your news editor friend writes you, and it's not just an **identity** crisis, that's so en vogue these days . . . Something smells, I've just heard this all too many times before, Pat . . . Algo huele mal something smells bad and not only in Southwest City . . . "

(something smells and you know it and you have known it but you never have . . .)

BBBRRRIIINNNGGG . . . BBBRRRIIINNNGGG . . . BBBRR . . .

The telephone has subtly taken on a life of its own, you have explained to your doctor. Sometimes, ya know, SOMEONE else is listening to your conversations, THEY KNOW what you're thinking and **then** THEY MAKE the phone doorbell ring to break your thread, your train of thought para estorbarte to get in the way just to

BBBRRRIIINNNNNGGG . . . BBBRRRIIINN . . .

"Aló, Petrina! Did you call me? You want me to take you to the psychiatrist in the afternoon . . . ? Bueno, I was going to go out to . . . with . . . Why, now what's wrong with you . . . ? what do you mean they're following you . . . Who? . . . But I don't understand why they want to do something to you, for what . . . Bueno, all right, I'll come over, but you must **want** something to happen to you, I mean, you're not that important, I mean, what did you do that . . . ? Pat? Pat . . . ? Ya, ya, pues, stop sniveling, I'll come over, but can't you do something about all this emotional mess? Sí, sí, ahora vengo, I'll be right over . . . "

(vienen ya they're coming already you're getting there but it's late you don't know if it's very late or too late you're coming what could've happened to)

Memo comes in the living room, takes my arm, takes me to the bedroom, he makes me lay down. "Pat, I was going to tell you about the funeral but I'll stop by here tomorrow before lunch . . . about eleven, are you going to be here? Okay . . . Ah, you want me to pick up Marisa at the babysitter? . . . Oh, Vittorio's going to . . . 'Tá güeno . . . Do you want me to call you before? Güeno, see ya early tomorrow . . . Bye, mija . . . " Before leaving, he closes the blinds and I'm left in a semi-dark room looking through some slivers at the edge of the blind through which are filtering some sun rays . . . like light polka-dots dancing like oh nononono tú no quieres you don't want to

When Vittorio gets to his apartment, your castle I mean, when he enters like a moon ray you will run into his arms in your most translucent negligée your henna hair and he, Vittorio, very masculine and smiling lights up your path and your perfect little girl will run into his arms all pearled up like a little clear moon ray THE ORCHESTRA PLAYS just great

BRRRRIIIINNNNGG . . .

Vittorio has taken you to the shrink; and he's telling you . . .

"You know, Petruh, that's a little far-fetched, don't you think, that **someone** is following you . . . What? They're dressed as City laborers . . . as construction workers . . . they're Mexicans . . . ? I thought last week it was the police . . . Oh, it's the United Parcel men . . . I see, you think they're out to get you . . . Unhum . . . Tell me, just how far back can you remember some kind of fear . . . related fear, I mean . . . Aha" LAAA MIIIGRRRAAAAA . . . But the immigration has a job to do . . . (and still you) . . . "Oh! Oh, Oh . . . ! I do think we have something here . . . You say you were afraid of your father? That he said you were a . . . ? When was that? Ahah! Ahhah . . . back to that name . . . You felt you might have sold out at some point is that what you feel . . . ?" (and still you you) "And what about your mother, what did she . . . ? Ah! And how do you Feel About

That? Ahah!" EL DIVORCIO was an aberration to your tribe if your hand offends you ah qué cabroncito mi shrink what a sucker, my shrink when I was giving in when I was buying into it it occurs to him to come out with another And how do you Feel About **That?** (Crap, and you, so cool, get all worked up confessing pouring yourself out all in a catharsis consecrating And How Do You Feel About . . . ?)

BBRRRRIIIIINNNNNNGGGGG . . . BBRRRRIIIIIINNNG . . .

" . . . Memo? No, I'm not going to the shrink this afternoon . . . Yeah, it's okay if you come back later on today, Okay, if you can't now, it's all right, . . . I'll see you later . . . What . . . Oh, because . . . because . . . pos, I noticed that the soooo hunky doctor with the beautiful blue eyes, pos, get this, he had on leather pants . . . sí, de veras, muy shiny really . . . I think that's when I decided that . . . Ha, ha, ha, yeah, qué romantica soy verdá . . . Okay, viejo, ya te veo . . . Bye . . . "

BBRRRRIIINNNGGG . . . BRRIIIINNGGGG . . .

" . . . Mom? . . . Habla Petra . . . Ajá, I called but Patsy told me that you were at Belita's house, ha, aw mamá, when are you going to stop . . . Always baby-sitting or cleaning houses . . . Listen, talking about baby-sitting . . . Can you come and stay with us a couple days . . . ? Bueno . . . no, don't worry . . . pero si, pues, I'm a little sick, I didn't want to tell you anything before to not . . . Pero I need you, mamá te necesito, can you come . . . ? Should we send you a ticket . . . ? It has to be a bus ticket because right now I can't . . . Ah, cool . . . okay, let me know the flight and the arrival time and we'll be waiting . . . Mamita, I really want to see you . . . I've been so sick, I haven't known what . . . "

(ha ha ha ha I bet you haven't known what hahahaha and **still you)**

BBRRRRIIINNNGGGG . . .

You run to the door but you look through the window before you open it to make sure who it is. Memo comes in, with Marisa by the hand and says, "I thought that this way you wouldn't have to go out today, Pat . . . I can only stay for a little bit because we want to stop by the hospital to see if Puppet's uncle can talk yet . . . No, he's still really sick and since he's been the only witness . . . Pos, who knows what it was that he saw, what they did to them that night que qué les jicieron aquella noche . . . Who knows . . . Some cop friends of ours haven't had any luck finding things out either . . . Look . . . no, no te pongas asina, don't get like that, you better rest and later, when you feel strong, I'll tell you . . . Some of us . . . we been getting crank calls, that we don't dig any deeper into the batito's case, so you better rest and I'll tell you THE TRUTH later . . . What? Oh! Oh, sí el funeral . . . pues, Pat, eso sí que . . . pos, you're not going to believe it . . . Ah, that Puppet, hee hee . . . !"

WHAT DO YOU DO TO KEEP FROM BECOMING BITTER WHAT

THE TRUTH

"Pa'ijirte la verdá, Pat, to tell you the truth it was something we had not expected pos no one had thought about it, that's why when it happened . . . Man, I can't help it, it was . . . " Memo starts to laugh under his breath, and then louder choking in the end "I have to tell you that the service had already started when, pos everybody was all serious . . . the priest was saying his things and we were all sad and choking up . . . Naide quiría ser el primero en llorar, no one wanted to be the first to cry, but what can ya do, ya pa'ntoces, habíanos algunos empezado el chorro, I mean, we couldn't help it, with all of Puppet's family there and seeing that chamaco the spitting image of the Puppet we were burying, pos. . . . we couldn't help it, sabes? . . . It was quiet, real quiet except for the padrecito talking to us . . . When . . . hee, hee, hee, oh Pat you should've seen it . . . hee hee . . . "

Southwest City Memorial Cemetery, Westlawn, is located, pues to
the west/oeste of the city. The raza's burials are in a remote corner,
far from the green lawns always watered and the paths are dusty
. . . those that can have their plots in the fertile grass, and those that
can't, pos por ai los entierran, one on top of the other sometimes,
like in the case of our little friend that the priest is now eulogizing
in sonorous tones that float above the group dressed in dark colors
. . . His stepmother hiccups and sobs scandalously . . . when a car is
heard coming through the gravel and dusty road towards the site
. . . It comes to a squeaking halt just a few meters away, but no one
from the group turns . . . except Carlos . . . who turns almost
drowning sneezing suffocating

THEY'VE ALL GONE THAT'S IT

"The three of them came to the funeral together, Pat! Sí, sí, the three
fiancées . . . " Memo starts drowning in laughter again at this point, he
sneezes, he dries his eyes, his face, cries laughs continues . . . "The three
chavalas juntitas, together . . . Sí out of the car that arrived late, one came
out first: the one with the rosary, I thought, great, here comes the fiancée,
when out came the one with the ring and then I thought oh no here comes
the whole show when simón yep out comes INEREST . . . ! The three
came together and walked juntitas juntitas, and they went to touch the
casket and there they hugged each other affectionately . . . ! I mean, it was
sad, really sad . . . pero de veras we could barely hold it in, just thinking
about the batito's doings . . . tres comprometidas three fiancées and he never
said anything . . . ! hee hee hee ah, that Puppet, how all of a sudden he
could be so . . . hee hee . . . what do you think . . . ? hee hee Ay, I better leave
now, they're waiting for me at the Hospital Santa Cruz. . . . Oh, did I tell
you that they have Puppet's uncle under police guard . . . ?"

THE TRUTH IS THAT YOU'VE GONE

You still can't don't want don't know what it is THE TRUTH but it seems muy funny really funny smelling all this and it seems really cute three fiancées together the three of them crying for el Batito it seems that it's also the truth the three of them kept from becoming forever bitter a secret of your people of the people of many people of many colors but in this moment love outweighs rancor resentment the bad memories the pain the truth is that you could really be funny and we haven't forgotten you Batito nor your sad ending THE TRUTH IS it seems to me that the truth was and we must question AY ARGO GÜENO

11 / MALINCHE'S DISCOURSE

Are you Malinche a malinchi? Who are you (who am I malinchi)? seller or buyer? sold or bought and at what price? What is it to be what so many shout say sold-out malinchi who is who are/are we what? at what price without having been there naming putting labels tags what who have bought sold malinchismo what other -ismos invented shouted with hate reacting striking like vipers like snakes THEIR EYES like snakes what who what

"I am going to tell you some stories, my children, some very short stories, interspersed sometimes they may appear they may be perhaps confusing but it's that one must go on with this thread this thread of"

FEW WORDS ARE NECESSARY TO HE/SHE THAT UNDER-STANDS WELL (ha ha you only have to push the buttons right right and it's easy ha ha ha pull pull the right strings and you'll see how he/she dances how they dance like a marionette like a puppet)

"They came in symbolic numbers: they were **twelve**, the conquistadores ahem the missionaries I mean, the spiritual missionaries and we had a lot of crises of of identity of of beliefs of of -isms because they were our lords for whom we had awaited for so long they had come to rescue us from a bloody pyramidal funereal heritage and we wanted to believe in SOME-THING and some of us I helped them I believed them because it was the best thing right? it was the best thing right?

AND YOU BOUGHT IT LIKE I SAY AND YOU BOUGHT IT LIKE I SAY OH YOU'RE A REAL

"Don't let them do it to you, damn you Carlos, you have to ask ARGO GÜENO SOMETHING REAL JUICY why don't you look at me, Miss Pat, why . . . ?"

OH WERE YOU THERE WHEN THEY CRUCIFIED MY . . . Were you there?

"Using the latest terminology and it's **so useful** nowadays, I'm going to tell you about my formative years: at the age of five, more or less, I left off being the favorite eldest daughter of my tribe, when some very immediate relatives **sold me**, to some more distant buddies, who **bought me** . . . at what price? I don't know, I only remember that I went kicking that I wanted my mama that why had my papa abandoned me yes yes I went yelling loud too why why and they said tie her up she's too forward too flighty she thinks she's a princess thinks she's her father's daughter thinks she's hot stuff that's it doesn't know her place a real threat to the tribe take her away haul her off she's a menace to our cause that's it only learned to say crazy things to say accuse with HER EYES and they didn't want then troublemakers in their country."

YES YOU BOUGHT IT LIKE I SAY OH YOU BOUGHT IT

"The country, well I suppose Mexico, Aztlán . . . ? Well, it could have been a little more to the north or a little more to the south, it makes no difference now, what I was telling you was my version that's it, **my version** as ... as a woman, that's right, and they can establish the famous dialectic with the other versions that you already know very well ... Oh don't act as if you don't understand, don't put me on now ... "

AND TO HE/SHE WHO DOESN'T UNDERSTAND WELL A LOT OF WORDS WITH DRAWINGS 'CAUSE YOU BOUGHT IT LIKE

"We had waited for him a long time, that's what I remembered when I saw him, pero the first thing I felt was an attraction like well like a woman and he's a man ... That's what I first felt ... there were others more blond than HE and others that were dark-haired and even others like us (on the outside anyway, right?) but why don't they want to understand that I did it all because of **love** and not because of any hate nor any ambition ... A traitress ... ? Because of our language, that I helped them that I sold my people ... ? You know what, you know a lot about -isms and -acies but I advise you, my children, to look for the answers **inside** and to look further than the labels implanted and thrown out in reaction hate violence ... What's wrong is that we're very smart, very bright, and we learn certain things very well that frankly keep on being **the same** pyramidal funereal hierarchical structure ... "

'CAUSE YOU BOUGHT IT LIKE I SAY WELL THERE WAS ANOTHER WAY

Another Way to Be

Another Way Rosario Another

"And what I Malinche malinchi am telling you, is: SHOW ME. Because from what I've seen, not in every case that's true, is that we go on being, in name of every cause, **chingones y chingadas** ... those who fuck you and those who are fucked ... for a change of subject ... "

BREAK THE TIES TO YOUR MYTHS

" . . . or for a change . . . the chinga-doer and el/la chinga-dee . . ."
HAVEN'T YOU SEEN IT YET? (and still you go on)

MAKE SHREDS OF THE CORDONS TO YOUR

(and the dirty linen, malinchee, and your dirty linen is coming coming
looking for you look)

BBRRRIIINNNGGGGG . . . BBRRRIIINNNGGGG . . .

" . . . Aló, yes, it's me, Malin . . . Pat, Petra . . . Oh, how's everybody,
Loreto, it's been a while since you . . . Oh, really, you're right, it was just
day before yesterday, yesterday . . . yeah, the funeral was yesterday but I
couldn't . . . Yes, that must be it, a crisis of . . . my **nerves** . . . (that's all that
was missing now, don't you think ha ha Maleench' Mah–leehncheeh) . . .
what? . . . I'm sorry, what were you saying, Loreto? No, no I haven't written **anything new** (it's all **old** all right ha and still you) but I keep thinking
about it, turning it over and over as if that way I can see things better . . . I
know, I know, I'm somewhat discombobulated . . . I've even started to
imagine that someone is following me that something is going to happen
to me, well it's like I told you the other night . . . And you, what's new? Treacherous? . . . Oh the **chota** is treacherous . . . at least those two cops, right . . . You
don't say . . . . . But . . . But that can't be, because Puppet never . . . ! No, it's just
that because of my nerves, Memo hasn't been able to tell me everything . . .
the other day he was going to tell me something . . . well, the truth about
how it really happened, about the death . . . Assassins . . . Well, what are
you . . . what can be done? God, Loreto, but I've tried to write more and
I've just got too much, too many pressures and I'm getting confused and
my jotquequis are hurting . . . what? You know, the truth, the real, real
low-down is that . . . "

WHEN YOU WERE YOU WERE ALL A CHILD CHILDREN
YOU WERE YOU ALL WERE VERY BRAVE AND NOW AND
NOW THAT THERE'S NO TIME LEFT NOW

"... and as I was saying to you yesterday, my daughters, **lo Cortés no
quita lo valiente** ... "

TO ONE WHO UNDERSTANDS WELL YOU ONLY NEED A
FEW BUT AFTER CENTURIES OF POOLS OF WELL THEN
MAYBE

"... Let's talk turkey, class ... Well, that means that we ought to
discuss today's topic openly and in-good-faith-ly, that's how I prefer it.
Well then, Ester, what do you think of Nestorcito's comment ... Yes, what
he said about the **bad effect of feminism on the movement** ... What do you
think, Ester ... ? Is feminism **bad** or **good** ... etc. ... ? Oh, you don't want
to say ... ? You're ... **afraid** ... ? What are you saying, Nestorcito ... ?"

"... that the Chicano/Mexican/Latin **family** has to maintain itself in-
tact, that traditions are more important for the good, for the future,
Profesora. I think, that's just what my dad and my grandparents were saying last night, that all this stuff about women's liberation is just bourgeois
women's junk, those women that have idle time to write and to draw and
to ... discombobulate themselves ... like my dad said last night ... I'm
sorry, but the **movement** needs its women ... well to struggle for the **Causa**
... **Ester, why are you crying** ... What's wrong with you ... ?"

WHY ARE YOU CRYING QUÉ TE PASA

(ha ha, like I've told you, don't stick your nose in it, don't stick your nose in
because it's CHINGOS AND CHINGOS OF BLOOD and still you)

You leave class humming "Some day my prince will come ... " and you
laugh and you laugh and you laugh Cinder-Malinsheesh (What did I say ... ?)

WHO'S TO BLAME WHO WELL YOU BOUGHT IT LIKE
THAT WAY 'CAUSE THEY SOLD IT LIKE I SAY WHO'S TO
BLAME CENTURIES AND CENTURIES WILL IT HAPPEN TO
THEM WILL IT HAPPEN

You keep being afraid of you don't know what of SOMEONE who
wants you to shut up for you not to ask questions not to challenge not to
NOOOOOOOOOO and the insomnia with Puppet and other signs of the
barrio about which you had never thought before or much and that now
that there's no time left . . . (and this rage started to enter you suppurating
and you begin to write poetry at all hours and you strike out at everything
now) One long poem, you entitle "A tombstone for Puppet," with a
pachuco's cross drawn by lines around the poem, like like like . . .

the cross that the little dude has on his left hand, goes from his
thumb to his index finger what is that Puppet you say and the
batito looks at you HIS EYES don't you know what it is, Miss Pat?
don't you know? you tell him that your cousin Boni in the East
Side of where was it now it was so long ago in El Centro that's it
your cousin Boni had a small cross and his camaradas also he said
and they were always together and they loved life and they weren't
afraid of anyone NOBODY NAIDE

" . . . Between two cultures, that's how the **pachucos** found themselves in
Los Angeles, Tucson, in El Paso . . . Between two systems, in a conflictive
state which resulted in . . . THEMSELVES . . . because they were themselves only, because they wanted to be something not from over there nor
from over here because anyhow both sides saw them the same way THEY
THEMSELVES in their own eyes there was IN THEIR EYES"

Another Way to Be
Another Way to Not–Be the Others
But rather THEMSELVES

(oh sure, sure, and what was it that happened to them CAN'T YOU GET IT YET? DIDN'T YOU SEE IT IN THE NEWS?)

"Doña Marina, do you really think that people can **change**, that there can really be something **better** . . . history, well it doesn't assure me much that . . . "

"Yes, yes, my daughter, except the part about death . . . Well, if you've died already, then it's only in people's memory in their fantasies in the good/bad versions that . . . That's the only thing, if you're dead already . . . "

" . . . Well how can you know if you're dead . . . ? (hahahahaha keep it up little donkey) Isn't it too late by the time you realize that you've . . . Answer me that one, Profe Malinchi . . . "

DID YOU BUY IT LIKE I SAY OH DID YOU

" . . . hee, hee, it's easy, it's easy to know, my daughters my sons it's easy: If you can still open your eyes, then, well you haven't blin blin blinked them for the last time, if you still can open your **eyes**, then . . . Well then I tell you that you can still kick . . . some . . . "

WELL MY COMADRE LA LLORONA IS CALLING ME I STILL HAVE TO TEACH HER TO NOT PUT UP WITH SHIT TO OPEN HER EYES BECAUSE THERE'S SOMETHING REALLY GOOD

The Hohokam, an industrially advanced tribe, were FULL OF LIFE yet THEY'VE ALL GONE disappeared a long time ago. (hee hee hee and you still keep keep it up)

" . . . Profe Tenepall, uh, I mean Leyva, I have a problem understanding . . . See, I don't exactly know why you want us to keep looking for stuff on the Hohokam . . . I mean, what does that have to do with our class . . . Visión de los vencidos . . . ? The victim's point of view what is that?" . . .

"well, yeah, I know that's what we're seeing in all this other literature, but the Hohokam . . . pues, I don't understand the connection . . . How does that relate to us . . . I thought you didn't believe in idealizing the past, Profe Malin . . . Petra . . . Why do you want us to . . . ?"

SOMETHING SMELLS IN SOUTHWEST CITY AND YOU KNOW IT YOU'VE KNOWN IT AND YOU'VE NEVER

" . . . Y no te pude dijir el otro día, Pat, I couldn't tell you the other day, but I'll tell you that as people were getting in their cars and leaving the cemetery, it occurred to his stepmother that she needed to save face, that she still needed to do the right thing for 'her public', say something . . . Pues, I told you that she had played her roles at the wake and during the service, and continued with her exaggerated, deep sobs and choking up by the casket during the burial, verdá . . . ? Güeno, you won't believe it, you just won't. No lo vas a creyer, de veras . . . I bet you don't know what la vieja yelled a que no sabes . . . ? She came towards us . . . ajá, hacia la Nancy, Carlos, Medeiros y yo . . . and with big crocodile tears and drooling and all, she yelled that . . . que . . . que **Puppet had never given them a chance!** Te imaginas . . . ? After everything . . . ! Sometimes, Pat, I tell you that I could just . . . like I . . . como que voy a soltar gritando, like I'm going to break down screaming, dando catos y patadas por todas partes . . . Y sabes qué . . . You know what? I begin to feel this rage, una rabia que no sé dónde ni cómo, that I don't know where or how, pero algún día, some day . . . Pat, somebody's gotta do something . . . "

Your friend says good-bye over the phone, he tells you that this whole thing is about to make him explode and that the batito's uncle is still under police guard. No one has been able to talk to him, to confirm or refute or even to know if the chota's version, the version that Memo doesn't believe for a second . . .

" . . . Petra? Habla Loreto . . . Que el tío de Puppet qué . . . ? No, they
haven't let us see him either, no one from the Committee . . . Mira, I'm
calling to tell you something before they . . . but, listen, just take what I'm
about to tell you as a warning, don't stop . . . It's just that something's happening to us here . . . Sí, sí, to me, to Laurita Bell and to the others on the
Committee and we decided that we'd better tell you just in case they begin
to . . . Pues mira: we're receiving calls, threats . . . Pues, not to continue
with the investigation into Puppet's case. No, don't get so upset, this is why
we wanted to tell you ourselves that . . . that you're not alone, Petra, you
have your people . . . Tighten your britches, or your skirts, or whatever,
but don't stop . . . We support you, we're not letting this thing go, no vamos
a dejarlos en paz, even if they try a hundred thousand idiotic stunts . . .
One just can't, Petra . . . you can't just . . . Mira, if things get really dangerous, I know some people **outside** the **country** that will publish what you
have on the chamaco . . . Bueno, they have their own reasons, but el pueblo
tiene que darse cuenta, they need to know all of these things . . . Sí, sí, they
may be communists, whatever they are, girl, but . . . Oh, what, you don't
want to straighten up or what, o qué . . . ? Bueno, pues **libérate** chamacona
. . . Liberate yourself . . . think it over . . . I'll be waiting for your call . . .
Adiós y abrazitos a Marisa . . . "

WHY ARE YOU RUNNING VIPER EYES WHAT'S WRONG
WITH YOU

" . . . Mijita, qué te pasa . . . ?" Your mother asks you as she hugs you in the
airport and you cry and cry that you don't know yet what's wrong with you.

(I do I do ha ha ha ha heeheehee)

Marisa's fallen asleep in her seat, so you have a chance to tell Lorenza,
your mother, what has plagued your nights with insomnia . . . lo del Puppet, about the stories that you've been putting together, about the bullet-

like poems, about the deaths, life, hope, María's last letter, what could've happened to . . .

(lagañosa llorona is com com coming to loo loo look for you)

I HAVE TO TELL MY COMADRE TO OPEN HER EYES BE-
CAUSE ALL THIS CRYING WHINING JUST LEADS TO SWOL-
LEN EYES CLOSED AND THERE IS NO TIME LEFT NONE FOR
CRYBABIES NOR WHINERS NOW IT'S TIME TO LOOK FOR
SOMETHING GOOD AND THEN IT'S TIME TO

" . . . And then, mija, you need to rest a bit . . . You're really pale, tense, confused . . . I know, all of this that you're telling me, pues mija yo entiendo pero mija, don't you think it's too much for you to, that you alone do . . . Mijita, come to bed for a while . . . If you want, I'll tell you about the things you did when you were a little girl . . . You see, Marisa wants to hear these stories about you and your brothers and sisters again . . . Come to bed, mija, I'll make dinner, come now . . . "

COME NOW 'MANITA BECAUSE I'M SCARED SAYS THE
PLONQUITO AND A KNOT OF DESPERATION IN MY

" . . . When your mamita was a little girl, she was very brave," your mother begins to tell Marisa in the living room . . . You begin to feel dizzy, seeing polka dots of light watching your little sister Beli come and kneel beside you and

Father Jean Bincennes loved his little town very much they had got
together some money to build a church dedicated to your abuela
Petra to your grandparents from Sonora and meanwhile you
everyone would go to pray in an old empty store beside right next
to the 99 Club and every Sunday the store would fill with people
OH YOU BOUGHT IT LIKE I SAY OH YOU you would kneel

down every Sunday between Plonquito and your mother but not
your father because he would work next door in the 99 Club but
you would wait and wait for communion to feel yourselves
sanctified again having confessed beforehand because it was better
that way wasn't it? it was better wasn't it? there are polka-dots of
light filtering through the tin roof, it is hot you feel dizzy you need
to prepare yourself to receive the Lord, I mean everyone's then all
of a sudden all of a sudden a little girl pushes in pushes between a
little valiant girl courageous like very few pushes in and she's now
a wife andandand

FOLLOW BELITA'S EXAMPLE WHINY COMADRE LLORONA
TOME EJEMPLO DE LA BELITA OPEN YOUR EYES BECAUSE
THERE IS NO MORE

" . . . and your mother's little sister, Lorenza" your mother continues,
"was extremely courageous, she would wear cowboy boots, T-shirts and
Levi's . . . and the little wienie dogs, el Chapo, la Chapa and the little
Chapitos would always follow her around . . . "

. . . And one time, one time she wanted to take one of Chapo's teeth out
with a pair of big mechanic's pliers . . . And during Santa Misa . . . hahahaha
. . . ah, with kids there is never a dull moment, the strangest things occur to
them . . . ALTHOUGH THEY STILL DON'T KNOW WHAT IT IS
TO BE AMERICAN-BORN UNCLE JUANITO SAYS AND IN
YOUR MOTHER'S EYES THERE IS . . . And you know what your
aunt Beli did one time, right in the middle of misa santa . . . ?

you were all kneeling submissively waiting respectfully waiting to
receive Him and the little courageous sister the kind you don't see
any more pushes in between waits with her eyes closed and her
tongue out waiting for Him the unleavened bread because she was

a spoiled girl and she liked the flavor of the host la hostia that her friend the priest gave her when she would go to visit the priest with her father at his house I mean when she would go pues they would give her some and she liked it yes she did and she decided waiting yep right there during la Santa Misa to be exact she said to Father Jean Bincennes **"Cabrón! I'll tell my father that you didn't wanna give me that white cookie . . . !"** And now and now she's a mother a wife

AND SHE BEHAVES

(ha ha ha you'll see keep it up because it's coming and it's a doosey)

DIDN'T YOU SEE IT IN THE NEWS

" . . . Your sister Beli," your mom tells you, "is having problems with her husband . . . no, it's not what you think, but almost, verás you'll see but just let me tell you what's going on . . . And to think that mijita didn't take anything from ANYBODY when she was a little girl . . . ! You won't believe it, Petra, what is happening to her now . . . Oh! She called you the other day too . . . ! Oh! So you know a little bit . . . Mija, not all of the ministers are like that, I want you to understand this. . . . Not all of them are corrupt like that gringo pastor, don't blame my church, mija, not all of them are like that . . . It's just that we're in the final days and there are vipers everywhere and I don't want you to think . . ."

AND WE DON'T WANT YOU TO THINK THAT AND WE SIMPLY DON'T WANT YOU TO

BBRRRRRRIIIINNNGGG. . . . You pick up the phone immediately, it's your sister Beli, she's crying and she tells you that her minister is destroying her marriage that she believes in God and that he says no because she doesn't agree with certain things because she asks questions because she started asking questions about certain things because she believes in something that she is not the Devil that she isn't evil she isn't a traitor to her religion to her husband her children no it's only that she doesn't want she doesn't think that certain things should be dictated because it's "... MIND CONTROL, it's the very **Devil** himself, and he's told Bob that I'm the Devil and that I'm destroying our household and that I'm a troublemaker in the church and that they all ought to kick me ... out ... Pat, ... I ... Pat ... Help me, Pat ... I ... You have an education, you've lived so much ... 'Manita, ayúdame ... "

ARE YOU MALINCHE MALINCHI? WHO ARE YOU? WHO AM I MALINCHI?

12 / IT'S THAT WE'RE IN THE LAST DAYS

"**E**n los últimos días," says your mother Lorenza, "the son will rebel against the father, it'll be children against parents in the last days, there will be a great corrupción, a horrible war that will start all over 'cause it'll be the last days and it will have to be 'cause our Lord is coming . . . You'll see all kinds of things, mijita, and this stuff about corrupt ministros pues it's just a part of what we'll see . . . that's why there's wars in Israel, all over the place porque se está cumpliendo la palabra . . . it's God's word that it will be, have faith en nuestro Señor, have faith, it's that we're in the last days and we've got to accept it, prepare ourselves 'cause it's simply the fulfillment of His Word . . . Rest your mind, mijita, it's that we're at the very last . . . Es demasiado, too much for you right now, mija, kneel and ask nuestro Señor to make you strong, that you can go on without worrying about all this other stuff . . . That's how it will be, no te preocupes don't worry so much and don't lose sleep over these things, God will punish them, mija, God will punish them and it won't be long now, ask our Lord and déjate de rezar a estas Vírgenes . . . those Virgens are only idols, stop praying to them, you don't need any priest to forgive you, God will punish those to blame, all those Anticristos . . . You don't need any man to forgive you . . . God loves you Dios te quiere, your hermanos, tu madre te quiere . . . Pray a nuestro Señor . . . Qué . . . ? . . . You feel culpable de qué . . . ?"

WHO IS TO BLAME QUIÉN (estuviste were you there?)

You answer her that sí mamita, I believe, I believe in Him and I pray yo rezo and I feel better then, but only for a little while por un ratito nomás and all this really scares me I never knew I thought other things (and you've never done anything ha)

" . . . Yes, I have faith . . . that is, I pray a lot," you had told the blond shrink, ". . . especially, ha ha when I'm in a jam, I pray like Hell, oh, ha ha that is conflictive, isn't it . . . hee hee . . . ? (suddenly you realize that you, when you pray, you pray **in English** the nuns that taught you the Mexican-American nuns from back then taught you to pray **in inglés** Ave María full of grace the Lord is with) Well it does make me feel better . . . most of the time . . . What? Oh, **Doctor** . . . I don't **know** how I feel about **that** right now, I don't know . . ." (ah, it sure made you lose your patience at times but but but for a while)

PERO JUST FOR A LITTLE BIT

BRRRIINNNNGGG. . . .

" . . . Aló, I mean, Good Afternoon, Southwest City Estates . . . No, Stan isn't here . . . Who . . . ? Oh, Paco Jiménez from the Mex-Am C of C . . . Ajá . . . sí, hablo esp . . . mande . . . ? No, no creo que nos hayamos conocido . . . no, I don't think we met at any dance . . . or quinceañera . . . (he hee) . . . What can I do for you Mr. . . . oh, Paco, all right . . . Boletos . . . ? You want me to ask Stan if he'd buy two tickets for the Fiestas Patrias **Cotillion** next week . . . ajá, sí cómo no . . . I'll leave the message for him . . . Well, it's almost five o'clock and he's not back from the Title Company . . . Sure . . . of course, see you later . . . Excuse me? Oh! . . . Petra, Patricia Leyva de . . . well, just Pat Leyva is fine . . . Sure, no trouble . . . bye . . . "

DID YOU BUY IT?

The next morning Memo walks in laughing, he comes in where you're filing some papers in the tall cabinet in the corner. You ask him what's up Memo and he answers that last night when they stopped by late for the messages, Stan had been there looking for his on the bulletin board, and he had asked Puppet if he wanted some tickets for a **Cotill-yun** that he, the boss, had made a donation so one of his boys could have some fun at the Fiestas Patrias (hee hee he's just like you little donkey **well-meaning but blind** right isn't that true) and you should've seen Carlos how he laughed ah, Carlos sure pissed the batito off pos he had a reason don't you think

"...can you imagine, Pat? Un **Cotillion**, with girls dressed in white...pues long white dresses like princesses or queens of who knows what ... ajá, like brides (like vestal virgins imitating as if they were as if they had as if the chamaquito who limps when he walks to the tables to serve them didn't exist the one that doesn't look them in THE EYES because he doesn't want to no quiere)... Ajá it was at the Palacio Hotel where the batito works, allí jue...ha ha ask Puppet, you'll see, just ask him about Carlos ... I had already given the tickets to Carlos because Puppet said pos nomás no ... Medeiros, what was it that the chamaco told us on the way to work ... ?"

WHAT DO YOU DO TO KEEP FROM BECOMING BITTER

" ... It reminded me a lot of that wedding in Rayón, Señora Petra ... the chamaco said he hadn't realized that the patrón had passed the tickets along to Memo who didn't want them either but Carlos asked for them later because his girlfriend had told him to, that she wanted to go to the famous dance to put the grand finale to the Fiestas Patrias ... I can assure you that the couple had absolutely no interest in impressing all of those really snobby people that would go to dance there behaving like ... how do you say it, Memo? ... sí algo así 'jaitón' high-town snooty (oh really oh dear oh oh oh) Bueno, Puppet didn't know that Carlos was there, when he heard them calling him to a table ... Ha ha ha ah, qué chamaco éste ..."

WHO'S TO BLAME WHO WHAT DO YOU DO

Back then you were very popular, umhum, because you were always doing the right thing, you didn't ask too serious questions you adjusted to the role, more or less. Except for being divorced, with children and you remember what your father your aunts and uncles said about THAT . . . And, being one of the few **Mexican-American** educated women, and you felt you could **represent** your people . . . since elementary school you were always doing the right thing, they picked you here they picked you there (as if you were una samba? hahaha) and you with that **smile** like such a leader sometimes even when it wasn't necessary, pues metías la cuchara you were all over. . . . Your last year of **College**, around '65 or '66, wasn't it? (oh oh oh oh ai viene oh) oh no now you had to follow this through 'til the end in '65 or '66 something like that you you the daughter of a bracero contractor you you you you (I told you I told you) you didn't get it even with all that there was to tip you off to understand you didn't want to you didn't get it

YOUR MUD-FEETED GODS BUT TUS DIOSES CON PIES DE BARRO PERO PERO ESTUVISTE TÚ??? OH WERE YOU THERE WHEN THEY

" . . . who is this Chávez anyway? What does he want?"

" . . . I'll tell you what they want . . . they're all communists, that's what and they want to, well, to **take over**, with this Union . . . That's how it always starts, first they bring in organizers, then they fill the workers with ideas about better conditions, more money, a better life . . . SHEEEET! Fuckin' COMMUNIST crap, that's whut!"

" . . . Well, I don't know, Sam, there are some labor camps over on the West Side . . . well, I know **my boys** well I treat them **right** but you've seen Romero's camp . . . that's filth over there, especially when it rains and I heard some of the men talk in the field about how he screws their pay . . . "

"Come on, Pat, the Spanish Club just has to contribute something to the March when they come through here . . . I mean, **everybody** is helping out . . . they need food for Friday night, you know they're scheduled to be on campus, a couple of speakers anyway, when they come through town Friday . . . " Your friend Venus, who works with you on the Student Council, is trying to convince you that the Spanish Student Club, almost all Mexican-Americans, almost all of them first generation and almost all of them the first few to have made it to the University . . . "Come on, Pat . . . soooo much **compañerismo** in the club, and now you tell me that you don't believe that those people are right . . . ! Look, just make one of those great pots of chili beans, it's not a lot of work . . . I'll take it to the park where they're going to spend the night . . . some of them may stay with people, in their homes, you don't want to . . . Ah, qué Petra. . . . Bueno, we'll talk later, I have to continue calling some people to help us with the preparations . . . Do you know that some priests are marching with them and that they are carrying the Virgin at the front . . . ? Pero . . . but what I'm trying to make you see, Pat, is that if they believe in God, pues, how can they be like you say . . . ? That they bought what . . . ? Ah qué Pat . . . Look, I'll see you Friday afternoon . . . Yeah, I think Ted and I will introduce the marchers . . . Okay, see you there . . . "

WHY DO YOU RUN RUN LITTLE SNA SNA SNAKE EYES

"Cu–currú–cu–cu . . . paaloooooma . . . cucurrú . . . " plays the orchestra in the Lagos Ballroom at the Palace Hotel, they're playing all out 'cause the créme de la créme is there (and the foam too, ha) from the ha ha high **Chicana**/méxico–americana/Mexican–American/spic etc. society depending upon your point of view, etc. etc. and the palomitas float among the chambelanes in dinner jackets with red carnations in the lapel and the palomitas the florecitas the future madrecitas our hope for the future our flowers that we have to plant, and cultivate and take care of for the future they are dancing there dressed in white like like princesses like like brides up for offer like like presenting them to hoity high society coincidentally con-gregating for the **Fiestas Patrias** occasion and among them are the moon rays the maximum community leaders the professors some of the businessmen two or three of the almost-mayor Chicanos that wanted to but couldn't and some activists and some sleepwalkers and some whose wives insisted on putting their huipil and a flower on as God and culture demand to preserve them both or something like that and the occasional anglo that's there either because of mar-riage or because they have been invited as a **special** guest like like no more and no less than the president of the University and among all of those who **were** or who thought they were, were there . . .

Carlos and his girlfriend Licha laughing having fun cu–currú–cuquián-dose under the moon rays of illusions under an enormous glass ball illumi-nating their path the ball of light hanging from the ceiling of the ballroom full of artificial life under an artificial shiny sphere all playing their artifi-cial roles under the polka-dots of light when you suddenly heard

AND YOU ALWAYS KNEW HOW TO **REPRESENT** WELL VERDÁ RIGHT?

"Pat, I can't come to work tomorrow morning . . . No, is just that Félix has to go to court for a hearing . . . Lawyer? Who represents him? Pues, pues we had a lawyer but he's afraid . . . someone got to him or something, he called and told us to look for another one and since there isn't one who is raza and it's at the last minute, pos I have to go to . . . pues tú sabes, you know, we'll see what can be done . . . No sé I don't know why Félix doesn't listen and leave those friends . . . We're the ones who end up paying for it while that garbage . . . pues they go on as if nothing happened in their long cars buying everybody . . . and with the same money taken from our chamacos . . . from my brother . . . "

WHAT COULD HAVE HAPPENED TO HIM IT'S BEEN AGES SINCE I HAVEN'T THE EYES OF

My friend stares at me for a long time, his face sweaty and bronze colored in the afternoon light coming in the window. His eyes question me, unspoken questions but disquietingly present: Who can help us? Why are they afraid? Who will represent us, speak for us, give me a hand during all this that is happening to us, that keeps happening, keeps happening? *

DIDN'T YOU SEE IT IN THE NEWS, CAN'T YOU GET IT YET

(And you played deaf, ha you just pee, you just shit your pants)

WHY DO YOU RUN WHAT'S FOLLOWING YOU IT'S FOL-LOWING YOU WHAT

BRRRRIIIIIIIINNGGGG . . . BRRIII . . .

"Patricia! It's me, Chavela . . . Yeah, it's me who else do you think . . . Oye, it's been a while since you've written me . . . Boy, have I got a lot to tell you! Are you still trying to write that book, novel . . . that story about that young kid, and corruption . . . ? Well, you won't believe it . . . Casi we almost elected my bother, yeah, a Juanito, that's him, the attorney . . . Pues as D.A.! . . . but we couldn't, Pat . . . pos because they didn't let us . . . Naaa . . . are you kidding? Appeal to whom? . . . pos because . . . no, what free election qué free election ni qué nada . . . They fixed the votes, la elección! Ajá, pues cómo no íbanos a saber, of course we were gonna know, we'd been working for months and months, we knew exactly who was going to vote for him and who wasn't . . . We spent that very night working the precincts . . . Y nomás no . . . there's no way! N'ombe, jue chueca la elección . . . it was fixed, we're sure of it! Yeah, I know it's **everywhere** . . . Well, we're all pretty upset, depressed, cómo no . . . God, Pat, we got sooo close this time! Juanito says that next time we have to **make sure** that . . . N'ombe! We Texans never lose hope . . . ! Pos who do you think you . . . ?"

RE PRE SEN TA TION RE PRE SEN TA TION RE PRE SEN
TA TION

"What could've happened to my son, Señora Petra? It's been sooo long
since he's written . . . " And you remember Medeiros, that morning that
you could still follow Puppet's tracks, quiet, but still alive and alert Puppet, todavía vivo y alerto

Chavela had told you, right when your insomnia started, that in her
little town in Texas she had also met a muchachito that swayed, that limped
due to some accident or sickness . . . and that he reminded everybody of a
puppet and the little snots in the pueblito picked on him a lot, calling him
"Puppet" . . . and the name stuck al chamaco, and now everybody calls
him Puppet, "He didn't even get mad anymore, who knows, I guess he
liked the attention," your friend said.

LIKE A PUPPET LIKE A MARIONETTE ONE LEG HERE AND
ONE LEG THERE THEY WERE POOLS OF BLOOD

"He wasn't as clever, like the Puppet you knew in Southwest City,"
Chavela continues, " . . . but you made me remember the other day, the
chamaco, how he walked . . . I'll call you sometime, we been working on
Juanito's campaign. Yeah, ojalá, I wish . . . "

DIDN'T YOU GET IT YET DIDN'T YOU SEE IT IN THE NEWS

"Y tú que jaces pol aquí, whaddya doin' here, Ca'los," asks the swaying
chamaco que renguea limps approaching the table where his friend's
cucurrú–cuquiándose with Licia his girlfriend, "why you all dressed up in
your . . . monkey suit? Ha, ha . . . " and later he saw Carlos jumping up and
down, cutting the rug bailando la raspa or some jumpy tune and he went
up and told him, " . . . you dressed the part, cablón chango . . . fuckin'
monkey . . . ha, ha . . . "

WHAT DO YOU DO TO KEEP FROM BECOMING BITTER FOREVER WHAT

"We're in the final days, mija, repent for your sins . . . " "Ay, mamá you just don't stop with your arrepiéntase conviértase . . . ! But if I don't feel guilty about that, about the lovers and that my husbands . . . bueno, the ones both in and out of the church . . . No, it's other things that I've done and haven't done . . . Ay, you really bring back the memories for me, qué mamá . . . Bueno, sometimes I remember, for example, that when that whole thing with Chávez . . . that I didn't . . . like a slippery . . . snake . . . " (ya, here we go, don't back out TOOOOO LATE!)

AND IT'LL BE BROTHER VS. BROTHER BECAUSE WE'RE IN

"Pat? This is Venus . . . Yeah . . . I got to thinking about you the other day, about the March, and how people really got together and contributed food, places to stay . . . What? You still feel guilty? Well . . . funny thing, I just had lunch with that guy last week, yeah, he still works for the Union . . . Oh, I don't judge you anymore for that . . . Nah . . . the pot of beans, what . . . Oh, yeah, they asked if you were Catholic or not, ha, ha . . . No, look, it's time to forget it, move on, and . . . What? Yes, I got the clippings you sent about your friends . . . about that young boy . . . Listen, be careful, it's pretty touchy stuff . . . "

AND THE SNAKE EYES JUMPED OUT AT EVERY TURN

You sure knew how to represent, and at the moment of truth

> you sat while the couple dressed like farm workers talked they've
> come to represent the others they're resting in the city park these
> others explain what they want, what they need and why they
> started and continued their long odyssey through San Joaquín
> Valley, the silent professors and students listening and when the

two dressed in working clothes bandannas the flag with the red
and black eagle you jump and you accuse and you make you
encourage the other students to follow you because you can
perform so well and they applaud your frenetic questions ARE
YOU COMMUNISTS? WHO GIVES YOU ORDERS? WHO
ARE YOU PEOPLE? you, the daughter of a contractor know
how to represent, like an educated woman one THAT HAD
MADE IT you knew really well OR NOT OR NOT OR NOT
OR NOT?

(hahahahahahahahahahahahahahahaha I told you so I told you but no, you
keep it up, síguele y dale dale y WHAT, DIDN'T YOU GET IT YET?)

"Some day, mijita," continues Lorenza, your mother, "some day I won't
be here to come and talk to you and lend a hand. Repent, it's not a question
of religion . . . bueno, I think that if you get baptized in the name of the
Holy Spirit like we've done . . . That your hermana Belita what . . . that she
isn't . . . I know, but that's only one of them, not all of the ministers are like
that . . . Why do you fight it so much, mija? But if you don't even go to
church anymore . . . !"

PADRE SAHAGÚN? OH, HE MUST BE A COMMUNIST!

(ha, ha, ha, out comes your dirty laundry plus they didn't eat the famous chili beans because it was a Friday and you put meat in them!)

ANYTHING'S POSSIBLE BECAUSE WE'RE IN THE FINAL
DAYS EN LOS ÚLTIMOS DIAS

13 / HOW IT WAS THAT NIGHT

"**A**llá fue Roma...," a couple of Mexican friends are saying that so Rome had gone, and they're checking out your small colección of Chicano journals, "... allá fue Roma, ha, ha... 'Ya basta de chingaderismos, hey, we really like these titles, Petra, ha, ha... Qué quiere el chicano... what does the Chicano want, Petra?"

You don't know how to respond to your friends' actitud extraña, they'd never been interested before in your writings nor your doings, and now they're telling each other that people live very comfortably in the States and you don't understand why they're laughing every so often, low but laughing anyhow, "Qué cómodo se vive en Estados Unidos, verdad Silvestre?" "Sí, ha, ha, very comfortably..." Since you haven't felt too good these days, they drop you off at the University, and they'll call you later. After, you find some excuse to not get together with them, to avoid their upsetting questions to not see them now so extraños with you...You keep dwelling on Puppet, Félix, Medeiros...

BRRIIINNNNGGG...

"Your friend Loreto called me, Pat... He tol' me they also think the same... pos about the batito y como jue aquella nochi... what happened that night . . . We couldn' make the uncle talk about anything, he said he don' wanna remember it . . . And we've gotten weird calls . . . at all hours . . . Así nos pasó la jotra vez . . . same as that time when Félix was gonna testify . . . we pick up the phone, pero naide no answer, sometimes we hear breathing but that's it . . . I kin come 'n' talk to you por la mañana . . . even tho' it's Saturday, we got 'few little jobs in the foothills, fixing walls and borders with stones . . . "

(oh oh oh now you'll see you'll really see)

You haven't gotten any calls like Loreto, Memo, and those on the Committee . . . you leave, contemplating the possibilities of what happened the night of Puppet's death, you walk, distracted, to the carport where you park your car between the neighbors'. You stick the key in but the car doesn't start although it makes some noises . . . suddenly it smells of gasoline, you get out and call your friend from the service station across the street who comes over, looks under the hood and then under the car to find

"Right here's your problem, Pat . . . you got any enemies . . . ? It's kind of strange, it looks like . . . well, like your gas line has been cut here . . . I'll patch it up, should be okay, though . . . "

WHY DO YOU RUN DON'T YOU GET IT YET

In the afternoon, you begin to put together the pieces of the batito's life/ death, upset for all that you don't understand . . . You didn't know how to answer your Mexican friends' questions: What did the Chicano want? You said a better life, better treatment, you didn't recall exactly what, but they looked at you with their little grins and their eyes full of

GRANITE EYES STRANGE EYES QUE TE PREGUNTABAN THAT ASKED YOU

Memo has remained staring at you for a long while, from his liquid eyes it seems that something ARGO emanates a súplica no enunciada pero sentida a silent understood beseeching PETRA WHY DO YOU RUN "Qué te pasa, Pat? . . . Where've you been, it seems like you're not even here, I can tell you're distracted again . . . Do you want me to stop talking about the batito . . . ? Bueno, pos like I was telling you about his uncle, the police guards didn't leave us alone with him, which we thought was really strange . . . But for a few minutes he came out of the **coma** and told it how it was . . . It was like we suspected, but worse pior por por pos porque . . ."

YOUR BEAUTIFUL EYES WHAT DO YOU DO TO KEEP FROM BECOMING FOREVER BITTER

He thought he'd seen his father remember and we were out drinking that night when we went into the Fourth Street Bar some friends were at the bar and did it up for a couple three hours ay it hurts to breathe ay so many gunshots ay after a couple three hours one of the pushers from the barrio came in Puppet didn't hold back he got on him about Félix that they get the fuck out of the barrio then there was pues they cussed each other out to avoid a bigger fight we went out quick because pronto ay

"They had called me from the bar, one of the compadres por ai, that Puppet and his uncle were out drunk and that there'd almost been a fight . . . " Memo is slowly telling me, he puts the cup on the glass table and sits on the green chair beside me, sighing: " . . . Jue por na'a . . . He died for nothing el batito . . . The little that his uncle has been able to tell us . . . "

BLOOD LIKE IT WAS JUST YESTERDAY

" . . . And later, they said they'd found an old rifle . . . but first they said that they found it in Puppet's car, pero ya di'atiro it sounds like a lie . . . Por qué? Pos, because the chamaco nunca traiba arma never . . . And because afterwards the two chotas changed their story . . . Pat, I don't think we can take it anymore"

YO QUE LES JICE AND THOSE TWO COPS, WHY? WHAT DID I DO TO THEM?

"Profe Petra, what were you saying about the 'conquered's perspective'? Why should colonial literature interest us . . . ? But, don't you know what it means to be '**American-born**'? . . . Ah, that's why you think, that's exactly **why** you think that . . . Bueno, we still don't understand exactly what you and all of this reading that you keep giving us . . . "

ALL THIS HAPPENED AMONGST US WE SAW IT

" . . . And we got there too late, Pat . . . " Memo starts to sob deeply, he turns his face but I can clearly see the emotion. "Jue por na'a, he died for nothing . . . I still can't believe it . . . "

LUEGO, FUE VERDAD? WAS IT TRUE? WAS IT?

The dark young man enters the room where a one year old baby is crying, as well as two boys, five and eight who he asks what's wrong chamacos, why are you crying. The kid's soiled because they haven't changed his diapers all day and the two boys are hungry but their dad and the stepmom left with **her** two children to go out to dinner and they have left the others home alone, so that the older little sister would feed them or that Puppet would, 'Manitooooo, 'manitooooo, the welfare check arrived and they left to buy beer and they took the stepmother's two kids out to eat and they didn't want to take us . . . " That's what the two kids tell the batito, he hugs them, and says let's make tacos de **carne 'e gorila** and the kids start to laugh ha ha gorilla meat and they look among the white packages marked U.S. Dept. of Agriculture, Not for Sale, and they find raisins, corn flour or no, that's got worms, we'll eat without corn bread this time, there are cans of peas, applesauce, how cool gorilla with peas and mushed apples ha ha ha Puppet how you make us laugh ha ha

WHAT DO YOU DO TO KEEP FROM BECOMING BITTER WHAT DO YOU DO

" . . . During the Depression," your mother Lorenza is telling your little daughter María about her own childhood on the Texan border in New Mexico, " . . . Lencha, my abuela, used to work cleaning houses for rich people and she also ironed for them . . . How much did she earn . . . ? Oh, if she liked it . . . pues, almost all of them treated her well, pues, la 'güelita was very quiet and always obeyed and didn't get in the way. She did all the housework for them, I think she only earned a few cents an hour . . . it's been so long that I don't remember that well . . . She raised all five of us, her grandchildren, since her daughters had died during the '30s epidemic I think it was the flu of the time, I don't remember . . . And we all lived in two rooms, one a kitchen-dining room with some chairs to sit at the table, and another room in which to sleep . . . Ajá, we slept on the floors, others in the double bed, and me and gramma in the small bed . . . The bathroom was outside, it was a wooden outhouse . . . No, we didn't have electricity, not even a bathroom inside . . . nor running water . . . What did we eat? Ha, ha, ha, . . . we used to eat a lot of things . . . in the morning, oatmeal with sugar if there was and coffee, at noon, oatmeal with salt, and at night oatmeal with chile . . . ! We used to make beans and tortillas sometimes once a week, we used to make them because 'güelita was working . . . Ha, ha, ha, you should have seen that, when your uncles made the masa, and what a mess they'd make . . . ha, ha, ha . . . "

HOW YOU COULD REALLY BE A CRACK-UP, FUNNY

" . . . Ándale, Beni, put more water in the flour . . . Menso! 'ora l'echates demasiado you put too much, stupid . . . ! Now the masa's too watery! Échale, put more flour, pues, menso! . . . Oh, qué suato! Dumb shit now it has too much flour, you got some on me, suato . . . Take this! Pos because you piss me off, that's why, suato! Put more water, pues . . . Oh, that Beni . . . ! Now it has too much water again! And you, Lorenza, shut up or I'll throw a wad of masa at you too, for making fun . . . !"

AND WHEN YOU WERE A LITTLE GIRL LITTLE KIDS YOU WEREN'T AFRAID AFRAID OF ANYTHING

"Ha, ha, ha, you should've seen how your uncles looked when they made tortillas . . . Bueno, I made the tortillas they kneaded the dough, but those uncles of yours . . . they always ended up full of flour and of pieces of sticky masa, in their hair, in their eyelashes, on their faces, their arms . . . and they did it on purpose, I think, even though we all know we had to clean the kitchen well before la 'güelita arrived so that she wouldn't give us a beating . . . She was hard, sometimes enojona, pues moody, la 'güelita, but we loved her even though she always nagged . . . We knew she worked hard, for us . . . School . . . ? Oh, no, we couldn't go after third grade . . . pues, because we had to work, us too, just to live . . . There was no time for school for us back then . . . We all went through bad times, when the 'güelita took us in . . . "

YOU LIVE COMFORTABLY IN THE UNITED STATES VERY COMFORTABLY

" . . . Sandy? Yeah, this is Pat Leyva, I wondered if you could meet me tonight after work, maybe a drink . . . I've . . . we've . . . got some new information on that shooting incident last month . . . yes, the one that's being investigated . . . Well, I can't tell you on the phone . . . No, I just don't think I should, I've . . . we've been getting vibes about the whole business, and . . . Well, I'll tell you about it tonight . . . Listen, meet me outside the Fourth Street Bar, it's not too far from the newspaper plant . . . No, we can go somewhere else for a drink, I just want to show you something there, okay . . . ?"

HIS DARK CURLS IN A POOL OF BLOOD LIKE A BROKEN PUPPET LIKE

A little before leaving to talk to your journalist friend the phone rings, but when you answer it, you can only hear breathing and there is no answer to your who is it? who is it? You're remembering Loreto, Memo, while you brush your teeth, you comb your hair in front of the mirror, you are shocked to see how the woman in the mirror has aged how the woman who's looking at you from the mirror, the woman that brushes her teeth and combs her hair just like you but the woman looks desperate, whose eyes look like ARGO ARGO whose eyes look

(ha ha and what did you do when you came close to the dirty linens, the secret to what everyone's EYES guáchala guácha LA nomás just look at her)

Vittorio enters his castle, his house-castle in the elegant foothills of Southwest City Estates, in his **territorial** style house with arches in front and patio with tiles imported from Italy. He Vittorio enters, through the garage with its **automatic** door, puts on the security system, enters his house-castle's large hallway, and calls your name in a strong but soft voice; in those masculine but mellifluous tones. Your name, on Vittorio's lips, is always transformed, it's **European** music and your name said by him like this: PEH-TREEEEH-NAH, takes on an affectionate tone that vibrates within your body all night, ajem, in your (**sensitive**) soul. The table, in the dining room with its **mediterranean style** furniture looks brilliant, with its (imported) crystal and its porcelain (importada, por-si-es-lana ha). Vittorio is telling you something, "Petrina! Petrina! What's the matter, **mía moglie** beautiful, tall, young, thin and blond . . . " OOOOOPS! (ha ha ha there's confusion or dilution or diffusion of fantasies here romanticaca ha ha)

WHY

On the way to see Sandy, you drive the Ford without thinking about the traffic; you keep thinking about how hard you've had it these past few weeks, when you try to evoke Vittorio, with the curly eyelashes, dark eyes, mysterious like Marisa's, and you remember: you aren't blond, you're not tall and thin, those are others' fantasies, not yours, yours have recently been more romantic in a way . . . Puppet . . . your mother Lorenza, your sister . . . and María, what could have happened to . . .

FOR WHAT PETRINA SO MUCH NOSTALGIA PETRINA WHY DO YOU RUN

. . . and now you have aged (ha wasn't it about time hee hee), and you go on and on and on with this trail of puddles of HONK HONK HONK HEY LADY! HEY!

" . . . Lady, get out! Your car's on fire! get out! get out of there quick!" Shocked, you realize that there are people, some men with baseball caps a man with a hat but in the white car they are screaming at you to get out of your car because it is you are burning (up) and you jump to open the door and you take Marisa out from the back seat and she screaming screaming and the man the men in the white car start to put out the fire we have saved you this time we have saved you **this time** AY MAMA AI VIENE AI VIENE HERE IT COMES HERE IT

BRRRIIIINNNNGGGGGG. . . . BRRRIII . . .

"Pat, what happened to you? I waited for about half an hour past the time we'd said, at that place . . . What? Your car blew up? What . . . ? Aaahh . . . listen, Pat, just stay put, get some rest . . . Yeah, I know you must be . . . Listen, did you tell anybody you were meeting me, about what you'd said, you know . . . anybody? . . . Ajá . . . but you called me **on the phone** . . . What was that noise . . . that click on the phone? . . . Listen, aah . . . never mind, I'll come by in the morning . . . Maybe you shouldn't be alone tonight, you might call someone to come over or something . . . Okay? Sit tight . . . "

DIDN'T YOU GET IT YET DIDN'T YOU SEE IT IN THE NEWS?

You're looking out the living room window towards the pool, where one time you saw or imagined ARGO sitting waiting for you in a chair next to the water. Now, the pool is deserted (young bodies in this deserted place) and the moon glimmering over the water, everything dark except the little lights dancing over the water over your memories like polka-dots of light like

"It could've been a night like this," you're telling yourself, "without any other light . . . " like

> that night says Puppet's uncle we went to another bar but from
> there we decided to return to Fourth Street **because no one throws**
> **me outta there tío** but it seems that someone had told the chota that
> we would come back to start a fight or something like that ay ay

YOU COULDN'T TELL IF HE WAS YOUNG OR OLD, HE LAY FACE DOWN IN RED STAINS, IRREGULARLY FORMED AND THAT EXTENDED FROM THE ANGULAR BODY

> two chotas were waiting for us
> they were waiting ay

THEN WAS IT TRUE?

> that night they were waiting for us
> just outside that bar ay ay
> we'd stepped outta the car ay
> we was goin' to the bar when ay ay when
> we heard a voice ay they said HEY
> YOU THERE STOP! pos we din't know who
> it was and we ran ay ay it was when

I turned 'round and saw many little lights there
were lights and then then we realized
what they were AYYYYYYY

COMO POLKA-DOTS LIKE POLKA-DOTS OF LIGHT AND THEN THEN

You have called Sally so she could come spend the night with you and Marisa. It's been more than half an hour since your friend told you she would come, but she has not arrived even though she lives just five minutes from your house. You look outside when you think you hear some footsteps, but you don't see anyone. You're a nervous wreck by the time she arrives and when you open the door she says to you, "You're not going to believe it, and maybe I shouldn't even tell you, after what happened to you today!" "What," you tell her, and finally, sitting on the floral sofa, hands shaking she tells you that upon leaving to get into her car to come to your house, she saw that there were two anglo men two anglos with baseball hats that were trying to open her car doors. Then she ran back in the house, she called the police and within a few seconds four police cars had arrived but the two men had disappeared. She remembers that they'd gotten out of a white pickup. "Are you sure?" you ask her, "a white pickup, white baseball caps, two men?" "Yes," Sally answers, "yes but by the time the police arrived they'd gone, it was only a few seconds," she didn't understand how nor why . . . ?

AND EVERYTHING MAKES YOU THINK IN SPITE OF YOURSELF

HOW IT WAS

14/ ONE AND ONE ARE THREE

Sally stays with you all the next day, catching the phone, telling callers that you're resting, that you'll call back later. Three of the calls were urgent: your mother calling from California to see how you were doing, Sandy who'd had an appointment with you and had been worried about you y el asunto en que te has metido the business you'd gotten yourself into, and Memo who'd finally declared that he was gonna come by to check on you that afternoon right after work.

BBRRRRIIINNNGGG . . .

This time it's your mother, calling again to ask you to come back to California, leave this business alone, que no valía la pena que te pasara algo, God forbid something should happen to you and Marisa, for trying to do something for a dead young boy. You tell her you'll think it over, that just now you're getting a migraine and it's hurting . . . te duelen los jotquequis . . . You lie down again, but can no longer stop thinking, no puedes . . . Getting up, you invite Sally to a cup of coffee, you start to talk to her about things . . . "One and one aren't always two," you say to Sally, "and something smells really fishy y aquí algo huele rete mal . . ."

SOMETHING'S REALLY FISHY AND YOU'VE KNOWN IT AND NOW THAT THERE'S NO TIME LEFT

"I think," you tell Sally, "that the time has come to add things up . . . Something awfully funny is going on, just let me kind of sit here and try to piece this together . . . God, my head hurts! Let me see, primero yo, entonces a ti . . . first me, then you . . . Pero por qué . . . Oooo . . . Sally, I was getting up to get the aspirin but I can't even stand up, mira qué shaky I'm walking . . . Me haces el favor . . . please?"

YOU'RE RETE SHAKY DUMMY BUT I TOLD YOU TE DIJE TE DIJE

Alguien, someone cut the gas line in your car . . . They cut the tube that goes from the tank to the engine, that's what your friend from the gas station had told you . . . then, someone didn't want you to drive the car, or . . . or that you wouldn't . . . Espera, wait, this gives you a headache, espera . . .

BBBRRRIIIIINNNGG . . . .

Surprise of surprises. Vittorio called, he hadn't heard from you in a few days, how was Marisa. You tell him in bits and pieces, about the car, about the scare, he tells you he'll come for the night to stay with you and your little girl. You hang up the phone, and begin to arrange and rearrange the facts. One, someone had cut the gas line . . . two, the car caught fire . . . was there any connection? Ask Memo, Vittorio, or the guy from the gas station to look over the car, why it had caught fire afterwards . . . to check for signs of something . . .

THERE ARE SIGNS OF SOMETHING THAT'S FOR SURE DE ARGO SOMETHING DIDN'T YOU GET IT YET?

"The more you lean over the more you show," your mom Lorenza tells you . . . "What are you saying now, mom . . . ? Ah, what mom?" . . . "Yes, well that's what my 'güelita Lencha used to say, the more you lean over . . . don't be afraid of saying what you think, mija, remember what la güelita used to say . . . The more you try to please people the less they think of you . . . don't believe that, if you try to act like people want you to, pues . . . the more they can see your . . . " "Ay, mamá, you're telling me . . . !"

SEL O NO SEL, ESA E LA PLEGUNTA TO BE OR NOT TO BE THAT IS THE QUESTION SIÑOLA PAT ESA E

Medeiros has recently came back from Mexico, from the capital where he went to see what happened to his son José María. It's the first morning he's back at work, and you notice that he is really serious just from saying hello, he's more serious than usual and Memo tells you, "They didn't find his son, Pat . . . he had . . . **desaparecido**, him and his friend disappeared . . . they suspect, that it was because of what they had been doing, but they cannot prove it . . . that they belonged to a group that distributed pamphlets, flyers . . . pues no jallaron al chamaco, they didn't find him . . . His wife told me, because he hasn't spoken a word since they came back . . . pos sobre el asunto, no ha querí'o . . ."

DIDN'T YOU GET IT YET? DIDN'T YOU SEE IT IN THE NEWS

You're an incurable romantic. With everything that has happened, you keep at it with your Vittorio and you don't give it up. You have idealized the facts **just a bit**, don't you think? Ya, déjalo, leave it alone already. That's the way you used to be, the way it used to be, but leave it alone already. Can't you see what's left to do? Didn't you get it yet?

The Committee has begun litigation against the two policemen, they are saying, that someone or someones set up the chamaco and his uncle, or they killed them by mistake. You have rewritten the facts, described the circumstances according to what Memo and Loreto have told you, and you were ready to give it to Sandy again, he knows somebody who **could** . . .

La cabeza te duele, your head hurts . . . Uno, **someone**, cut the gas line, because, because . . . Why? . . . Two, you were on your way to see Sandy when the car caught on fire . . . Uno, dos, one, two . . .

THE CURLS LAY IN A POOL OF BLOOD LIKE A BROKEN PUPPET ONE LEG OVER HERE ANOTHER LEG OVER THERE

"Pat, you spoke to Medeiros already . . . ? They met some other parents whose children had disappeared . . . Yeah, when they were in the capital, his wife said that . . . "

BRRIIINNNGGGG. . . . .

"Hi, Chavela, it's Pat . . . How is it going? Ajá . . . they found what . . . ? Oh yeah? Geez, don't tell me! and you can prove it? Hijo, manipulating the votes, that is really dirty . . . Pues, they're going to try to . . . ? Oh, they've already demanded, but they didn't . . . Ajá . . . So they're trying to cover it up . . . pues como no . . . Cabrones . . . So then you're what . . . ? And when are they going to serve him with the papers, the **proof** . . . ? He's the one that helped you count the votes, that called you and told you . . . ? Ajá . . . he's a good friend, de confianza, digo, you trust him? Well, I guess that's the best thing, then, send him to the County . . . What was that . . . ? Yeah, I heard it too, it was a noise like someone picked up the phone, like they were listening . . . God, these days I'm not sure if I'm imagining stuff or what . . . Sí, pues, you heard it too, I know . . . God, I think I'm really going crazy sometimes, Chavela . . . "

ONE AND ONE ONE, TWO POOLS POOLS

You are/have/going/gone crazy . . . None of this has happened, it's all in your imagination, your romanticacas, you're on your way you're skating on the edge. Don't think, don't think, none of this has happened to you/them. None of this is happening to you/them. What's wrong with you is that you have read too many books, eso es that's it . . . Quijota, de remate y amén and to top it off, you're crazy. . . .

"You know who Malinchi was, María? Very interesting case, actually . . . She fell in love with this white man, see. Pues era español, yeah, Cortés, whatever . . . And she fell in love and for that, they gave her shit for centuries . . . Well, they used her, la usaron como quien dice, but first, well . . . **she** was sold, instead of saying **sold out**, first by her own people . . . entonces, pos el rete machote aquél, **he** sold her out . . . pos to his lieutenant or sergeant, I don't know, da igual it doesn't make a difference . . . Sí, sí, así nomás, take her, she's yours . . . Pos he was a married man and just like that . . . Bueno, it's an interesting cultural historical lesson . . . Ha, ha, ha . . . and that she sold them out! They didn't even exist yet . . . ! Like a piece of used up paper, wham, bam, thank-you-ma'am, a la basura into the garbage . . . ! Tell me about what the Movimiento wants, mija, just tell me about it . . . First, they can clean up their act, y entonces sí veremos then we'll see . . . "

AGES AND AGES OF DIDN'T YOU GET IT YET?

You're just fantasizing, none of this is happening, none of this has happened, don't think don't think.

AND WE SIMPLY DON'T WANT YOU TO THINK AND WE DON'T WANT YOU TO

Memo has come to see you, Sally's just left and Vittorio will come to spend the night. Before you sit down, you run to hug your friend, and you tell him crying that you're going crazy, that you just can't anymore, that you're afraid of . . .

"No sé de qué, Memo, of what I don't know . . . Like **something** is going to happen if I try to do something, to help them . . . Like **someone** . . . that someone doesn't want ... And I'm doubting myself, I don't know what I know or what I'm imagining, or what I have imagined ... I don't know if it's a guilty conscience, fear, fantasies, or what ... "

BRRIINNNGGG ... BRRIIIIIIIIIIIIIINNNGGG ...

" ... Qué pasa, Petrina? Why didn't you open the door ... ? I've been knocking for a while ... " That's what Vittorio has to say when he walks into your living room where you're lying down. You want to be doing something, ARGO, but you're worn-out, confused. It's been a long road, you tell Vittorio, who doesn't understand anything anyway, para nada ...

That night, Vittorio lies down on a cot in your bedroom. He insists on staying, moved by your previous begging and your nerves. You can't sleep, after an indefinite period of insomnia you hear, or you think you hear, someone walking toward your house, that someone tries to open your bathroom window and you tell Vittorio someone wants to get in and he says that there is nobody there, it's just your imagination, go to sleep, and later you hear someone walk toward your window and try to open it and then you go toward the telephone and you dial the police emergency number and you ask them to send someone over to investigate and while Vittorio sleeps the cops put you on hold. (ha ha ha ha ay tú no te aguantas no fue así you can't take it wasn't like that romanticaca you go on with ha ha)

"Actually, that's not exactly what happened," you tell Chavela, "because Vittorio never came that night, I was alone when someone came to the back door and unlocked it then tried to come in ... What? Oh, well they didn't get in because I was in the kitchen right by the back door, and I had my back to it but when I heard them unlocking it, I thought it was Vittorio and I called out his name ... Well, the chain was on the inside of the door ... thank God ... the door held against the chain at the same time that I yelled out Vittorio's name and then I heard footsteps, someone running away over the gravel in the side yard . . . When I went to see, there was nobody there . . . "

DIDN'T YOU SEE IT IN THE NEWS?

Chavela is telling you that her friend who was bringing the results and the petitions about Chavela's brother's non-election got killed.

"Pues, we don't know how the accident happened," says Chavela, " because the pickup was new . . . but the cops say that the brakes failed . . . we don't know what to think but some of us here are furious and ready to . . . pues, who knows what . . . pues, we've always played by the rules, but, I don't know . . . "

BRRIIIINNNNGGG

"Aló, Petra, it's me, Belita . . . You won't believe what this weird minister did now . . . Pues, they came to the house on Wednesday, like every week for the 'fellowship meeting' . . . There they were, the women in one group, the husbands in the other, with the minister . . . And the minister's wife starts to tell us women that we need to take good care of the home, be exemplary mothers, and carefully attend to all of our husbands' needs. Pues, you know me, even though I knew they were already checking me out, I asked her, acting interested, could she give me an example?

"You mean like cooking and cleaning and the laundry, 'Mrs. Minister Crossbuns'" I added sweetly . . . "Bueno, la Mrs. Minister Crossbuns began to read me the riot act, the same old same old to have the meals ready, clothes ironed, ahem, ahem, and she continues on about folding the clothes well, especially the underwear! Pues, I couldn't take it . . . I laughed out loud and even the men stopped talking and they heard me say: You mean, I gotta fold my husband's underwear a certain way, or . . . or he might leave me . . . or it could be grounds for . . . You're full of . . . Well, I'm sorry, but I can't swallow this . . . Then, Mr. Minister Crossbuns started with what he had saved up for me, that since I wasn't **like them** (anglo?) that I didn't know how to respect and learn how to live **for Christ** . . . And that I used dark glasses because I wasn't upright and I was of the Devil . . .

"At that point I couldn't take it anymore, I got up, and the only thing I could say was 'Jesus Christ! Holy Jesus Christ!' Of course everybody was shocked . . . The worst part is my husband . . . he remained with his eyes to the floor, like someone who has suffered a great shame . . . That's me, I guess . . . Pues, tú sabes que me hace falta ALGO . . . Maybe I'm missing SOMETHING but I just can't buy all of it . . . Can you imagine? You should fold underwear with the crotch towards the inside not the outside where . . . pues where they stick their hands in . . . because we have to avoid bad thoughts . . . and she was going on when I interrupted . . . 'Jesus Christ!' "

"Aló Petra, mija, it's me, Memo . . . Open the door . . . " Memo comes in, you hug him, you take him by the hand, and you hear him tell you the latest news . . . He gives you a newspaper clipping

COMMUNITY GROUP PROTESTS

POLICE SHOOTING

POLICE CLAIM YOUTH CONCEALED WEAPON

"that he had the rifle hidden in his pant leg, that that was why . . . "

IN HIS LEG "O NO but Memo he, the batito, limped, so that was it . . . "

SOMETHING SMELLS IN SOUTHWEST CITY AND YOU KNOW IT

ONE LEG HERE AND ONE LEG THERE POOLS AND POOLS OF

15/ I'LL BE WAITING FOR YOUR CALL

"**M**emo, when we were children no teníamos miedo de decir lo que pensábamos, we weren't afraid to speak up and were all of us very daring... pues, sometimes even brave valientes, sabes...? Qué? That you remember about la Belita, when we were little chamacos all of us, the time with Caspar? Sí, yeah I know, that's why I'm telling you that's what I mean... there was that one time when even I was brave... at least... How ugly those bulldogs are ... el Casper was a short one like his breed, but thick and fat, he must have weighed fifty pounds at least, no sé... I can't even remember what color he was... I think whitish with spots, something like that..."

LIKE YOU COMO TU LIKE YOU YOU YOU HA

It's been days that you haven't gone by the University, or to your job with Stan. So today, sí, you go by to pick up mail, chat with the young woman who has helped you with your classes, Elena.

"Te andan buscando, people been looking for you," says Elena in her office, "and they've left messages, you find them?"

"Bueno, yeah, here's two... one from Loreto... and one from Sandy at the newspaper... oh, here's a piece of paper with only a number on it... pues quién...?"

"Does it start with 555–? Why that's the number for la chota . . . ! I thought so . . . ! Oye, listen up, Petra, cuándo vas a despertar? When are you going to wake up? Join us, then we can help you better . . . "

"Ya, ya I know . . . Loreto keeps hinting that, too . . . But well you know me . . . I don't know yet . . . "

Elena has given you some papers, they're copies of some documents, pages from books . . . "Plan de Aztlán," "Plan de Santa Bárbara," "Chicano Manif . . . " When you get home you put them with the books for Loreto's Chicano Literature class. They're there on the same desk where, in the drawer, you still have María's last letter. Now, you are completely self-absorbed, so absorbed with your imaginations and rememberations that you don't even know how you get from one place to the other . . . Really, you gotta walk in the shade, like they just told you at the U. Because, in this case, too much sun on the brain seems to be discombobulating you . . . "cálmate," te dices, "calm down, write something, read something, your routine, something, but cálmate ya . . . "

"Hi, Petra, this is Sally . . . Listen, you're gonna get **real bored** with all that paranoia . . . It doesn't matter what the chota has to do with it . . . If there's someone who did something wrong there, pues, join that community group, y dales en la torre a los culpables, fuck over the guilty ones."

HA HA HA TÚ ERES LA CULPABLE YOU ARE THE GUILTY ONE YOU HAVE NEVER DONE ANYTHING

"I beat Casper that time for this?" you ask yourself as you arrive at the hospital in Whitestown, where your sister Beli lives with her family. You help your sister out of the Torino, and, supporting her by the arm you take her towards the entrance until the Emergency Room people see you and come out to receive her. She can barely talk, her lips look a blue-ish purple . . . effects, without a doubt, of the pills she took . . .

"Drug overdose?" the nurse asks you while they lay Beli down and start putting tubes into her nose, in her arms and with needles, so many needles . . . She barely breathes . . .

AAAAAGH AAAAAGH QUIRÍA'IJIRNOS ARGO TO TELL US SOMETHING BUT COULDN'T AAAAAGH

"Mamá," you tell her, "this religion of yours, it's a time bomb . . . Belita's marriage, pues, como va, no va . . . time bomb the way it's going it's just not . . . How come she wouldn't let HIM take her to the doctor when you and he both knew she was locked in there, and you knew what had happened those other times before . . . You know how many tranks she had to have taken? Pues HE said that there were twenty or thirty pills left in the bottle . . . sí, muy buen CRISTIANO es . . . yeah, what a good Christian soo obedient to his MINISTER . . . And what about my sister . . . ? She's dying like that anyway, little by little, poco a poco . . . "

BBRRRRRRIIIIIIIINNNNNNGGG

You decide to send poems, texts about lo del Puppet to some of Elena's friends, "gente comprometida," people committed to the "Movimiento." Applause, friendly letters, exchanges of fraternal hugs, and a few months later, an invitation to a literary and art festival in Texas, during the summer . . . . You, still the little girl who wants attention and to be noticed (you always wanted to "do the right thing!") answer, and you go, but alone . . . Believing in your new **committed** friendships, you go, scared and depressed, but you go . . .

> Me quieren matar! They want to kill me! You're running through
> the barrio of the Texan city, hallucinating that your (committed)
> friends are following you to harm you . . . Pues, haven't they given
> you a drug? something that has made you run through the streets
> like a complete mad woman and to top it off because someone

someone wants to annihilate you to stop you from thinking from saying anything from doing what you shouldn't they want to punish you for your SINS or for everything you have done that you have thought or are going to (you better not) think??????

AUXILIO I HAVE CHILDREN HELP

They gave you the hallucinogen when you were excitedly listening to the poetry, the idealistic protest songs from the Movimiento of Revolution of Change . . . You put your soda under your seat, a soda that a new (committed) friend gave to you, and other(s) (committed) **whoknowswhos** did you the favor, they administered their bread from their ceremonial rituals, putting SOMETHING in your soda.

"I thought you were going to kill me," you tell your new **committed** compadre.

"We were, but we decided to do this instead . . . " the skinny jerk answers you and tries to get on top of you.

OH YOU BOUGHT IT LIKE I SAY WELL THERE WAS AN-OTHER WAY

OH YOU'RE A TÚ ERES UN TÚ ERES UNA

"Anxiety neurosis," the blond hunky shrink is telling you, "often stems from a deep inner conflict over values . . . Unresolved issues . . . and fears . . . We really must work to clarify the causes of the conflict and to find solutions . . . "

The psychiatrist asks you if you want to talk a little more about the cultural conflicts you are feeling, why you feel isolated, alone, what causes these feelings, but it's his last question that bothers you: "Petra, do you place perhaps too much importance on your interaction with others and their opinion of you . . . ?" Pues, me estorba algo la pregunta, que si me importa más la opinión ajena . . . the question bothers me, do I take others' opinions of me too seriously? You remember the annihilation, con o sin sangre, with or without blood, of millions in the name of many Crusades and Movimientos. . . . in the name of the Prophets, pues . . .

"Real Communists and Marxists don't do those kinds of things . . . " Elena is explaining to you that sometimes there's some really lost or crazy ones doing stupid vile things in the name of their Cause, but that the really 'committed' ones, they don't do those types of things . . .

"Entonces, how are we different from the CIA, if we go around fucking each other up like that? I could have really been hurt . . . or killed . . . And why do they go around saying they want to create a **new world** . . . ? Pues, yo qué les hice a ellos? What'd I do to them except for my love life . . . (AND WHAT ABOUT LO DE CHÁVEZ????)"

(y la garrita la garr garr rrita mocosa entremetida out comes the dirty laundry snotty busybody, who invited you? pues TEN, take it)

The thing with Puppet's uncle gets resolved, there's a **settlement**, they pay him off to avoid any future legal dealings. The police admit that perhaps it was a mistake, the way it appears, PERHAPS. Y se acabó, that was it, it was all over.

I decide to leave it alone . . . every time I deal with the case again I get scared OF DEATH DE LA CHOTA DE LA CIA DEL MOVIMIENTO DE MIS "AMIGOS" and most of all I'm afraid of those fake comprometido friends because in them I was able to begin seeing something good, something new, a possibility and they turned around and PUES WHO SENT YOU WHO INVITED YOU

"How funny," you tell Elena afterward, "I thought they were going to accept me, pues qué TONTA he de ser . . . I must be soooo naive" (AND YOU KEEP IT UP) "I even thought they wanted me to be with them there, I was really excited about their words from those days at the Chicano festival, although I was afraid of a lot of other things . . . new things . . . But there was something, cierta atracción . . . "

✦

BRRRIIIIINNNGGGGGGG BRRII

"Mija," your mom says "read the Bible . . . Look for peace in God's word."

You and Marisa have just gotten back from Southwest City, from the Señora's house, the one that used to take care of her during those years, cuando lo del Puppet . . . It was an incredible weekend that brought back the fears, the trauma BUT THE POLICE HAS A JOB TO DO BUT THE IMMIGRATION HAS A JOB TO DO ONE LEG HERE ONE LEG THERE THERE WERE POOLS OF BLOOD AGES AND AGES OF POOLS OF

"Nana," you tell the viejita that loves you both as her own daughters, "Nana, I've been working on that novel again, about the young boy, the police incident . . . " La viejita no sabe de movimientos de política, she doesn't know about political movements but she knows that she loves you, both of you and you both love her . . . She, Elena, Loreto, Memo, and Sally. . . . were your "family" in Southwest City . . . your real family was, forever in a way, already far away . . .

TON TON TON TON ZAS ZAS on the viejita's door . . . it's two in the morning, no later . . . "Go away! Get out of here!" the viejita yells while you've gone to call the neighbors but they don't answer nobody turns on the lights hears you so you call the infamous chota who put you on hold and you hang up and the three of you go to the window and yell for help can someone help you with this tall blond crazy man dressed in blue and white blond hair all messed up that wants to break in the house where you three are yelling and yelling and the famous chota doesn't come and you three are yelling and the crazy rubio comes up to the window and asks "What do you want the police for anyway?" and you yell to him in English that he get out, that he get the fuck out of here of where the three of you, viejita, vieja, y niña are frightened to death and frustrated because not even the police come around but in the end a helicopter appears and they chase the rubio in the most up to date fashion and then

BRRIIIIIINNNGGGGG . . .

It's Memo returning your call. "Pues averigüé lo de una lápida pa'l batito," te dice, "I found out about the headstone and boy does it cost a lot, so we'll have to save up for it little by little . . . Oh, **you** want to . . . ? Ah, pos suavenas . . . Dale gas, Pat . . . Unjúm . . . sí, I'll go with you to see what can be done . . . Sí, like I told you, the stepmother had said that they were going to do it, give the chamaco his own stone . . . But, do you really think . . . ?"

YEAH, DO-GOODER, YA LO CREO . . . AND YOU AND YOU YOU YOU???

Your daughter María, the incurable do-gooder, has finally written. "I'm in México, mamá. I came with some friends—my friend—from Chile, we're just passing through . . . They have certain contacts that we need to check on, to set up where we're going to be in Nicaragua . . . Bueno, it's probably better to just say that we're going to Central America . . . Better not say more than I should . . . Pues, my compañero tells me that we'll be joining a 'brigade' to work for a couple months . . . In any case I am, we are, in good health . . . and sure of what we're doing. Love, María. P.S. Don't forget to give a big kiss to Marisa for me!!!" You've just talked to a Peace Corps volunteer at the University who just got back from where your daughter's going, so her letter has you really upset . . . So many differ-

ent and conflicting stories . . . What could possibly be there, truth, lies . . . ?
What could . . . will . . . be?

BBRRRRRRIIIIIIIINNNNNNNNGGGGGG

"There's got to be some other way to live than this," you tell yourself/
Elena . . .

MARÍA MARÍA SOMETIMES CHILDREN KNOW MORE
THAN THEIR PARENTS HA HA

ENOUGH THAT'S IT LAY OFF BASTA Y POS QUIÉNES SON
USTEDES WHO ARE YOU GUYS ANYWAY CABRONES

"What you have done is a sin, don't you know that? It's a sin a of pride,
and until you come down off that high horse of yours and give yourself
over to the Lord's will, you won't have any peace . . . You're a sinner, and
suicide is a sin in the Lord's eyes." . . . This is what Minister Crossbuns is
telling your sister in the Emergency Room, your sister so courageous with
needles and tubes and fighting now with the communion that the Grace
of God I mean this Minister of the True Faith offers her . . . Your brother-
in-law has made you leave the hospital, por entremetida for getting in the
way . . . So, what's new, you say to yourself, and you can't stand to see how
Minister Crossbuns is being such an asshole, and behaving like such an
idiot with the short lady Doctor in charge of your sister . . . The next day
the hospital is buzzing about what happened between the Doctor and Minister Crossbuns, the latter ended up furious and almost foaming at the
mouth yelling that the Doctor was "one of those ignorant liberated females being nosy!" The Doctor was from Berkeley, and although she was
short and petite she insisted that Minister Crossbuns "was out of line" talking the way he was to Belita and she had the machote saint removed . . .

NO LO VITES YA DIDN'T YOU SEE IT IN THE NEWS DRUGS
DEATH DON'T YOU GET IT YET

We were all playing outside the barracks where my madrina and her husband's bedroom and camp dining hall were . . . they were also contractors . . . or they were until he committed suicide some years later . . . Some say that he killed himself because they'd moved to the city, that he didn't feel right in his new business, that he missed contact with small town folk and los campesinos. Bueno, like I was saying, we were playing outside, me with my cousin on the swings and Belita was running around with my other little brothers and sisters. All of a sudden, from the swings we heard screams, Casper, my Nina's bulldog, had gotten out . . . They always had him locked up, and my cousins and brothers and sisters always picked on him because he was behind the wire of the old chicken coop. Now, out, crazy and furious, he crashes into the group of kids and takes Beli by the leg and starts dragging her across the gravel . . . The cooks come out to see what all the yelling is about, now Casper is squeezing a screaming crying Belita . . . and I get so pissed at this perro cabrón squashing my little sister and I feel I have to do something and I'm afraid and now I run and pick up a metal water bucket and I go toward them and beat the dog with the bucket until someone, a cook I think, comes over and the dog lets my little sister go from my repeated slams to his head he finally lets her go and the cook grabs my little sister and brings her inside and finally another bracero cook comes over and another and between them catch Casper and lock him up. Afterwards, all frightened, we waited for the grown-ups to come home, our parents, with a doctor friend they had from the other side of the border, from Mexicali . . . That day they put Casper the bulldog "to sleep."

Later they find that the tall blond crazy guy had the keys to the metal door to the viejita Nana's house . . . They also concluded that the blond was either drunk or on drugs because with all the ruckus he made trying to enter the house that night, he had chosen **the only house with bars on the doors and windows** . . . To our surprise and by horrible coincidence, that night, for the first time, la viejita had forgotten the keys on the outer door . . . what other coincidences there were that night, I decide that I don't want to know any more . . . I stop working on the novel and I dedicate myself to Marisa, to the letters to María, to the latest problems with la Belita, to the new job at the University. With my silence, a new psychic and spiritual disintegration begins and I start seeing eyes everywhere that accuse me.

OJOS GRANITE EYES THAT ASK YOU EYES FULL OF

"Pat? My husband left me," la Beli is telling you, "he left me because he says I'm a lesbian, that I'm the Devil's, because I insist on wearing dark shades and lastly **because I watch television** . . . That television and movies are works of the Devil . . . And three weeks ago, he gave me permission to buy a television set with my own money because he wanted to watch the Super Bowl! Later"

Later we found out that HE had a girlfriend, another from the same CHOSEN FAITH but that she gave blow jobs, something my sister with the dark shades, a rebel since she was very young, didn't want to do . . . To each his/her own, I say AS LONG AS THEY'RE NOT HYPOCRITES AGES OF POOLS OF

"Give me a break!" says Sally when you tell her about your sister. What worries you now is how your sister's going to react later, after she gets over the original shock . . . If she gets depressed, if the depression suffocates her so much . . .

"Anxiety . . . " your peculiar rubio shrink explains, "intense depression and anxiety can make one lose awareness of who one is (not **conscience**, but **consciousness** although they both can take you to the same place) . . . But, why so much trauma? Didn't we have it all? Weren't we the most popular, the leaders, the most creative, bravest, outspoken . . . ALLÍ LE DISTE AL MERO CLAVO YOU HIT IT RIGHT ON THE NOSE

OUTSPOKEN WELL NOW THAT THERE IS NO TIME WELL, NOW WHAT

"Okay," you tell Elena, "show me . . . What is all this about that in the Southwest, that in Latin America, that there is another possible world, that one day our sons won't have to . . . "

AND THE DAUGHTERS WHAT Y LAS HIJAS

"That Petra Leyva's a wench," the secretary from the U says, "a feminist whore that doesn't know anything and metichi butting into everything and who writes love poems and short stories about who knows what . . . She's a pure son of a . . . " (TO KEEP FROM SAYING MALINCHE? SELL OUT? HAHAHAHAHA)

BBRRRRIIIINNNGGGG

"Memo, is that you? Yeah, it's me, Petra . . . do you remember me? Well, I know it's been a while . . . and a long journey . . . I don't know it's like they brainwashed me so that I wouldn't be happy until it all came out . . . like a thorn or a turd, I don't know, but we'll see . . . No, no pues, we must be practical . . . para qué dale y dale why keep going why me why me . . . It is better to accept that if it was possible it was because the ideas were there, planted in your brain or your instinct . . . because the shrinks say that nothing can be accomplished if one really resists the idea . . . Yeah, when they want you to kill someone and you're not a killer well you can't do it even if you're brainwashed and only if they have given you drugs right off and you get discombobulated and you kill yourself . . . Pues, with only the force of our writing and our words can we change anything and do much more . . . and maybe better . . . Yeah, I know . . . no, I'm not a different person . . . I am the same one I was a long time ago. Like when we were kids and we all knew, instinctively and with courage . . . to act . . . to say . . . You remember telling me about the committee from the barrio, where you used to work with the people, and sometimes you had to start fights to resolve something . . . ? Pues, ai voy p'que me cuentes un poco más . . . I'll be right over so you can tell me more and I'll tell you what I did with the book about Puppet, you can't imagine how I've changed . . . y a jalones like pulling teeth . . . since the batito's death . . . Yeah, I hope you like . . . Ai nos vemos, mijo see you later . . . "

BRRIINNGGG BRRIIINNGGGG BRRIIINNNGG BRRIIIIIIINNGG

AY AY AY CASI CASI YOU'RE ALMOST CONVINCED NOW AY AY SIN QUERER QUERIENDO NOT WANTING YET WANT-ING TO ALMOST TIME HA

You're in front of the mirror now looking yourself over envejecida gorda getting old chunky from so much escaping really full of yourself really happy you thought and you had let yourself go por el susto por el miedo 'cause it all terrified scared you death la muerte everything you hadn't known and maybe something's gonna happen to you te va a pasar algo ARGO SOMETHING SMELLS FISHILY BAD IN SOUTHWEST CITY and now you see yourself transformed changing turning determined a lo que venga a lo que digan hagan whatever may they may say do spit at you ahora vas a actuar look for your essence adentro deep in you and let the critics come the indirectas because what you have thought what you have done 'cause you've never done anything since a child eso sí ahora ya no puedes no longer now not the same and you see yourself in the mirror your eyes LOS OJOS THEIR EYES OTRO MODO ANOTHER WAY TO BE IN THEIR EYES and it's no longer your face in the espejo it's PUPPET's face the face of a young girl and now there's no need to over explain it, you have to go on seguir adelante con valor con humor with balls-ovaries with all you've got which was you and with determination decision you're going to be AND LOS OJOS PUPPET'S EYES liquid lovely coffee color eyes a new world without color beautiful ideas another way PUPPET María ojos full of esperanza Belita like no other Marisa new world and Memo amistad friendship a hand held with love y tú empiezas a sentir una decisión you feel filled exhilarated by decision and you must answer the call . . . hay que contestar la llamada . . . el teléfono . . . quién who's calling you quién

"Pat? Petra Leyva . . . Patricia? It's me . . . **Soy yo . . .** "

"Puppet?" you answer " . . . Memo . . . Puppet? . . . "

"Mija," says the voice, "hermana, qué esperas, **what are you waiting for?**"

ELOGIOS EN AVANCE DE PUPPET

"Margarita Cota-Cárdenas abre brechas no sólo nuevas sino insólitas en la novela chicana."
—Francisco A. Lomelí, University of California, Santa Barbara

"Se hablará de Puppet en los años por venir."
—Juan Rodríguez, Texas Lutheran University

Una nueva edición de una obra publicada originalmente en español, Puppet es una narrativa compleja, desafiante, y últimamente absorbente. Gira alrededor del movimiento chicano de los 1970 y 1980s, y cuenta la historia del asesinato de Puppet y cómo la policía después trata de ocultar las circunstancias. Así como el narrador/la narradora se desintegra ante los ojos del lector, el texto emplea diálogo de un sólo lado, narración en fluir de la conciencia, y vistazos hacia el pasado. A pesar de la seriedad del enredo o trama, hay cierto sentido de humor que brilla y se vislumbra.

Siendo ya una obra clásica en circulación clandestina, Puppet atraerá al lector interesado en la política del movimiento chicano y en la política racial y feminista en los Estados Unidos. Será útil para cursos en Estudios Americanos, Estudios Chicanos, y Literatura por Chicanas.

Margarita Cota-Cárdenas da clases en Literatura Chicana y Mexicana y el idioma español en la Universidad Estatal de Arizona.

PUPPET

UNA NOVELLA CHICANA

Margarita Cota-Cárdenas

Traducción al inglés por Barbara D. Riess y
Trino Sandoval con la autora

PUPPET

UNIVERSITY OF NEW MEXICO PRESS

ALBUQUERQUE

Mientras este libro se basa sobre una serie de eventos verdaderos, partes son ficticias, inclusive algunos de los personajes, y con la excepción de figuras públicas, se trató de cambiar los nombres de personas y lugares reales para proteger la privacidad de dichas personas.

University of New Mexico Press bilingual edition published by arrangement with the author, 2000.

Library of Congress Cataloging-in-Publication Data

Cota-Cárdenas, Margarita.

|Puppet. English & Spanish|

Puppet : a Chicano novella / Margarita Cota-Cárdenas ; English translation by Barbara D. Riess and Trino Sandoval with the author.

p. cm.

Originally published in Spanish: Puppet. Austin, Tex. : Relámpago Press, c1985.

ISBN 0-8263-2228-X (alk. paper) — ISBN 0-8263-2229-8 (pbk. : alk. paper)

I. Title

PQ7079.2.C69 P8613 2000

863'.64—dc21

00-008469

Title Page Photograph by Delilah Montoya

Designed by: LiMiTeD Edition Book Design, Linda Mae Tratechaud

RECONOCIMIENTOS

Esta edición bilingüe no sería posible sin el apoyo incondicional de la Dra. Tey Diana Rebolledo, ni sin mis traductores y fieles colaboradores la Dra. Bárbara Riess y Trino Sandoval, ni sin mi marido paciente y sumamente comprensivo, Tom Parrish. Este libro es un trabajo de amor y lucha, y a ellos también les pertenece.

Dedicado a los que no tienen poder,
que, como Puppet,
luchan cada día por
su pequeña porción de
dignidad humana y amor propio.

ÍNDICE

PUPPET

1 / ELLA SIEMPRE FUE INCLINADA AL ROMANTICISMO

A prendió a leer y escribir, leyendo el *Pepín* de Mexicali . . .

Soñaba que la iba a besar el padre de su niña Marisa, aquél que tenía las pestañas rizadas tan bonitas y oscuras, ya la iba a abrazar, casi la tenía en un abrazo y casi le decía algo dulce como —Cara mía . . . amore mío de gli'altri . . . y Petra empezaba a sentirse húmeda y sabrosa y a gusto y casi casi se venía a todo dar . . . BRINGGG . . . BRIIIINNNGGG . . .

BRIIIIIINNNNNG . . . Hello? 'Quién . . . Is that you Memo?

—Hi Petra? Yeah, it's Memo . . . Pues, te llamaba pa' decirte que, pues que mataron . . .

—Memo, what did you say? Qué quién mató a quién?

— . . . a Puppet. Mataron a Puppet.

—Cuándo, Memo? Cómo? How can that be? My God!

— . . . La policía. Jue anoche, la policía lo mató anoche . . . lo balacearon. No lo vites en las news?

Aquí se le fue la voz. Le pregunté que si podía venir a contármelo en persona. El dijo que debía estar en el trabajo en el east side de Southwest

3

City, pero que no podía trabajar y vendría en el pickup ahora mismo. Para cuando llegó, yo me había vestido en sweatshirt y Levis y había empezado el café. No lo podía creer . . . Cómo podría estar muerto el Puppet? Si apenas habían estado en la oficina todos ellos, el miércoles pasado . . . Apenas era un chamaco, cómo podía ser, qué habría hecho el Puppet que lo mataran . . . . . . "lo balacearon, no lo vites en las news?" Pues, no recordaba nada . . . Lo que sí, que esto le iba a pesar mucho a Memo . . . No fue apenas el año antepasado que enterraron a Félix, el hermano del Memo . . . Que se había hecho O. D., como si fuera ayer . . .

COMO SI FUERA AYER AYER

—Memo, what happened yesterday—Pete Lester was calling to see why your crew didn't show up to lay that brick work along the driveway at the Jameson house. Dijo que ya casi terminaban but you had to come in with the guys to finish up, que también necesitabas traer más adobes para hacerlo bien, que tú sabías . . . He said he was surprised 'cause you never failed to show when you said you'd come, unless you called before . . .

Memo me miró chistoso, la cara sudada, sacó un pañuelo y me dice mientras se quita el sudor,

—No te dijeron, Petra? Mete el pañuelo en la bolsa de atrás del pantalón kaki que lleva manchas de polvo y flecas de cemento, recarga el brazo grueso y oscuro en el poste que está en medio de la oficina dondo estoy yo tras el escritorio, y voltea la cara ancha y firme, mirándome fijamente. —No te dijeron que ayer enterramos a Félix, mi hermano?

—Ay Dios mío no Mcmo nadie me dijo nada, pos no pasó casi nadie por aquí ayer, pa' tomar café y solamente entraron un par de drivers pa' usar el teléfono y pedir direcciones porque traían un load de madera para la casa que está haciendo Nick para los Silbermann. I called your house, but nobody answered, bueno eso fue por la tarde . . . God, yo no sabía . . .

4

Come to think of it, si no me has hablado por unos días . . . Memo, qué no me dijiste que Félix was getting himself straightened up, que lo estaban dejando salir durante el día de la cárcel para trabajar contigo y sólo tenía que volver por la noche por lo del sentence que le dieron? Memo, si ni me habías dicho por qué lo agarraron . . . Oh my God, Memo, pues qué le pasó, I'm so sorry, yo creía que andabas callado por el trabajo, que siempre te traen por aquí y por allá estos señores builders . . .

Memo va a un sofá largo cerca a la puerta de vidrio y el driveway de piedras y grava . . . La oficina en que estábamos sentados Memo y yo, permanecía absolutamente quieta en ese momento, los teléfonos raramente en silencio. El edificio colocado en una colina baja en el fraccionamiento, tiene dos paredes parciales, el resto son ventanas para que los turistas o clientes prospectivos puedan gozar de la vista impresionante de Southwest City por las ventanas. Memo vuelve la cara hacia la ventana que corre al lado este del edificio, desde donde se pueden ver casas en construcción entre casas de adobe elegantes, piscinas, y ondulantes caminos entre los arbustos y alguno que otro sahuaro colocado artificialmente o por casualidad dejado en paz en su ambiente natural. Estos son puros custom homes, hechos por y para gente rica, pues. Pero en esos días, ni Memo ni yo sentíamos ese resentimiento, que ahora con lo de Puppet . . . Pero me estoy adelantando . . . What I was telling you was that Félix had O.D.'d . . . Overdosed. Eso era lo que Memo me estaba diciendo, que Félix, uno de los siete hermanos menores de Memo . . .

—He got messed up with drugs . . . Y tú sabes, Pat, que las drogas pues pueden fregar a uno, y estos chavalos, pues no le hacen caso a uno . . . Pos l'ije tantas veces, Félix, it's no good, you know that it hurts everybody to see you go 'round with those people, son pura gente perdida y embustera y no te quieren y le'tás quebrando el corazón a mi amá, y pues tú sabes Petra cómo a la jefita le ha de doler verlo al Félix asina . . . How did they get

5

him? Pues es pura raza, y los agarran chiquitos . . . —Aquí Memo ya no puede hablar, yo volteo a examinar la pared porque no necesito verlo para saber que llora. Puedo oír que traga, trata de decirme algo, se levanta de repente y sale bruscamente hacia la camioneta, donde lo esperan Carlos y el Puppet con Medeiros, el nuevo trabajador que acaba de venirse de Rayón, en Sonora.

Al principio, cuando recién llegué al trabajo, Memo y los trabajadores me saludaban bien cuando venían por los recados en el bulletin board que les dejaban los contratistas que allí construían, pero no se quedaban para bromear de paso o platicar cuando había tiempo, como lo hacían con los hombres que tomaban sus cafés y sus propios recados en la oficinita de atrás donde manteníamos el centro de refrescos.

—Sabes, te teníamos miedo porque nos había dicho Stan (nuestro patrón) que eras maestra de español y que trabajabas también en la universidad . . .

Pero como te pudíanos hablar en español, se nos hizo que pos . . .

Yo también era maestro, señora —me dice Medeiros— pero cuando uno se va a vivir a un pueblito como Rayón, y cuando la mujer de uno le va obsequiando cada año con un varón más, bueno, ha de entender usted cómo se nos hizo difícil quedar allí . . . Primero me vine yo solo, luego mandé por mi mujer y los hijos menores. Los grandes andan, dos en Hermosillo y uno en la capital . . . Los que están en Hermosillo la hacen de mecánico y jardinero, y el que está en México . . . Bueno, de él no hemos sabido nada desde que llegó. Nos escribió que había encontrado un trabajo en una casa de departamentos, ayudando con la limpieza y como portero de noche, y dijo que vivía en un cuarto en el techo del edificio que quedaba en la Colonia Hipódromo, en casa de una señora judía yugoslava. Nos preocupa porque en la carta dice que compartía el cuartucho con un muchacho un poco mayor que él . . . metido en la política, creo . . . pues no sé si usted sabe algo

de eso que le llaman "lo de Tlatelolco." Para abreviarle el cuento, le diré que sospecho embrolló el compañero a mi hijo en alguna cosa . . . que salían juntos a desparramar folletos en el parque en frente del edificio, pues imagínese lo que podría sucederles . . . Sí, es el mayor de nuestros hijos, al que más le daba por los libros . . . Rayón? Que su gente era de por allá también? O no, Rayón es un lugar muy sin chiste, señora . . .

Le pregunté a Medeiros, en una ocasión, por qué no era amargado, con tanto de lo que había pasado. Tenía unos ojitos verdeschispa, era alto pero gordito. Era güero en contraste a Memo y los otros trabajadores, arrugada y fina la piel de la cara y de las manos. Se ponía rojo por la tarde con el trabajo que hacían afuera todo el día. Ese día, habló de cosas distintas, como con nostalgia de su tierra, mientras Memo iba por unos adobes con los trabajadores jóvenes.

NO SE PODÍA VER SI ERA JOVEN O VIEJO, YACÍA BOCA ABAJO, EN UNAS MANCHAS ROJAS, IRREGULARMENTE FORMADAS Y QUE EXTENDÍAN DEL CUERPO ANGULAR. YO NI OÍA LO QUE DECÍAN LAS NOTICIAS porque hablaba con Vittorio, el padre de Marisa, por teléfono, tratando de convencerlo de que debía venir a cenar con nosotras y no había puesto fuerte el sonido del televisor.

TU NUNCA QUISISTE OIR. TE ACUERDAS? TE ACUERDAS? Pues te va a pasar algo, ALGO MALO, ya verás, ya verás. Just because you're paranoid doesn't mean they're not out to get you, te acuerdas que lo dijo esa maestra y escritora negra? Pues sí, por todas partes la regaste. Like when you made your Holy Blessed CONFIRMATION COMO SOLDADA DE CRISTO De la Santa Fe oh sí muy bonita en tu vestido blanco con velo y muy amante de mea culpa por aquí mea culpa por allá . . . pa'lo que nos sirve ahora, mensa VENDIDA . . . Oh Seguro, eran muy católicos en aquel pueblito donde naciste en el Valle Imperial, muy santos eran todos . . .

—Cuando entre el señor Obispo, ustedes se ponen de pie, hasta que ellos lleguen al altar. Cuando él dé vuelta para darles la bendición, inmediatamente se hincan y bajan la cabeza. Because I said so, Petra, that's why, and you can then see him when he finishes saying the bendición ....Yes, that's when you can raise your hand to answer the questions Father Bincennes will ask. After you've all gotten to answer questions, the Bishop will finish up the ceremony and we'll have a processional outside. Then you get to kiss the Bishop's hand. Yes, it's a blessing to be able to do it, too, like when you receive Holy Communion.

Estaba muy nerviosa, pero con ansias de quedar bien. Pues sí me había estudiado la doctrina, seguro. Me habían comprado el vestido y velo en el Mercado, en el Bulevar en Mexicali. Yo, muy independiente a los once, me había escogido los Ninos entre los muchos tíos que vivían también en Betaville. Umjum, era muy chiquito el pueblo ... pues, uno ahora no puede ir en el Highway 99 por allí, porque el freeway va por El Centro y hacia Yuma, that's why. Que qué? Qué point?

Oh, oh . . . the point is, que con tanto querer quedar bien, alzabas la mano y la agitabas para llamar la atención con cada pregunta, y que tú sabías, tú sí sabías ... Hasta que te llaman a ti y qué bien quedaste, verdad? Como te decía, no sabes nada, ni entonces supiste, JA JA JA

—What is the meaning of original sin? Yes ... Petrita Leyva? ... Well? ... Well, I see that Petrita is having trouble speaking up ... Celia, do you know?

SÍ MUY BIEN QUEDASTE TARTAMUDA MEA CULPA TODO LO QUE QUIERAS JA JA PERO MUY BIEN QUEDASTE Y contenta pero muy contenta cuando el Bishop éste to permitió besarle el anillo verdad boy oh boy DID YOU LIKE TO DO THE RIGHT THING?

SÍ SIEMPRE FUISTE MUY DAYDREAMER

PANIC BUTTON ROMANTICACA

2 / PARECÍA UN MUÑECO DE HILOS, COMO TÍTERE

—**P**at, sabías que Puppet tiene girlfriend nueva? Memo, Carlos y Medeiros salen de atrás con unas sodas. Puppet los sigue, el anda irregular debido a no sé qué defecto o accidente. Cojea cuando camina. La verdad, que nadie lo nota porque la gente desconocida pronto se fija en la belleza de la cara del joven. Pelo oscuro algo largo, medio rizado, una cara delgada, prieto por naturaleza y más bronceado por el trabajo, y unos ojos hermosos color chocolate. Ojos bien vivos. Le da una mirada de desprecio a Carlos, y éste se calla aunque sueltan todos en carcajadas. Todos se ríen menos Puppet, quien cojea hacia la puerta, furioso ahora y meneando los rizos les dice fuertemente al salir al porche, —Velás si te invito a una birria pol la noche, cablón Carlos . . .

Medeiros se levanta y va a tirar la botella vacía: — Déjenlo ya, muchachos, al cabo son las cuatro y pasadas y estamos dándole desde las seis y media . . .

Memo contesta, riéndose otra vez, —Sí, ya los llevo, espérenme ajuera, pa' 'llá voy . . .

Se acerca a mi escritorio y me dice: —You've got to hear what Puppet did at the dance the other night . . . Carlos y los otros muchachos me dijeron

que el Puppet llevó a una chavala nueva al baile que se llama Inés . . . Pos le preguntó una gabachita que estaba allí que si cómo se decía "Inés" en inglés . . . Pos ya debes conocer al Puppet, no sabía qué decir, y pensó un segundo y le dijo a la gabacha que se decía "Inerest." Pos la pobre muchacha del Puppet . . . se le quedó así toda la noche, porque les cayó tan chistoso a Carlos y a los otros, que toda la noche le preguntaban al Puppet que si dónde se había encontrado a la señorita Inerest, que si en el banco, que si era muy ineresting la Inerest, que si le había pedido permiso al papá pa' *check out* la Inerest . . . qué ocurrencias de este Puppet — . . . Well, we've gotta go porque el Puppet y yo vamos a ayudarle al vecino de al lado de donde vivo para componerle la casa . . . Se emborrachó la semana pasada el bato, el vecino que te digo, y se llevó una esquina de la casa . . . la sala . . . qué gente, verdad? . . . Ay voy! Pos me 'stán esperando los chavalos . . . we'll see you later, mija . . . Ajá, es una lata lo de la casa del vecino pero por lo menos el Puppet me va' ayudar, es muy acomedido . . .

—Mamá, you know at Pepi's where I work there's a couple of girls working with me from the West Side, yeah, they live over in Memo's neighborhood. They call it the "barrio" . . . what's that? No, they aren't too poor, I don't think, because they're going to buy some real fancy dresses for something they call a quinceañera. Creen que soy muy diferente porque no hablo mucho el español . . . and then when I didn't even know what a quinceañera was . . . Well, they all laughed in the kitchen and Ester told me to ask my hot-shot mother, the Spanish teacher, what that was . . . Yeah, I was embarrassed . . .

—Listen, María . . . I know how you feel . . . But your dad spoke English only, we were far from the family, and it was the easy way out . . . por lo menos, quisiste aprender después, lo hiciste por tu cuenta, y lo hiciste bien. Yes, I remember trying to teach you, but after I said something in Spanish, you'd squirm anxiously and say, "But what does that mean? . . ." Pero . . . about the quinceañeras . . . my family didn't believe it, not in our

days . . . Y no creo que toda la gente lo haga . . . la gente que trabaja en el campo, por ejemplo, no tiene el dinero pa' esas cosas . . . y si lo hacen, pues es pérdida de dinero . . . para no decir de tiempo. Muy bonito, vestirlas de blanco, gastar montones de dinero en la fiesta, hacerlas pensar que con todo y eso y su misa especial, serán felices para siempre . . . O algo así es lo que les dicen . . .

—Okay, okay, ma! Don't get so self-righteous, anyway . . . I just felt dumb not knowing what they were talking about . . . No, me tratan muy bien, well you know a couple of them are my close friends . . . Me dejan hablar lo que quiera en español, allí en el trabajo . . . No, no se ríen de mí . . . Bueno, sometimes sí . . . but I laugh too . . . Anyway, I'd rather wait and spend my money on a big church wedding, like Aunt Belita and I'll wear a beautiful long white lace dress with rhinestones and a lazo de perlas and oh, yeah, mariachis too . . .

—Oh God, María, no entendiste . . .

El hospital de Santa Cruz queda al lado oeste de Southwest City, colindando al Barrio. Bueno, los barrios Brown y Parado. Memo vive por allá. La raza de por allí prefiere llevar a sus enfermos a Santa Cruz a pesar del edificio anticuado, porque por lo menos allí hay mucha gente que habla español, mucha es raza y le ayudan a uno. Al principio le hicieron mucha propaganda a Unity County General, que queda yendo al aeropuerto — una construcción de mucho lujo, en todos sentidos . . . Equipaje de lujo, cuando llegas al parking y vas caminando por la banqueta, hay hasta un pond con arbolitos y matas de lujo, parece que vas llegando a un hotel de lujo . . . Pues la gente no quiere ir ya allí . . . quesque el servicio no aparece cuando uno se ha pasado sus pinchis dos horas esperando en el emergency o admitting, que el equipment no funciona como debe . . . (so much for the computer age, mijos) y quesque muchos materiales y medicina, todo tipo de cosa desde vendas de gasa hasta el éter, desaparece del inventory . . . (poverty works in mysterious ways its wonders to perform).

PUPPET

Memo despierta de salto, se incorpora en la silla al lado de la cama con su carpita de oxígeno. Los respiros hondos de Félix parecen sacudirle todo el cuerpo, y aunque es un muchacho grueso, y sólido, empieza a estremecerse con ese esfuerzo más y más difícil de respirar aire, más, suficiente aire.

—Empezó a sacudir como un palito en remolino de viento, Petra . . . Le costaba mucho cada respiro, y se empezó a poner muy colorado y oscuro con el esfuerzo, esto duró unas horas . . . Entonces, ya a lo último . . . A lo último, me miraba con unos ojos grandes de espanto, la cara toda torcida, y empezó a querer 'ijirme algo . . . hacía unas muecas muy feas, abría la boca grande para hablar y se le arqueaba la espalda porque se levantaba en parte de la cama tratando de decirme algo, pero no le salía nada . . . no podía pronunciar nada . . . Y se espantaba más y más con el horror de no poder. Sólo pudo hacer —Aaaggh . . . Aaaggh —Memo no puede seguir por el momento. Se recupera . . . y termina: —No pude hacer nada más que abrazarlo y tratar de tenerlo en los brazos . . . He wanted to tell me something, Pat, pero no podía . . . me quería'ijir algo y no pudía . . . Y así se nos jue, en uno de esos agarrones del cuerpo, tratando de respirar y de 'ijirnos algo . . . Duró una semana casi, en critical condition en el hospital. Y no mejoró nunca, así estaba cuando lo encontramos en la sala de la casa por la noche, que la Nancy me despertó y me dijo que oyó que había entrado gente a la casa hacía un ratito . . . Eran como las dos, tres de la mañana y yo sabía que . . . Something was wrong, había unos sonidos extraños que venían de la sala . . . Unos ronquidos desesperados, asina . . . Memo saca el pañuelo, se limpia gotitas de sudor, la mano temblando, y se levanta: —Mejor te platico más otro día, Pat . . . todavía me cuesta muncho . . .

LA CABEZA MORENA YACÍA EN UN CHARCO DE SANGRE, LA CARA NO SE VEÍA, ERA DE NOCHE . . . TODO OSCURO ALREDEDOR, EL CUERPO LE RECORDABA ALGO . . .

Cuidado, tuerta, esto se te va poniendo peligroso, ya veo que te pones incómoda, como que te duele o molesta . . . qué es, eh? La muela del juicio

... Oh, qué no era tiempo, ja, ja, cómo me haces reír, no empieces con tus meas culpas, ya no más meas ... Cuidado, o no sabes a lo que te llevarán estos discursos ajenos todavía? Síguele, síguele, ja, ja ... Bola de masa ... Sí, muy educada, y nunca has hecho *nada,* pero *nada* para *los otros* ...

Es que ya ni te acuerdas:

—Una vez, en Las Palmatas Elementary, sí por allá en el Valle ... (Bueno, es que no quieres recordar, por tus propios propósitos lo haces, pero escucha:) Una vez, nos metimos a jugar la americanita Sadie y yo, en el auditorium que estaba vacío ... Era la hora del recess, y andaban todos afuera ... Todavía huelo el aceite del piso, de aquél que se usaba para darle polish a los pisos de madera de antes ... Pues eran escuelas antiguas, las de esos pueblitos del Westside, a veces allí al lado estaban los files y se podía ver a la gente pizcando desde el playground. (Esto me recuerda del Convento del Buen Pastor en Nuevo México, pero ése ya es otro cuento ...) Pues, la Sadie y yo aventuramos ese día, hasta donde estaban los escalones del stage, y subimos al cómo se llama? al *proscenio,* ajá ... Ella y yo nos sentimos de repente inspiradas a ... no sabíamos qué cosas grandes. Así, ella empezó a cantar, "My country 'tis of thee ... ," y pos yo también me abracé a ella, muy orgullosa, ... Pues cómo no? O ya se te olvidó que mis primeras palabras en inglés habían sido, allá en Mexicali al llegar el carro de mis papás a la garita de regreso ... "American-born ... " Pos, como te decía, esa vez con la Sadie, se me ocurrió que tenía que inventar algo, algo grande y original, y no sé ni por qué pero se me salió un "We shall REBEL!" Ajá, así muy suave con el brazo en el aire y el puño cerrado, así ... No, no, no estoy inventando ni componiendo aquí ... de veras que eso fue lo que grité ... Pero no sé por qué, como te digo, si yo era la niña más contenta (eso sí lo crees, verdad?) ... Vivíamos en carpas, en el primer campo que hizo mi papá ... No, ese campo era de familias, no de braceros, pero para allá voy ... Pues, el pueblito de Masterton era un lugarcito sin chiste, pero ahora puedo recordar muchas cosas ... Bueno, lo que se le graba a uno, lo que se

le queda grabado a pesar de ser uno como es, como sea, o a lo mejor como puede ser . . .

Cuidado, ya te estás saliendo fuera de papel . . . Esa no eras tú quien empezó a hablar, es otra . . . cuidado, eres muy atravancada y hay que cuidarte para que no te me salgas con . . . tu vuelo, volada . . . Y qué qué de los charcos de sangre? Ja Ja, síguele . . .

ERA UN CUERPO QUE PARECÍA UN MUÑECO, UNO DE ESOS DE HILOS Y MADERA, TODO ANGULAR, UNA PIERNA PA'LLÁ, OTRA PA'CÁ . . .

—No lo vites en los news anoche, Pat? me dice Memo al entrar a la cocina. —Well, it was the late, late news. I guess maybe you missed it . . . No, también al tío de él, aquél con quien vivía, te acuerdas que te conté una vez que el Puppet ya no vivía con su papá porque se fue éste a Colorado, hace como dos años . . . lo hicieron kick-out al Puppet cuando cumplió quince . . . Pues porque era muy fregada la vieja ésa, no tenía corazón or something . . . Bad news . . . qué gente . . . Pues al Puppet y al tío anoche . . . yes, that was him, they've been showing the picture on the news this morning . . . Sí, ése jue, el Tony López, ése jue el Puppet . . . Entramos a la sala con el café, abro las ventanas, se sienta Memo en el sillón, pensativo por unos momentos. Sigue:

—Solamente tenía diecisiete años, sabes? Vinía a comer con nojotros para no molestar muncho a los tíos . . . Pues a la Nancy también le caiba muy bien el chavalito, pos cómo no . . . Caía bien, verdá? Good-looking batito, verdá? —Ni Memo ni yo nos miramos por unos momentos . . . Yo, para no empezar porque en este momento si él ve que yo lloro entonces . . . así que lo escucho y sólo de vez en cuando meneo la cabeza, o que sí o que oh no . . .

—Aquella vez que le compusimos la casa al vecino, el que le había quitado una esquina a la sala por venirse manejando y pisteado, te acuerdas,

pues aquella vez el vecino nos quiso pagar por el trabajo. Pero pues ni yo ni el Puppet queríamos pago . . . el Puppet no más l'jo: —Nel, ése, lo que quielo e un pal e Burguis flías . . .

Memo tiene dificultad en seguir, y por fin dice . . . —No me puedo quedar muncho, Petra . . . hay que ir a ver qué hacer . . . to'avía 'stá grave el tío del Puppet . . . He's the only witness, besides the police . . . Es que hay algo muy estraño, la chota dijo que . . . pues yo no entiendo cómo . . . we're trying to find out what happened . . . Jue ajuera del Fourth Street Bar . . . pos no 'stamos seguros qué andaban jaciendo por ai . . . He'd had some trouble with somebody at the cantina earlier . . . Es que el Puppet andaba muy estraño los últimos días, muy estraño . . . Hace como una semana, iba en la calle Saguaro después del trabajo un día caminando, cuando pensó que vio a su'apá . . . como que había pasado el 'apá en un carro, ves? . . . Y corrió tras el carro, para ver si era él, y como nunca lo alcanzó, se desesperó . . . Y estuvo así toda la semana, buscando al papá por las calles, llamando a la gente, a los conocidos, preguntando si habían visto a su 'apá, pero naide lo había vido . . . Y así que el Puppet se desesperó y empezó a tomar hace dos o tres días . . . Ya no vino al trabajo los últimos días . . . tomaba y tomaba, insistiendo que lo había vido, había vido al 'apá . . . Nos daba lástima, pero como teníamos que estar en el trabajo, solamente lo pudíanos checkup por la noche . . . Y anoche no lo encontramos . . . We went looking for him, when someone called up and said Puppet was going back to the Bar, that he'd been drinking . . . Pero para cuando lo encontramos . . . Güeno, me voy a ver si encontraron al papá del Puppet, para ver si él nos ayuda a reclamar a la chota . . . somebody's gotta do it, mija . . . Memo me besa la mejilla, y se despide, cerrando la puerta . . .

Tú no lo podías mirar, verdad, pero no era solamente por lo que dijiste que para no soltar el llanto, etc . . . . jumm . . . No le querías ver bien, los ojos a tu amigo . . . Qué te pedían qué te hacían te hacían te hacían a pesar de ti pensar, ja ja? OJOS BIEN VIVOS COLOR CHOCOLATE . . .

Por unas semanas después, me entró la insomnia. Pasaban casi diario, noticias acerca de la investigación, que se incitó por algunos individuos, de las circunstancias en las que había muerto aquel niño apenas era un niño . . . No sabía todavía exactamente por qué Memo decidió confiar en mí, pero empezó a llamar por teléfono en esos días para informarme de lo que se iba sabiendo . . . Pasaba por la oficina para recoger los recados, pero no tenían tiempo para platicar, y así yo esperaba las llamadas . . . Empecé a sentir una urgencia en saberlo todo en esos días, y estaba alerta a las llamadas . . .

BRRRRIIIIIIIIIINNNNNGG

—Eres tú, Pat? Pues no más quería 'ijirte que encontraron al papá del Puppet, con to'a y la familia . . . Ya vienen en camino . . . Al batito, lo vamos a interrar encima de la mamá . . . pues no podemos comprar otro plot . . . Puppet and his uncle had carved out a cross for the grave . . . pues a Puppet se le hacía feo que su mamá no tuviera . . . cómo se llaman? *lápida*, that's right . . . Pues, qué se le va a hacer . . . pues, con la misma cruz . . . A lo mejor el papá le va' querer comprar una piedra . . . lápida . . . dijieron que he took it real hard . . . Veremos, verdad? —

El odio. Qué es, de dónde viene? En qué momento el dolor ajeno llega a sentirse en tus órganos, empieza a supurarse por los poros, a impedir que tú respires bien, que te haga falta el aire suficiente, que pienses en charcos de sangre, en la oscuridad que no se encuentra en el mundo como abstracción, sino en una foto de un niño-hombre en la pantalla de un televisor, que reaparece en tu consciente . . . o conciencia . . . días, semanas, meses (*y años después*) . . . en qué momento? Qué hace uno para no amargarse para siempre?

—Sí señora, como le decía el otro día, cuesta mucho vivir, sea donde sea, pero en Rayón, pues no más no . . . Había los que tenían y los que no, y éramos casi todos los que no . . . Pero de todas maneras, uno encuentra algo de qué reír para no amargarse para siempre, a veces es algo inesperado,

como aquello de la boda del hijo del patrón que mandaba en el pueblito . . . la prima de mi mujer trabajaba en la casa del patrón, don Eulalio Marques. Ella fue quien nos contó los pormenores de la fiesta en la casa debido a la boda . . . nos quedamos muy impresionados al saber que había venido hasta gente de los Estados Unidos para estar en la boda. Pues la muchacha, la novia del Marquesito, éste era Eulalio el hijo que se casaba, era de por allá al norte. Pues del Valle San Joaquín en California, en donde se habían conocido los jóvenes en la pizca de fresa, el año anterior. A ver . . . cómo se llamaba . . . se llamaba Lupita, eso era. Pues el día de la boda, cuando la procesión nupcial venía llegando a la iglesia, todos muy elegantes y sonriendo a los vecinos por aquí y acá . . . algún travieso les soltó las gallinas a Toña la barretera . . . y ai van las gallinas cacareando, desparramándoles la procesión con las damas vestidas de todos colores y los chambelanes guapotes . . . La Toña espió al travieso y también lo correteó por entre la gente alborotada, levantando aun más polvo y gritando—Baboso, lépero, travieso! Mis gallinas, mis gallinas, sin güergüenza baboso . . . ! —Ya se imagina cómo gozó la gente del pueblito esa escena: perros hambrientos ladrando y excitados, gallinas zigzaguaendo por todas partes, la vieja Toña gritando, el polvo, y la risa de la gente, viendo que la boda del hijo del mero—mero don Eulalio, pisaba . . . perdone usted . . . mierda . . . de perros y gallinas por todas partes . . .

Qué haces para no amargarte para siempre qué

3 / TÚ NUNCA HAS HECHO NADA

Los periódicos, la televisión . . . medios de no-comunicación . . . QUERÍA DECIRNOS ALGO PERO NO PODÍA . . . (Y tú qué, boloña de masa . . . ?)

BRRRIIIINGGGG BBRRRIIIIIINGGGG

—Who? Petra Leyva? Yes, she's right here . . . Professor Leyva . . . it's Sandy Michael, from the SOUTHWEST DAILY GAZETTE . . . Says he's returning your call . . .

—Sandy, eres tú? Ajá . . . sería *libel* .. ajá . . . pues así pasó, como te dije en la nota, no fue inventado . . . Oh, I see, *el editor* no quiere exponerse a . . . seguro que yo también temo que . . . oh, *la familia* del Puppet . . . pero si es la verdad . . . Ajá . . . bueno, pues . . . thanks anyway . . .

Sandy te había dicho además que como continuaba la investigación por las autoridades, aunque estaba perfectamente bien escrito el relato, era muy arriesgado. (ja, ja, tú entendiste *peligroso* después, y para quién, para quién) . . .

—Tú bien sabes que me había cogido una fiebre de emociones, de rabia contra no sabía exactamente quiénes pero usaba y nombraba allí sin intelectualizar demasiado: familia, welfare, autoridades, policía, padre, madre, destino . . . Total, una ensalada de sentimientos confusos, acusaciones

18

. . . un lashing out, y en inglés . . . Yo creía que lo escribía de una manera impersonal . . . no sé en qué lector estaba pensando . . . era algo o alguien vagamente afuera/allá que comprendiera, que sintiera, que viera . . . Empecé a escribir y re-escribir, pero no me salía bien la cosa, siempre estaba yo allí juzgando, juzgando a no sé todavía quién . . .

> PUPPET was born seventeen years ago in the barrio, in Southwest City. His father supported what became a family of six children on and off again by odd jobbing it around town, and eventually they all became wards of the State.

Qué es eso, "wards of the Steit?" Oh, la asistencia pública . . . tu famoso *welfare* (. . . las blond ladies del *welfare*)

No one in the *barrio* really had much faith in the blonde ladies that would come around from the Welfare office once in a while, checking up on people to see who was living with whom (Válgame el *whom*, qué *smart* eres tú) and who wasn't, much less Puppet and his brothers and sisters. . . . quién no tenía faith en las blonde ladies o las blonde ladies no tenían faith en quiénes . . . Esto no está muy claro . . . Ah, así lo quieres dejar? Bueno, tú siempre sales con las tuyas . . .

Se lo leí a Memo, y él se quedó muy impresionado con la transcripción.

—Qué bueno que lo hiciste en inglés, Pat . . . Tú sabes, yo no sé leyer en español . . . Nojotros todos lo hablamos pero no lo sabemos escribir tampoco . . .

—There's all kinds of mexicanos, Memo . . . You know that about most of our kids . . . Pues los tuyos también . . . tampoco hablan muy bien el español . . . Y hay otros, hasta *maestros* de español . . . y los hijos . . . Yes, *chicanos* is better . . . It's okay, Memo, maybe sometime I can teach you to read . . . (Oh seguro, *sometime* les vas a enseñar a tus propios hijos . . . Sabes

que me haces reír? Sabes qué *se me hace* que todo esto es puro meas tus culpas . . . porque está de moda tu actitud . . . te escarbaron los piojos hasta el cerebro esta vez . . . ? Allí hicieron sus casitas, por fin?)

> Nobody, except friends and relatives who couldn't do much to help
> (el Memo lo supo y él y la Nancy fueron y le reclamaron a la
> madrastra pero la vieja cabrona no les hacía caso — sí, es un juicio
> subjetivo de mi parte pero tú aguántate).

> Few really knew what Puppet's home life was like . . . how
> Puppet's baby brother went all day without a diaper being changed
> (en su mierda que se muera la vieja) and sometimes they barely ate
> until Puppet's younger sister got home from fourth grade... she
> did what she could before and after school. (El papá? . . . . . . Oh,
> pues alcohólico, pues qué te creías . . . Nunca andaba por allí . . . y
> la vieja se aprovechaba . . . Ajá, los dos bien perdidos . . .)

Ay, tú qué self-righteous . . . Mira, si insistes, por lo menos trata de esto en *castellano* . . . (Look, *that* is outmoded, mensa tú . . . y tú, más que nadie, sabes, bien sabes que esto es difícil para mí por . . . muchas razones . . . y recuerdos . . .)

His friends described him as very quiet, never bothering anybody with his problems and rarely saying anything about what was inside . . . —Pero cuando pisteaba, nos dijía cosas a veces . . . que él no entendía por qué su papá no les ayudaba, se le hacía que no los . . . pos nunca dijo que no los quería pero nojotros sabíanos . . . Y no pudíanos hacer na'a . . . —Memo, I'm going to write about this, and send it to . . . to the papers . . . or something . . . If it's the last thing I do . . . (Y después se te pasó la rabia, te empezó el miedo . . . y qué fue lo que hiciste . . . ?)

—Loreto? Habla Petra . . . Escribí algo que quisiera que leyeras . . . No, no es de los cuentos de mi niñez, de los campos, como aquello otro . . . O a lo mejor . . . bueno, tú me lo puedes leer? A ver qué piensas . . .

A los hermanitos del Puppet los examinaban en la escuela para ver si tenían piojos . . . a los gringuitos ni les veían las mechas . . .

—Class, what do you think of Tomás Rivera's story "Es que duele," today's assignment? It's not true to life? (Te acuerdas? . . . el protagonista preguntó a su mamá que si por qué a él sí le buscaban piojos y hasta lo había desnudado la enfermera de la escuela . . . Te acuerdas?) Manuel, what about you? Yes, me too . . . and I didn't much like for my mother to look through my hair . . .

—Mamita, por qué tengo piojos? . . . Qué hacen? . . . Casitas? . . . Oh, 'amá, deja, deja que hagan sus casitas . . . Fuchi! No me gu'ta, no me gu'ta el *kerosene*, amá, deja que hagan sus casitas . . .

(Te vas fijando . . . hasta en los detalles *más nimios* . . . Nuestra Narradora escogió the easy way out . . . Bueno, a una niña se lo dejo pasar, pero a ti, viejonona . . .)

La escuela nueva en Betaville, la nombraron Mercy Simpson School. En honor a la viejita que fue la principal por tantos años . . . Sí, allí asistimos una vez por unas semanas . . . era que todavía no estábamos *settled down* . . . habíamos venido a visitar a la familia pa' Christmas y no volvimos después hasta en febrero, algo así, pues todavía andábamos pa'rriba y pa'bajo, yendo y viniendo del norte de California . . . Pero lo que le decía (esto es por si alguien muy *formal* me hace caso) era que la escuela nueva en Betaville . . . pues, no tenía el carácter de la escuela vieja . . . Cómo era? Muy curiosa, sabe usted . . . era lo que se llama un *Georgian mansion* . . . ajá, blanca, se nos hacía que era muy, muy grande pero no lo es (después fuimos a verla por lo que se llama *nostalgia*) . . . Sí, con sus columnas largas y . . . pues, se nos hacía que aprendíamos muy, pero muy bien *el inglés* en ese edificio . . . Ay, qué la Betaville School vieja! Era un sistema muy democrático, tanto que ni nos fijamos en qué buen provecho nos hacía estar allí, bajo el régimen de la Principal que creo era muy *nice* a mis primos pero lo que ahora yo

recuerdo . . . El español, que era lo que hablábamos todos nosotros excepto los vecinitos americanos como el Brian Roskers, se nos prohibía durante las horas de escuela . . .

Y si te agarraban, pos zas! una slap, donde te la pudiera dar la *ticher* . . . No, no muy fuerte, pero pues, no nos caía muy bien, aunque como les digo, era muy democrático porque a todos nos sonaban igual . . . Así que nos íbamos a hablar el español . . . había que contarse una de los novios en algún momento, no? . . . debajo de los *oleanders* enormes que estaban en el playground . . . Allí había sombra besides, y como Betaville está en el Valle Imperial . . . bueno, usted sabe que hace mucho calor y por allí no importaba impresionar a nadie con un *lawn,* sí un pasto manicurado al estilo corriente . . . Allí, bajo los oleanders platicábamos todo el español que queríamos, más delicioso porque era a las escondidas de la Mees Simpson (ajá, solterona también, así son muchas tichers . . . Oh, se acuerda de eso de MUJER QUE SABE LATIN, NO TIENE NI HOMBRE NI BUEN FIN?) . . . Y, de una manera muy democrática, allí fue donde nos dio a todas nosotras la piojera . . . Bueno, no sé si existe la palabra o no, pero lo que decía era que nos dio piojos la Serafina Gámez . . . Siempre traiba (perdón, *traía,* aunque me fluye mejor lo otro) un pañuelo envuelto en la cabeza, y nunca le habíamos visto el pelo . . . Pues insistimos un día que no le creíamos, que le queríamos ver las trenzas . . . No, fue culpa de la chavala porque, ella decía que sus trenzas eran más largas que las nuestras . . . y así fue como le quitamos el pañuelo, y cómo llegamos a compartir esos animalitos tan insignificantes . . . bueno, así lo pensamos hasta que nos entró la comezón, y qué suena nos dieron en casa . . . yo, siendo desde los primeros pasos una criatura bien democrática, le pasé los piojos a mis hermanitos . . . Inmediatamente, para no ser codiciosa con el placer. Mi mamá? Pues enojada, enojada porque —No les he dicho tantas veces que hay ciertas personas con las que no se deben juntar? . . . —Bueno, me parecía que mi mamá no entendía muy bien lo de las clases sociales, como ella nunca pasó

del tercero y claro, no tuvo el privilegio de ir, como nosotros, a . . . esa mansión, ese edificio formidable . . .

(O qué nunca hiciste nada, allí tampoco?) Por accidente, una vez sí, gané la atención especial de la Principal . . . por, por estar enamorada . . . Así me siguió pasando después, que me daban porras por estar enamorada, pero back to the point . . . En el segundo año, me enamoré del Kiki Enríquez, y pues lo miraba, lo miraba a las escondidas dentro y fuera de clase . . . Un día, el Kiki me hizo una seña . . . Pues, yo, entusiasmada y rete feliz que *se había fijado* en mí . . . Pues, yo le correspondí, no? y que viene la ticher, me jala del asiento con un Hrrrmp! . . . me saca pa'l *hall,* y mientras mandó a no sé qué mocoso a llamar a la Principal, y cuando llega ésta la ticher acusa:

—She was giving that poor young Kiki Enríquez THE BIRD! —Y entonces, como le digo, siempre sufro mis coscorrones porque a mí me vieron, me da un GUAAAP! la Principal, con una regla de madera, en las manitas . . . Sí, pobrecita yo, no? Ajá, y el Kiki muy contento, allí adentro dibujando pájaros . . . volado . . . Después, pues . . . no era una niña resentida, y le perdoné . . .

El resentimiento. En qué momento, el resentir lo que le hacen a uno empieza a contar tanto como el dolor ajeno . . . Qué orígenes deviene el resentimiento, que una mañana lo que le hicieron a OJOS VIVOS COLOR CHOCOLATE . . . te lo hicieron a ti, y lo que te han hecho a ti . . . te quita el aire, QUERÍA DECIRNOS ALGO PERO NO PODÍA . . . En qué momento te sobreimpones al terror, al miedo de no poder decir lo que te/ les han hecho . . . Cuándo dejas de ser testigo ciego/pasivo de los hechos . . . Cuándo . . . (Cuántas veces, masa, no decidiste a propósito *olvídarlo* lo olvidado el olvido para poder seguir adelante . . . Y cuando menos esperas, ja, ja, ya no te escapas . . . de . . . qué . . . quién . . . Tú no sabes todavía, ja, ja . . .)

Several years ago, Puppet's mother died, leaving behind a baby in diapers and the five older children, including Puppet... —Puppet y dos de

los hermanitos sufrían de una enfermedad de los huesos que los hacía caminar asina . . . Como d'esos, cómo se llaman . . . *títeres* . . . ajá, andaba asina por eso, y por eso se le quedó el nombre . . . Three of them suffered from a bone disease which crippled them and this eventually resulted in a bobbing rhythm to their walk as the diseased limb was overtaken in growth by the other . . . (se nos hacía que podrían haber hecho algo, pero no llevaban a los chamacos al doctor, pues porque no querían en este caso . . . pero hubo otros casos en el barrio cuando la gente buscaba la ayuda pero no más no . . .) Because, you see, they buried Puppet last week, after a series of very sad and perhaps bizarre events. —Jue ajuera del Fourth Street Bar . . . pos no'stamos seguros qué andaban haciendo por ai . . .

—Pat? Soy yo . . . No me lo vas a creer . . . To'avía me da rabia . . . Esa madrastra jue a 'onde trabajaba los weekends el Puppet en el Hotel Palacio . . . Y les lloriquió a los managers, diciéndoles que su pobre hijo, cómo lo habían matado, y a esa gente les dio lástima . . . pues por el batito y no por ella . . . y le hicieron double el pay . . . Así la vieja se llevó el doble de los $150 que le debían allí al batito . . . pues a ver si se les ocurre hacerle una piedra . . . lápida . . .

OJOS VIVOS CHARCOS DE SANGRE 'NO LO VITES EN LAS NEWS?

4/ RECUERDOS DE LA OSCURIDAD

Hi, Petra . . . Me acaban de llamar del banco del Puppet, dice Memo, — como trabajaba el batito con nojotros casi siempre, estábanos la Nancy y yo como referencia . . . Mira que la madrastra jue al Banco, les hizo el mismo cuento que hizo ayer en el Hotel, y les sacó los ahorros del Puppet . . . Pues ya ni aguantamos nojotros, pero lo único que esperamos, es que por lo menos . . . pues que usen esos centavos para los otros chamacos que to'avía están con ellos . . . Fíjate que uno de los chamacos . . . hasta nos dio susto cuando lo vimos . . . es el puritito retrato del Puppet . . . el pelo, los ojos . . . Pues ya verás, en *el velorio* . . .

OJOS VIVOS RECUERDOS DE CHARCOS Y CHARCOS

—Petra, habla Loreto . . . Oye, este relato del muchachito que mataron . . . Tienes que seguir adelante con esto . . . Mira, tiene mucha, pero mucha garra . . . No, qué miedo ni qué miedo . . . no te rajes, sí yo sé que no te gusta esa expresión, pero olvídate por ahora y escúchame . . . el pueblo tiene que saber estas cosas . . . No, si está bien así, está bien fuerte . . . El escritor tiene que ser testigo, Petra . . . La investigación? Ajá . . . Mira, tú quieres a tu gente, Petra? Bueno, trabaja el cuento . . . o el relato . . . a lo mejor saldría mejor en español . . . Lo que sí podrías hacer, es darles mayor

relieve a los personajes . . . así, desarrolla más al muchachito ése . . . Yo, por mi parte, voy a hacer unas pesquisas entre los compadres . . . También se me hace que están encubriendo algo . . . Hay algo, como . . . no sé qué . . . pero algo no cuaja en la versión de la placa . . . Sí, te veo la semana que viene en la reunión en el Centro . . . Pues anímate, muchacha . . . después hablamos . . .

NO LO VITES EN LAS NEWS?

En tu insomnia, lees poemas de escritores chicanos y hay uno sobre la voz del pueblo, la voz que quiere hablar . . . y recuerdas que la oscuridad, el olvido *ya no es abstracción* . . .

Imperial Valley, California.

UPA. MEXICAN NATIONALS SUFFOCATE IN BUTANE TANK/TRUCK. ARREST MADE IN TRAGIC DEATHS OF ILLE-GAL ALIENS BEING TRANSPORTED BY U.S./MEXICAN RING. FARMWORKERS PAID FOR SMUGGLING ACROSS BORDER IN SEALED TANK AND ON ARRIVAL IN U.S. ACCUSED CHARGED SEVERAL COUNTS MURDER PENDING INVESTIGATION OF NUMEROUS PRIOR CROSSINGS.

Salinas Valley, California.

API. TRAIN HITS TRUCK TRANSPORTING BRACEROS TO FIELDS. MULTIPLE DEATHS TRAGIC END OF LONG ODYS-SEY FOR MEXICAN NATIONALS. ARRANGEMENTS FOR RE-TURN OF BODIES TO MEXICO PENDING IDENTIFICATION. STATE AND FEDERAL INVESTIGATION OF ACCIDENT IN PROGRESS.

San Joaquín Valley, California.

WU. MEXICAN AMERICAN RESIDENT OF FARM LABOR CAMP DIES IN AUTO ACCIDENT. TRAGEDY BLAMED ON

DEFECTIVE BRAKES. VEHICLE HAD REQUIRED REPAIR FOR
SOME TIME. VICTIM LACKED MEANS FOR REPAIRS ACCORD-
ING TO FELLOW RESIDENTS OF LABOR CAMP.

—Al Wimpy lo velamos mi hermanito, el Plonquito, y yo afuera del
comedor del campo en que vivíamos en aquel entonces en Masterton, en el
Valle San Joaquín de la Califa.

El campo se componía de unas barracas verdes con el edificio gris que
era la cocina y el comedor al centro, no lejos de la entrada al campo y la
primera fila de barracas en que vivía nuestra familia en dos cuartos. Cuando
llegó la carroza esa tarde al campo, el Plonquito y yo corrimos a la ventana
de la recámara, tropezándonos contra catres y las cobijas que servían de
paredes y que dividían el cuarto.

Hacía unos días que había salido el Wimpy al tomate con mi papá y mis
tíos, pero nuestro amigo nunca regresó. —Hubo un choque . . . vino a
decirnos el Güero, llorando y estrujando el sombrero de paja entre las
manos. El Wimpy y el Güero eran abonados de mi mamá y comían todos
los días con nosotros en el otro cuarto que servía de sala, cocina y comedor,
y el Wimpy siempre era bueno con mi hermanito y conmigo; a mí me
regalaba funnybooks porque sabían que me gustaba leer y fantasiar mucho;
una vez me trajo un *Pepín* de Mexicali y me dijo: —Te acuerdas de los
fanis mexicanos? —Y otro día que me había dado unos *funnybooks,* por
estar leyéndolos se me cayó la Patsy, mi hermanita de unos meses a quien
cuidaba, al suelo de cemento, y le salió un chichón antes de que llegaran
mis padres. Me dieron una buena nalgada y se lo contaron a todos, y después
el Wimpy y el Güero me hacían enojar, haciéndome burla y llamándome
"Meesfanibuc," y a veces lloraba yo de vergüenza.

Pero el Wimpy siempre era muy bueno, y por eso corrimos a la ventana
para verlo llegar aquella tarde. Llegó en un carro largo, grandote, negro y

brilloso y no sabíamos cómo podía dormir en aquella caja larga, negra también, como nos había dicho mi mamá.

Al oscurecerse, empezaron a llegar carros con familias y amigos que venían a ver al Wimpy en el comedor del campo, porque allí metieron la caja larga en que dijo mi mamá que dormía el Wimpy. Y mis papás fueron también al velorio, pero no nos dejaron ir, y yo me quedé atufada. Poco después llegó el Güero muy asustado, buscando a mis padres, porque dijo que se había estrellado el hermano del Wimpy que venía desde Ensenada al velorio. Yo quería decirle eso al Wimpy, porque era mi amigo, y yo tenía que decirle, y por eso siempre me fui a las escondidas al comedor aprovechando que la vecina estaba ocupada con mis hermanitas.

—Tengo que ir a ver al Wimpy, —le dije al Plonquito. Agarré unos funnybooks churidos como compañía, y crucé el camino en la oscuridad grillosa hacia donde venían gritos y pláticas de vez en cuando . . . por alguna parte del campo se oía un radio con música desabrida de mariachis. Llegué a unas ventanas por donde vi a unas mujeres; los hombres ya estaban tomando afuera del comedor, y platicaban y a veces uno se reía nerviosamente. El mariachi decía, — " . . . si muero LEEjos de TIIIII . . . " Empecé a creer que *un velorio* se trataba de alguna fiesta para el Wimpy y me latía el corazoncito de anticipación, pero primero yo tenía que hablar con él, con mi amigo.

No podia verle la cara al Wimpy y me fui a otra ventana que estaba merito en frente de la caja larga con su cerco bonito de velas prendidas. Allí estaba mi amigo, y me sorprendió mucho que ahora tenía los dos ojos cerrados; siempre pensaba que el Wimpy dormía con el ojo bueno así abierto, y un ojo cerrado, pero no, allí estaba otro Wimpy pálido, el pelo chinito muy bien peinado, su cara color de las velas que le rodeaban y haciéndose el dormido.

Sentía yo que se me salía el corazón, que me tragaba la lengua, pero le iba a llamar a mi amigo cuando llegó calladito el Plonquito, y di un brincazo del susto. —'Manita, vente ya porque tengo miedo . . . —me dijo, pero en esos momentos salieron unas comadres del comedor, llorando y gritando, y un señor se les arrimó para decir, —Siento mucho mucho que murió el Wimpy, —y volvió al grupo de hombres con su botella.

Allí nos quedamos largo rato el Plonquito y yo, pensativos y temblando en la oscuridad, agarraditos de la mano y mirando hacia adentro a donde estaban las velas y la puertecita abierta de la caja negra . . . Empecé a llorar, sintiendo una confusión pesada, haciéndoseme un nudo la desesperación porque no le había podido decir al Wimpy que era su hermano el que había muerto, que ya nunca iba a llegar al velorio, ni a ninguna otra parte, y sentía que alguien se había equivocado porque él, el Wimpy, sólo debía estar allí dormido en su caja y que sólo había muertos en los funnybooks, y después nos fuimos corriendo y llorando el Plonquito y yo, y las trenzas me daban en la cara y las sentía pesadas y tiré los funnybooks que llevaba lejos, muy lejos de mí . . .

(Esa no eres tú, ya te conozco y ésa no pudiste ser . . . De dónde sacaste ese cuento, mentirosa y romántica?)

En una revista, de ésas que llaman de izquierda . . . La que la escribió, la que lo tuvo que reinventar para poder escribir después, ésa que sí trató de . . . hacer algo y de hablar . . . Una de las muchas voces que querían hablar, cuando se pone a recordar lo que le daba significado a . . . a . . . qué pues, tú que lo sabes todo?

(Mira, boliche, eso de campos y braceros y que EL MOVIMIENTO . . . no se te hace que también está . . . fuera de moda . . . ? No viste the writing on the wall . . . pos que en esa revista en que apareció el cuento . . . o relato . . . de esa muchachita . . . Hay un artículo sobre los campesinos, y no

mencionan a Chávez como el Líder . . . No te metas, te lo aconsejo, no te metas en lo que no sabes . . . O vas a recordar otras cositas que hace muchos años . . .

Me pregunta un amigo, salvadoreño refugiado: —is César Chávez a VENDIDO . . . ? Será posible que se vendió . . . ?

TE HACE A PESAR DE TI PENSAR PENSAR EN ALGO . . .

5 / OJOS HERMOSOS, OJOS GRANITA

F élix sale de la County Jail temprano por la mañana, esta vez quiere llegar para las 7 a casa de su hermano mayor . . . Memo le ha ayudado arreglar todo con el District Attorney, por lo que Memo respondía oficialmente por el hermano . . . El amigo de Petra no había hecho menos por muchos otros jóvenes del barrio . . . Lo de Félix, ahora sí era algo más complicado, como habían encontrado al joven con una bolsa de heroína cruda en el Chevy . . . Querían que Félix hiciera *cooperate* . . . El joven asintió, solamente después de mucha presión de amigos y familia, que ya querían que Félix cortara con aquellas amistades corruptas que le propiciaban el vicio . . . Al salir de la cárcel esa mañana límpida, había un Lincoln rojo . . . como la sangre de un venado . . . estacionado pero con el motor puesto, al lado del curb de la banqueta . . . Félix reconoce demasiado tarde que lo está esperando un teniente de Samuel Longoray, el traficante amigo que pronto se convertiría en su enemigo al llegar el momento de . . .

—Testify, Petra . . . iba a *testify* contra esa gente . . . Le'ijo el D.A. que a él lo 'ejaban salvo si juera a dar testimonio contra aquél . . . chicano sucio . . . Lo agarraron chiquito, chavalitos los agarraban . . . pos por todas partes, pero en el barrio allí mismo hay un parque . . . A los once, doce años los

cogen . . . que si no porque quieren pos a juerza . . . Los inyectan allí mismo, en algún rincón oscuro y a las escondidas . . . todo el mundo lo sabe, pero le tienen miedo a ése . . . es una vergüenza pa'la raza, es lo que es . . . Y un día cuando menos lo esperas, es tu hermanito . . . y ya no es . . . y olvídate de las esperanzas . . . Iba a testify, Pat, y naide lo debía saber juera de la oficina del District Attorney . . . Sí, es lo que creemos, que alguien adentro le chifló al *main pusher.*

Te entró la rabia, ésa de huracán y pasajera, y te pusiste a dar balazos . . . escritos (de todas maneras, palabrería palabrería romántica . . . quién te iba a hacer caso? Y te aterrorizaba que . . . te hicieran caso . . . !)

> THERE A CHICANO SUCIO
> WHOM NOBODY WILL NAME
> TAKES LITTLE BLACK AND BROWN CHILDREN
> AND MURDERS THE SPARKLE IN
> THEIR BEAUTIFUL BROWN EYES
> AND KILLS BLOODLESSLY
> THEIR PARENTS' LAUGHTER
> AND IN FALSE EUPHORIA
> SLOWLY DROWNS
> THE HOPES OF
> MI RAZA!

A ver, cómo va, cómo va? Ja, ja, ja, a ver qué qué de "braun ais" . . . ja, ja . . .

THEIR BEAUTIFUL BROWN EYES . . . hay maneras de matar, sin sangre, y la gente le tiene miedo a los que matan . . . sabrán sus nombres, pero no los nombran . . . (y a poco no es por nada, mensa, no vites ya? . . . No lo vites en las news? . . .)

Sí, muy amante de "mi raza" aquí, y "mi raza" allá, como si fuera una samba, *samba* . . . Pero tú nunca has hecho nada, te lo digo, y le insistes en dale dale y vas a ver cómo sacarás aquella garrita que no querías . . . ja, ja . . .

BBBBRRRRIIIINNNGGG

—Petra, habla Loreto . . . Pues, qué te pasa, muchachona? Te esperábamos ver ayer en la junta en el Centro de la Comunidad . . . Pues no que te interesaba ayudarnos con el Congreso de Literatura Chicana? Por qué? . . . Pero miedo nos ha dado a todos, a todos los que hemos decidido hacer algo, sea como sea, para que se haga la justicia . . . Por el cuento . . . el relato de aquel muchachito? . . . Ajá . . . un poema que hiciste contra . . . ah caray . . . Pero no, no te creas, muchachona . . . Hazte valiente, mujer . . . Si yo he visto a *otra Petra* . . . pues en tus otras poesías . . . Pues pa'que sepas . . . No, si ni si fueras a leérselos en la cara, no te harían caso . . . Esa gente, embustera como es, ni miedo le tienen a nadie . . . Pues mira lo que hacen. Pero no dejes de escribir, Petra, uno no se puede ya callar . . . Mira, estamos haciendo gestiones para que siga la investigación por las autoridades, no te rajes . . . Sí, sí, perdón . . . Ah qué Petrita ésta . . . libérate, pues muchachona . . . Qué esperas? Ajá . . . bueno, estaré esperando tu llamada . . .

OJOS HERMOSOS COLOR CHOCOLATE AHOGADOS HERMOSOS SIN SANGRE

"Cooooooolorado . . . coloraaaado . . . Como la sangre dee uuun veeenaado . . . " canta sentidamente el joven estudiante de la Universidad Autónoma . . . Como muchas de las personas en el público esta noche húmeda en el Centro, el joven es de Sonora . . . Loreto, quien está a mi lado izquierda, se levanta a felicitar al cantante que ha terminado . . . — . . . Compañero . . . ! —La canción me ha recordado algo que me había dicho Medeiros del Sexenio anterior, al otro lado . . . de parques, plazas, sangre . . . Después del programa de poesía, me imagino *aquellas muertes distantes* yendo al carro estacionado en un rincón oscuro del parking lot. De sobresalto, veo o creo ver que me espera el teniente de Samuel Longoray, con un hipodérmico gigante que recarga sobre la capeceta del Lincoln largo, brilloso y rojo como la sangre de un venado . . . Espantada, empiezo a correr, haciéndoseme un nudo la desesperación . . .

(EEEEEEPAAA! ja, ja, ja, ya vamos, burrito, ja ja . . .)

The stepmother and father used to take out her own children for
dinner from time to time, but Puppet and his brothers and sisters
were left home to eat "gorilla meat" . . . —Así le Ilamaba a la carne
enlatada que les daban las blonde ladies del Welfare pa 'comer . . .
Carne de gorila . . . pues, como no sabían de qué animal vinía la
carne, le pusieron de "gorila" . . . Qué Puppet, pudía ser más
tapaderas . . . Era juerte, verdá, bien juerte el batito . . . No más a lo
último, con lo de ver al papá, pues a lo último no más no . . . Duele,
sabes Pat?

Hay cosas que duele recordar . . . ?

BRRRIIIIINNNNGGGG . . . BRRRIIIIIIIIINNGG . . . tú no quieres
no quieres no

—Pat? Vienes al velorio esta noche . . . ? . . . No, si yo ando que reviento,
aquella mujer . . . Sí, la acabamos de ver en la mortuoria . . . Sabes lo qu'izo?
No más le 'vía traido una camisa al chamaco, pos pa' que lo interraran . . .
Intonces supo que nojotros l'íbanos a trai unas ropas *real sharp,* sabes, y
cuando la vieja lo supo . . . Pos pa' que no le ganáranos, jue y compró una
chaqueta y una corbata . . . Pero imagínate: no le trajo *pantalones* . . . So,
juinos y le compramos junos . . . No, si no sé'onde anda el papá, ha de
andar por ai bien cuete . . . ya pa' qué, verdá? . . . Ya pa'qué? . . .

Charcos de sangre. Hay un cuerpo adentro del cuarto oscuro, pero se
puede ver que yace en un charco más oscuro . . . de sangre . . . .

—Professor Leyva? Why is it Mexican and Chicano literature . . . Gosh,
come to think of it, that's the impression I get from all Spanish literature.
How come there's so much *death* . . . Like it's all they think about . . . I don't
like it, it's too *heavy* . . . Por qué hay una cómo se dice . . . *preocupación* con
la muerte?

(Oh, esto se está poniendo bueno, ja, tú le contestas qué, zo mensa zozobra, que la danza de la muerte, que *El Laberinto de la Soledad,* que las momias en Guanajuato, podrías haberle dicho otra cosa, no? pero no, no le dices *aquello otro* porque tú no quieres recordar, no quieres)

En un charco más oscuro de sangre, yace el cuerpo de una mujer . . . no es ni joven ni vieja, tiene pelo moreno, piel bronceada . . . El pelo, enmarañado . . . llora una criatura, una criatura recién nacida, que se bate en el brazo extendido de la mujer . . . las piernas de ésta están todavía encogidas, el charco de sangre viene de entre las piernas de la mujer extenuada que lucha para respirar aire, más aire . . . Coágulos de sangre, un cordón torcido, pálido con venas oscuras, todo todavía caliente y exhalando vapor . . . Las manos y la cara de la mujer, embarradas de sangre. . . . Empiezas a escribir una versión objetiva de la vida de Puppet. Empiezas, pero no terminas porque no sabes dónde.

Podrías escribir de la muerte al principio puesto que era lo más impresionante . . . esto lo rechazas porque entonces sería darle un sentido que no tenía, a ese fin tan triste pero sin significado, realmente sin sentido . . . No querías ordenar el relato cronológicamente tampoco, como no fue como se habían percibido o sabido los hechos del caso . . . El día que empiezas, te fijas en el calendario: es el 2 de noviembre . . .

En la universidad, estás diciendo: —Clase, en la ciudad colonial de Guanajuato, hay un cementerio con algo muy interesante . . . la composición química, o algo así, de la tierra, le ha propiciado *un vicio* a la ciudad . . . o perdone usted, quise decir *servicio* . . . *Um* jum . . . se trata de unos sótanos que tienen, con momias . . . No, son más bien momias contemporáneas, ni tan de renombre como aquéllas del Egipto . . . Qué va! Ya viera a la gente del King Tut cómo se llamaba: —Vengan a ver nuestros muertos! Cinco pesos, cinco pesos el vistazo . . . Baje esta escalerita nomás y quédese bien tronado del . . . asco (aunque la gente finge bastante bien, no crees, como

que no se cagan del susto, ja ja)! —Cinco pesos . . . bueno, a lo mejor subió a diez, ya saben que la inflación puede ser contagiosa . . .

(O qué la profa! Siempre salió otra vez con las suyas . . .)

Y allí había una mujer-momia, con una criaturita-momia en los . . . pues, en lo que eran antes los brazos . . . da asco, esto de recordar a los muertos . . . Pero por qué lo hará la gente, qué preocupación . . .

—Hey, maestra, it sounds like you people *sell your dead,* or something, I mean, aren't you afraid of something bad happening to you? Why don't you Mexicans, I mean Chicanos, let the dead rest in peace? (Y además, si no dejas en paz a Puppet y a Félix y al hijo de Medeiros y a tus recuerdos tus recuerdos tus recuerdos . . .)

—Y bajan contigo, unos niñitos-guías, que te miran te miran te miran (No sonríen? . . . ja, ja) —No, nada de sonrisas, muy serios, te miran te miran mientras tú miras tú miras (No dicen nada después de su *spiel* . . . ? ji, ji) —No . . . te miran, tú miras (*Cómo son sus ojos?* Ja, ja, te agarré, te agarré, guáchala, guáchala ahora, ja, ja)

OJOS OSCUROS DE VIEJO EN CUERPO NIÑO OJOS GRANITA QUE TE PREGUNTAN TE PREGUNTAN ALGO . . . *ARGO* . . .

—Por qué corres, Petra? Qué te pasa? Como que has visto un fantasma . . . ! Sale Loreto del Centro en el momento que yo llego corriendo del parking lot.

—Creí que vi a . . . de Longoray . . . de ése . . . por lo que escribí . . . I don't know if I'm strong enough for this crusader business, Loreto, no sé si tengo la fuerza espiritual . . . tengo miedo de . . . No sé, te digo . . . —Me recupero, y Loreto me encamina a mi coche. Se despide con un abrazo, y me dice bajo: —Oh, Petra, tú todavía ni sabes lo que puedes hacer . . . Ni cuenta te das todavía . . . Te llamo mañana para ver cómo sigues, eh?

(cómo sigue? pues cómo le va a seguir, pues ciega, así le sigue, como siempre le ha seguido, que cuando debía debía tenerle miedo a . . . no le tenía y ahora que ya no hay tiempo)

Camino a la casa esa noche, piensas en lo que has pensado, lo del susto, y al llegar te encierras en tu apartamento para escribir poemas de cómo era y cómo había sido *la realidad.*

en Mesilla Nuevo México

en verano cuando muy niña era

—Y así, todos los días nos íbamos a jugar en el camposanto antiguo, allí al otro lado de la huerta del tío José . . . Me encantaba corretear con los primos entre las tumbas, levantábanos polvo por todas partes . . . Cuando se nos antojaba, les quitábanos la fruta al mesquite, sí todavía hay por allí mesquites, y la abríanos, ajá, y la chupábanos . . . tenía un sabor como dulce y agrio, las dos cosas . . . mirábanos por ai las tumbas de la gente, va, cómo había muertos . . . No, no les tenía miedo porque eran tan callados, no nos estorbaban na'a . . . Umjum, jugábanos . . . Qué? . . . Güeno, arreglábanos las flores secas de los tíos muertos . . . De vez en cuando, se me ocurría ponerme una flor de algún muerto, ajá, en el pelo ganchándola tras una trenza . . . Sí, sí, hacía gritar yo a mis primos . . . los vivos, no? . . . Pero lo mejor, lo mejor, cuando de veras nos daba cosquillas de miedito . . . aunque me gustaba, me gustaba hacerlos gritar . . . era cuando bailaba sobre una tumba grandota de cemento . . . Ji, ji, tenía una calavera negra pintada . . . Era mi *stage,* sabe . . . oh, perdone, *proscenio . . .* y yo baile y baile, y ellos grite y grite nerviosos . . . Después me dijo alguien de la familia que qué escándalo, insultar así a los muertos, era pecado o no sé qué pero pos yo digo que tenían como *celos,* sabe? Ajá . . . como que ya quisieran, quisieran haberlo hecho, ja, ja . . .

Y ahora que te vienen a buscar, bola de miedo? Y ahora . . . ? Ja, ja, tú . . .

POR QUE CORRES QUE TE PASA LA SANGRE

La sangre le hililla de la boca a la mujer desmayada con el niño recién nacido en un brazo. Hay una niña acurrucada en un rincón del cuarto, una niña cuya cara no se puede ver excepto por los ojos vacantes, una niña de cuatro o cinco años que tiembla, gimiendo, UNOS OJOS GRANITA de espanto . . .

BRRIIIINNNGGG . . .

—Hello, Professor Leyva . . . Pat? This is Sally Aguirre, de su clase para los que trabajan en los hospitales . . . I can't make it to class tonight . . . Así me avisa la joven enfermera que trabaja en Unity County General que no podrá asistir a la clase especial de español que doy los martes por la noche en la Facultad de Enfermeria . . . Something happened to a friend of mine, from the barrio . . . they found her passed out at home . . . En un pool of blood . . .

—Sí, nojotros la conocemos, Pat, vive a unas dos tres casas de nojotros . . . Cuando llegó el marido y encontró a la mujer en un charco de sangre y la criatura ya nacida y la chamaquita mayor allí como en shock, se vino a usar el teléfono . . . le pidió a la Nancy, que estaba en casa, que avisara, que trajieran una ambulance . . . Sí, después se dieron cuenta que la mujer sabía que iba a tener el baby pero parece que no quiría avisar a naide, no

38

quiría jirse al hospital . . . No sé, por algo que le pasó la primera vez, con la primera chamaquita . . . Qué? Pos, no sé . . . no sé, Pat, si te dejaran verla, pero you can try . . .

A la señora la han llevado, por supuesto, a Santa Cruz . . . Cuando despierta del desmayo en el hospital, que se da cuenta de su alrededor oliente a Hexol, da gritos de, —Sáquenme de aquí, sáquenme por Dios . . . ! — Solamente se calma al ver que al lado del marido, están allí un médico y enfermeras que todos hablan español . . . Y así la calman, hablándole y preguntándole de manera que ella entiende que . . .

—Casi se desangraba allí en el piso, señora maestra, y no me había dicho nada por la mañana, porque les ha tenido un terror a los médicos desde que la internamos la primera vez, cuando dio a luz a Maricelia, la niñita que tenemos de cuatro años . . . Bueno, yo me vine hace cinco años de Oaxaca, donde trabajaba en una tienda . . . una de ésas de abarrotes, de barrio . . . Estábamos cerca de la plaza principal, y así vendíamos todo, desde películas y tapices para los turistas hasta dulces de leche y arroz para los vecinos . . . Después de unos meses, ya que encontré un puesto como finisher en una tintorería, mandé por mi mujer que estaba encinta ya . . . pues como yo no hablaba casi nada de inglés, fue lo único que encontré, y allí estoy todavía . . . ya sabe que los que no tenemos papeles de acá, pues tiene uno que tragarse tanto para . . . por, por pues la mujer, los hijos . . . Bueno, lo que le decía hace rato, que mi mujer es muy tímida con los americanos, por eso de no saber lo que le están diciendo, como ella no sabe nada, pero nada de inglés . . . ahora se sabe algunas palabras pero no quiere tener nada que ver con ellos . . . Bueno, a ver sí, a ver si ella le quiere decir a usted . . . Ya que usted es amiga de la Sally . . . Nos esperamos unos días para que se ponga más fuerte, no?, y entonces a ver si mi mujer quiere hablar con usted . . . Imagínese usted, con los propios dientes, mordió el cordón . . . así las encontré a las tres, hasta la mayor con las manitas . . .

todas embarradas de sangre ... Y si no hubiera sido que cerraron temprano donde trabajo, por poco se me van pues, las dos ... La mayor? Oh, todavía no se le quita el susto, pero estará mejor cuando vuelva la mamá a casa, no cree ... ? Esto se le pasará, no cree ... ?

LE PASARÁ LA SANGRE LE PASARÁ?

—Señora, cómo fue que le pasó esto, por qué usted no quiso ir al hospital, ya que sabía cuando le empezaban los dolores ... ?

tú no quieres no quieres recordar no no tus hijas no

por Dios qué han hecho, trayéndome aquí a este lugar tan limpio y tan frío de lujo y sin un alma que me hable que yo entienda lo que me están haciendo qué me dicen qué hace aquí este hombre rubio ah caray allí viene un negro todos me están viendo ahora me bajan las sábanas no no no me suban esta bata de algodón todo huele a medicina a cloroformo a no sé qué a pesadilla porque ahora me meten NO NO NO no me aten las manos los brazos, no me sujeten ... suéltenme me meten dedos blancos negros hablan qué dicen qué me hacen ai viene una enfermera joven parece parece pero NO HABLAS ESPAÑOL NO HABLAS? no pero me mira con ojos cafés Sally dice Sally Aguir-ay qué me hacen me duele mi niño viene ya? qué por qué me tienen así toda abierta ayúdame ayúdame no entiende lo que digo pero entienden sus ojos cafés oh no otros hombres de blanco me abren el dolor el dolor qué me hacen me tocan me ven toda abierta quiénes son estos ojos fríos dedos blancos y negros sin pedir permiso ni perdón oh oh allí viene uno moreno NO NO HABLAS ESPAÑOL? no él tampoco sorri dice sorri qué qué me hacen no me meta el dedo me duele todo todo me estoy muriendo y vea que hay sangre y me llevan rápido a dónde a dónde Rafael Rafael adónde estás sácame de aquí que

querías tener varones, herencia no no desgraciado dónde estás
ahora qué han hecho trayéndome aquí qué es esto una máscara un
aparato de plástico negro que huele a huele a huele a gringos dedos
fríos Rafael oh Virgen María madrecita mamaaaaaaaaaaaaaá

—What is the meaning of original sin? Yes, Petrita Leyva? Well? . . . (Sí,
muy bien quedaste, tartamuda meona . . .)

—Señora . . . lo siento, yo no puedo . . . hay cosas que una no quiere . . .
esos recuerdos, ya ni con mi marido los quiero compartir, él me trajo aquí
con tantas ilusiones de mejorarnos, pero hay cosas que él no entiende . . .
que las hijas no que las hijas y los hijos . . . yo no quería ya tener hijos
porque . . . Amargada? Señora maestra . . . creo que va mucho más allá . . .

Los ojos hermosos de la mujer, ojos color gris con flequitas de café, se llenan
de . . . NO ME PREGUNTE NO QUIERO NO QUIERO PREGUNTAR
. . . Por favor, maestra, no me haga recordar . . . Ya para qué?

(A escoger, quién tiene la culpa, quién?)

—Memo, this is Pat . . . Sí, como me contó la Sally después, no más les
hizo falta vender boletos al parto, como si fuera exhibición . . . como que la
mujer de piel morena no tiene sentimientos, vale menos que menos . . . She
was in terrible pain, pero se moría de vergüenza allí nomás como la tenían
. . . así . . . La Sally? Oh, ella se quedó en Unity County, pero por eso se puso
a aprender el español, para ayudar mejor, cuando llega la gente así desesperada porque como me dijo la señora que se trozó el propio cordón . . .

Sigues, ciegamente, coleccionando historias, incidentes del barrio, de la
comunidad, de . . . Escribes fragmentos desorganizados, confusos. Algunos
papeles, los echas en el cajón de tu escritorio, otros al basurero . . . Al llegar
del trabajo, ves el correo, te encierras en el apartamento y el único nexo,
estorbo y traductor tuyo con el mundo exterior es el teléfono . . .

BRRRIIIIINNNNGGGG . . . BRRRIIIIINNNNNNGGGGG.

—Eres tú, Marcos? Ajá . . . te dijo Loreto . . . sí, me cuesta mucho . . . No, pero casi casi me pesa porque . . . I'd never given these things a second thought, you know, Marcos? Yo no sabía que pasaban estas cosas . . . Pues sí, me hablaban y yo había leído aquí y allá y ustedes me decían cositas . . . pero de veras empezar a darse cuenta y *sentir* lo que está pasando . . . But it's funny, Marcos, I'm thinking and writing some stuff . . . well, you and Loreto pues no van a pensar que es de protesta social porque me he puesto a pensar en otras cosas pues . . . también injustas . . . A lo mejor tú también, como Loreto, vas a pensar que me estoy volviendo loca con todo esto de la liberación y que el amor y que mis hijas . . . no sé . . . Sí, sí, yo quiero creer, yo quiero creer en algo . . . ARGO . . . Okay, mándame lo que has escrito para aquella revista, yo te lo devuelvo right away . . .

El romanticismo. Idealismo. Creer en ARGO . . . o Alguien, con letra grande y mayúscula. Escapismo? Extremismo? Jodismo? Pa'llá vamos, pa'llá voy (ja, ja, eeeeepaaaa . . . . ja, ja) . . . déjame hablar.

—Vittorio? Sí, habla Petra . . . No puedes venir a cenar con nosotras esta noche? No has visto a Marisa desde el sábado . . . tu visiting day. Y yo creía que . . . tal vez te pudieras quedar un rato después, para platicar . . . no, no, solamente un ratito . . . Sí, yo sé que estás muy ocupado con el cuadro que estás pintando ahora, el que te comisionaron aquellos señores . . . ricos . . . Nada, no me pasa nada . . . sí, parece que estoy algo diferente ahora, verdad? Pero después platicamos cuando vengas . . . *Ciao* . . .

Ja, ja, de veras les vas a contar de Vittorio? Oh, tú no tienes vergüenza, vas sacando las garritas poco a poco y verás que cuando menos lo esperes . . . lo que no querías . . . ja . . . Bueno, adelante, burrita, but I don't think I want to stick around for this . . . Chale . . .

Entra Vittorio a su apartamento, llegando puntualmente a las seis, con una botella de vino Cribari, vino rojo para acompañar la cena elegante que tú has preparado sin ningún esfuerzo mayor. Tienes la mesa puesta con platos de porcelana importada y servilletas de damasco. La velas y las flores dan un aspecto romántico, ideal al comedor con los originales de Cézanne, Matisse y unas joyitas que tú misma has hecho, de multicolores y hechos en imitación a los pintores Maestros italianos . . . Practicando la técnica impresionista . . . o impresionante. Entra Vittorio a tu/su apartamento, vestido a la última moda italiana con camisa blanca bordada y entallada, abierta la camisa hasta el tercer botón de manera que se le ve claramente el pecho bronceado por el sol italiano (acaba de regresar de la Riviera europea) y los pelitos rizados, no muchos . . . pero son bastantes para atraer la atención, en este momento, tu atención. Entra Vittorio a su apartamento, llegando puntualmente, y Marisa le corre a los brazos, vestida en un vestidito de terciopelo con perlitas, una carita morenita y feliz de ver al papá después del día largo. Entras tú a la sala cómoda de muebles al estilo provinciano-italiano, y a pesar de que los muebles son imitaciones solamente, estás feliz de saludar a tu marido. Ha sido un día largo sin él, y tú te has pasado el día bochornoso leyendo *Le Monde,* platicando con tus amigas de Ciudad Juárez —las únicas de cultura en estas zonas áridas—comparando colores de pintura para las uñas recién manicuradas. Cuando entra Vittorio a su castillo esa noche, esta noche que no te ha llamado antes para decir que no podrá llegar para la hora de la cena porque tiene que trabajar tarde y esta noche que no llegará tarde oliendo a Chanel No. 5 o lo que sea elegante, cuando llega esa noche a su castillo, tú te has vestido en tu más diáfano negligée, te ves muy mona con tu pelo henna y estilizado de una manera muy coqueta yendo así no más unos cuantos rizos, hacia la derecha . . .

—Vittorio! Amor mío, corazón dulce, te beso ardientemente, déjame besarte ese pecho bronceado y cada pelito rizado así así, ay ay —Petrina! Cara dolce vita mía, mía moglie, bacioni tanti, tanti baci besos así así wow wow

Se van los tres a cenar felizmente, una sonrisa delicada en cada cara... hablándose en tonos melífluos, eufónicos, melodiosos. El, Vittorio tu marido, te dice cosas poéticas mientras te llena la copa ... de vino rojo Cribari... y mientras su niña perfecta se llena felizmente, sin molestar en lo mínimo, ustedes se dan miradas significativas mientras beben y comen la cena de rock Cornish hen a la carbonara... A la hora de acostarse, besan los dos a la niña y la llevan a su camita blanca con canopy de olanes de tul. Ustedes dos ...

BRRRRRIIIIIIIIIINNNNGGGGG

Ustedes dos no quieren contestar el teléfono, porque ahora no resisten más... Ha sido un día largo, demasiado largo y ahora ustedes dos, quieren ser ustedes dos, y se van abrazados cuando surge de la nada una orquesta a todo dar, y se van bailando un vals de Vienna ... por casualidad —Vittorio es muy, pero muy sofisticado —llegan a la recámara, al lado de la cama, y sin ningún esfuerzo aparente, se te cae el pegnoir del negligée ... —Vittorio te susurra: —C'est vraiment un soirée, n'est ce pas? Y tú, Petrina casada y feliz para siempre, le contestas, levemente jadeante, —Oh, pero OUI OUI my pet! Y entonces ustedes dos ...

BBRRRRIIIIIIINNNNGGGGG

No, todavía no te hace ring el bell, todavía no ... Ustedes dos no quieren contestar el teléfono, porque en ese momento le desabrochas los pantalones rosita y rete apretados a Vittorio tu marido y le salta —PLINNG! el pene ancho, largo, oscuro y pulsante, y tú lo coges en la mano suave pero fuertemente, sí es posible, y le murmuras al oído mientras mientras lo empujas a la cama y brincas sobre él, el pene digo, y rechinando rechinando

le gritas bajito, sí es posible, —Oh, oh pero OUI sí sí uy uy uy mi pirulí . . . ! —
La orquesta toca Wagner, y tú reconoces que eres la . . . son ustedes dos, los
seres más cultos e idealistas de todo el mundo . . . Bueno, por lo menos, en
Southwest City.

BBBBRRRIIIIIIIIIIIIIIIIIIIIIIIIINNNNG!

—Aló . . . Oh, sí, Memo . . . oh . . . de veras, el velorio es esta noche, that's
right . . . No, no, nomás estaba jugando con papelitos aquí, como quien
dice . . . haciendo tortillas . . .

Vittorio entra a su apartamento y te besa tan fuerte, que te sale sangre
de la boca, los labios, la sangre te hililla de la boca y te desmayas. Tu copa
está llena, tu copa se desborda de llena . . .

POR QUÉ CORRES CORRES POR QUÉ

El velorio, esa noche, te hace a pesar de ti pensar SANGRE

7 / TE ACUERDAS? TE ACUERDAS?

Sus venas de niños violadas por penes de hierro . . . violadas las venas, sin sangre . . . regresan del parque violados, apenas son niños, apenas . . . un día es tu hermanito y . . . ya no es, para siempre, violados . . .

DON'T GO NEAR THERE MIJITO

PLEASE DON'T GO

Me duele la cabeza, con el velorio me empieza una migraña . . . **jaqueca** (siempre me recordaba **hot-cakes**). No quiero pensar todo esto que he estado pasando y repasando como grabadora . . . no quiero y encuentro que al entrar a la mortuoria, sigo componiendo frases, fragmentos de poemas, escenas en la cabeza . . . Me duele, me siento despacito en una de las últimas filas . . . Aquí no hay puertecita abierta, pero sí hay cajón largo y negro, brilloso, sí hay un cerco de velas prendidas alrededor . . . Siento un nudo en la garganta . . . —Petra? — Doy un salto del susto . . . Me habla Memo, me dice que si vi al hermanito del Puppet, mientras él mismo busca con la mirada hacia donde están los parientes.

—Siempre no le van a poner tombstone . . . lápida . . . Dijieron que más tarde, que después mandarían plata pa'eso . . . Veremos . . . Nojotros pudinos

juntar pa'l cajón nomás, t'ije? Mira, ai 'stá el hermanito, en el rincón ai, 'on'tán lo'jotros . . .

PUPPET PUPPET PUPPET TUS OJOS TU PELO TU CARA HERMOSA TUS OJOS PUPPET

Oh nononono no quiero recordar . . . (No lo vites en las news?)

—Oh God, Memo . . . es él, es él . . . la puritita cosa . . . otro Puppet . . . — El padre del Puppet se ve muy acabado, parece que sí, que le ha pesado mucho al fin, el fin triste del hijo que abandonaron tiempo atrás . . . llora desconsoladamente, como los hijos sentados a su lado. La madrastra aparenta suspirar y solloza de manera muy ostentosa. Memo y yo cambiamos una mirada fulminante y asentimos ambos, meneando la cabeza de que —Oh no, yo no le creo tampoco a ésa . . . —sin decir palabra.

CAJÓN CERRADO BALACEADO SANGRE SANGRE

Los pensamientos me empiezan a vagar, mientras esperamos que se llene más la sala en que estamos sentados . . . Huelo velas, perfume, sudor de gente de trabajo. Alguna gente ya se está poniendo impaciente, esperando a los demás . . . Oímos seguido —Acompaño sus sentimientos, señor . . . — Cómo nos pesa su pérdida, señor López . . . Casi nadie se fija en la mujer. Yo pienso en los **hotcakes** que me están quemando las sienes, inflándose dentro del cerebro . . . Sangre . . . Debería haberlo anticipado, tomado algo . . . ARGO . . . pero yo ya andaba bastante alterada en estos días . . . PETRA QUÉ TE PASA POR QUÉ CORRES Mira, Pat . . . Here comes Inerest! Es la Inés . . . la que t'ije era la novia nueva del Puppet . . . Carlos y Medeiros se han mantenido callados al otro lado de Memo, en la misma banca . . . Al fijarse que es . . . indeed, it is Miss Ineresting Inerest . . . suelta en risa sofocada, el grandotón de Carlos . . . Al ver que llora bastante sinceramente la chica, se tranquiliza un poco nuestro amigo joven al lado de Medeiros. —Soy la **fiancée** del Puppet, le dice a los padres del batito. —El papá del

PUPPET

Puppet salta y la abraza, y la invitan a que se siente con ellos, entre los parientes. Carlos se agacha, la cabeza entre las manos . . . no creo que llora, pero está temblando por algún motivo . . .

VELÁS SI TE INVITO A UNA BIRRIA POL LA NOCHE CABLÓN CA'LOS . . .

Lápida . . . no tiene lápida excepto la cruz que está sobre la mamá . . . Ni tumba ni lápida propia, por ser pobre . . . Yo no había pensado en estas cosas nunca . . . era algo más abstracto, como la oscuridad . . . La muerte, digo, era ARGO más abstracto porque **sólo había muertos en los funnybooks . . .**

??? . . . O NO SER

Esa es realmente la pregunta . . . contundente . . . **Ser, o no?** Did Puppet have a choice? Empecé a imaginarme a Puppet como Hamlet, para no pensar en la cabeza, que me estallaba ahora . . . Veía que había llegado un sacerdote, que ahora saludaba a la familia allá en frente, que Puppet . . . se erguía despacito de su cajón brilloso y negro . . . (Oh no, ya empezaste otra vez con tus desvaríos, ya veo lo que pasa cuando te dejo sin vigilar por un ratito nomás . . .) Puppet está ahora en frente del público, que obviamente se ha vuelto callado, dándole total atención al batito . . . Pero Puppet se ve muy extraño . . . no trae ni su chaqueta y corbata que le compró la madrastra, ni los pantalones matching que le compraron el Memo y los otros amigos . . . No, se ve muy curioso, lleva unas medias–tights negras ajustadas . . . Trae blusa negra, con mangas algo esponjadas, un chaleco negro de seda brillosa, y un cuello como un acordioncito blanco, bajo el mentón moreno . . . En el pecho, brilla un águila color rojo — . . . Qué traje más raro, dice Memo dentro de mi visión–delirio, —pero se ve **sharp,** no crees, Pat? (mira qué ocurrencias tuyas, hacer cómplice al Memo en tus desvariacas y de remate vestir al batito de Hamlet!) Está hablando el Puppet, apenas lo oigo porque

48

le da vergüenza a él que todo el mundo lo esté mirando tan fija fijamente
... El está murmurando algo, mirando hacia el suelo con sus *tiles* asépticas
... Nos inclinamos para oír mejor lo que dice mientras estruja un sombrero de paja ... No, no, no es de paja (ya ves cómo se te pega lo que leíste
en otra parte, romanticaca?) es de terciopelo negro, un beret-boina, eso es,
de terciopelo y con una plumita blanca de paloma al borde ... Estruja el
sombrerito negro y apenas apenas empiezo a oír sus palabras, como si fuera
un soliloquio que flota desde muy muy lejos ... No entiendo muy bien
pero creo que dice

> ... Vivil o no vivil, ésa es la plegunta.. Pala qué m'balacealon esos
> dos chotas, eso e lo q' quielo sabel, pala qué ... yo qué les jice,
> qué ... ? Molil? Pos yo no tinía miedo, no ... (mientras habla el
> Puppet vestido así raro de negro, se para en un pie y entonces
> cambia al otro pie, dándole un aspecto realmente de un títere
> inseguro ... todavía no ha levantado la mirada hacia nosotros,
> hacia mí ...) ... tomando? O pos sí, pos pala no recoldal, polque ...
> Yo sé que vi a mi 'apá, yo sé que lo vide ... (aquí se voltea el batito
> de negro hacia la primera fila, donde están los padres) —Polqué,
> eh? ... Polqué ... ? Yo qué les jice ... ? Qué les jicimos nojotros ... ?
> (da vuelta de nuevo hacia el público, como si estuviera en un
> **Proscenio**) ... Saben? me quedé con muchas pleguntas ... no tuve
> tiempo de pleguntal na'a ... ARGO ...

De repente, me doy cuenta de que Memo me está dando codos para que
me fije en algo que estaban diciendo allá en el fondo ... —Pat, mira, mira
lo que está pasando ... ! Veo ahora claramente que el cajón está todavía
cerrado allí en frente de nosotros, y que están una señora y su hija teenager
alegando algo con el papá del Puppet ... todo el mundo le ha prestado
atención a la conversación: —pero le digo que mi hijo ya tiene fiancée,
Inés aquí sentada ... ! —Y le digo que mija y el chamaco ése de usté'staban

bien engachados . . . **engaged,** pues . . . —rezonga la mujer enojada . . . El papá contesta que no, no puede ser que el Puppet . . . Entonces la segunda joven-novia contesta que —Sí, siñol . . . juinos **engaged,** mile el janillito q'mi dio —. — Pareció que estas palabras de la chica le ablandan el corazón al padre del batito, sería por nostalgia repentina o por arrepentido o quién sabe por qué, y para terminar con el cuento, por fin invita a la segunda **fiancée** a que se siente al otro lado de la fila, también con los parientes. Memo y yo nos miramos, incrédulos y fascinados con la escena . . . Carlos, al lado de Memo, otra vez tiene la cabeza entre las manos, está bien agachado y está temblando, todo rojo por algún motivo . . . Por los sonidos que se le escapan (ahora tiene la cara tapada por las manos) yo sospecho que **no** está llorando . . . Memo mira el techo, yo me muerdo los labios, pensativa . . . El Puppet vestido de negro está allí y menea los rizos ahora:

. . . pos, no jallo nada mar con eso . . . tiene celos u qué? . . .

QUÉ HACES PARA NO AMARGARTE PARA SIEMPRE QUÉ HACES QUE

como l'ije al cablón Ca'los (velás cablón pol leilte'e mí velás) . . . el miedo e molil jace que la gente tenga miedo de jacel argo . . . de jacel pleguntas que deben jacelse y jacel a los jotlos . . . Pos, y esos dos chotas, y qué . . . ? Polqué si fijan si traiba juna u dos fiancées? (aunque aquí se avergonza claramente el Puppet vestido de negro y juega con el pie bueno unos segundos, como para desviar nuestra atención del incidente de la segunda novia que ha llegado) Mejol plegunten a la chota argo güeno, como . . . Yo 'staba tomando y buscando a mi'apá . . . yo qué les jice . . . ?

—BRIING, BRIING. Suena la campana en la misa que dice el sacerdote y cuando llega el momento de —Through my fault, through my fault, through my most grievous fault . . . —se oyen los sollozos y golpes de pecho fuertes del padre de Puppet, allá en frente . . .

POR QUÉ CORRES PETRA QUÉ TE PASA CORRES CORRES

—Petra, habla Loreto . . . Hay algo, como . . . no sé qué . . . pero algo no cuaja en la versión de la placa . . . Pues anímate, muchacha . . .

Oh, sí, muy fácil, anímate . . . horas y horas de tratar de escribir una versión de la vida de Puppet, o de la muerte de Puppet, o del no-vivir de Puppet, y todo lo que logras son fragmentos, puro stuttering romantichucho . . . Estoy de acuerdo, algo, ARGO huele mal en Southwest City . . . Qué es lo que nos/te está tratando de decir este batito en medias negras . . . ja, ja, tú no sabes tú nunca supiste y tú nunca has hecho nada ja) Pide venganza simple y sencilla? Por qué se me aparece como Hamlet, qué puede tener en común un chicanito bato del barrio con aquel príncipe danés . . . Que argo huele en Dinamarca, qué qué . . . ? Que madrastra en este caso, que el cariño robado, que los padres débiles . . . qué qué injusticias . . . ?

> Pala qué se mata la gente, pala qué . . . sí, jeso q's' llama **ciusidio** . . .
> y tamién cuando unos chotas o tus padres o los pushers te . . . pos,
> no, no tinía miedo'e molil . . . Pelo quelía vivil . . . Polqué tienen
> miedo'e decil argo . . . ? . . . de jacel pleguntas . . . ? sus OJOS

Me duele, me duele la cabeza, me siento mareada de incienso, sudor, olor a velas que queman como luciérnagas allá alrededor del cajón negro . . . Siento náuseas . . . Campanas, hay campanas . . .

BRRIING. BRRIINNG . . . Se oyen golpes secos, fuertes, de pecho y sollozos de **mea culpa, mea culpa** . . . no es el padre de Puppet, ni la madrastra ni nadie . . . me doy cuenta, sobresaltada, que **soy yo** quien ha dicho (ja, ja, se te salió por fin se te salió) . . .

> . . . But that the dread of something after death,
> The undiscover'd country from whose bourn
> No traveller returns . . .

Sí, sí me acuerdo y no quiero, porque me duele acordar, la conciencia así nos hace cobardes a todos, y así las resoluciones de actuar, las grandes empresas, lo que consideramos de importancia, se vuelven pálidos, se disuelven, desaparecen al pensar en las consecuencias posibles, en que si hago esto, me pasará estotro TE VA A PASAR ALGO ALGO MALO TE PASARÁ YA VERÁS VERÁS

Thus conscience does make cowards of us all . . .

(Pero es **otra** conciencia la que hace falta, no crees?)

TÚ NUNCA QUISISTE OIR

Ha vuelto el Puppet-Hamlet, ahora está diciendo, a mi lado ahora mientras yo evito, evito la mirada y de reojo temblando veo que por las medias negras empiezan a supurarle polka-dots de sangre . . . Empiezo a contar las polka-dots rojas e irregulares en las medias negras piernas delgadas a mi lado . . .

> Mejol plegunten a la chota argo güeno . . . Oh, sí, me'ijo Félix
> q'l'ijera esto: Mejol plegunten pol ai . . . Por ai jay argo güeno . . .
> nomás no sí 'agan ya los desentendi'os . . . Pol qué no mi mila,
> siñola . . . ? Oh, velás cablón Ca'los . . . velás . . . !

—Pat! Petra, mira . . . ! Memo me está estorbando el hilo, el hilo de sangre que estoy siguiendo, que ahora que lo miro a Memo se me hace que me está hablando desde muy lejos . . . —Pat, qué te pasa . . . ? Estoy otra vez al lado de Memo, viendo que se ha terminado el servicio pero que acaba de acercarse una muchacha de unos quince años a donde se están levantando los parientes del batito. La muchacha es pequeña, trigueñita, lleva rebozo negro y rosario, está llorando, le dice algo al hermanito del Puppet que se parece a él . . . El hermanito la mira, dice que no, ahora dice que sí, ahora dice que no sabe, lleva a la muchacha con el papá y parece que se la presenta

TE ACUERDAS? TE ACUERDAS?

... El papá dice, —Qué qué . . . ? Ah, qué mijo, quién lo iba a creer . . . !
Carlos, quien no se aguanta de curioso, ha ido a preguntarle no sé qué al
hermanito de Puppet, y vemos que regresa . . . qué qué falta de respeto,
viene sofocándose de la risa el condenado VELÁS CABLÓN CA'LOS
VELÁS qué nuevas traerá . . . Memo me mira con aprensión, y se le sale
. . . —Oh no, not again . . . ! Memo da vuelta a ver qué dice Carlos, Carlos
le dice algo a Medeiros, quien solamente menea la cabeza de un lado
a otro, no lo creo, no lo creo, Memo le señala con la cabeza —Qué pues?
— a Carlos y éste condenado muriéndose de la risa contenida apenas dice
que sí y señala uno, dos, tres dedos de la mano . . . —Tres novias . . . fiancées . . . ! —suelta Memo, dando vuelta a verme,— . . . tres! Y tan calladito
el chamaco . . . ! —Saca el pañuelo, se limpia la cara sudada, se tapa la boca,
meneando la cabeza empieza a reírse bajito, se ahoga, ríe, llora, nos
abrazamos, riendo lágrimas QUÉ BATITO PUDÍA SER MÁS
TAPADERAS . . .

—pos, no jallo nada mar con eso . . . tiene celos u qué? —

PARA NO AMARGARSE PARA SIEMPRE QUÉ HACES QUÉ
OJOS HERMOSOS

> . . . No 'ijo na'a e mi águila colora'a (Como la sangre de un venado . . .?
> Ja) Esta aquí que llevo . . . en el pecho . . . Pol qué no mi mila,
> siñola, pol qué . . . . . . vivil, o no vivil . . . e lo que l'igo . . . Están
> celando las luces aquí . . . Si'ace osculo . . . muy dark . . . Volvelé . . .

Todavía traigo jotquequis batiéndome la cabeza . . . —Vámonos, Pat . . . —
Memo me encamina al carro, que he dejado detrás de la funeraria,
escondido por unos arbustos . . . iba meditabundo Memo, y al abrir la puerta
del auto me dice de repente, como acordándose de algo, — . . . Pero si
apenas tinía pa' meter en el savings, pa' vistirse sharp y pa' comer . . . ! Oh
qué Puppet, pudía ser tapaderas . . . tres fiancées . . . Y mira que nunca 'ijo

na'a el chamaquito . . . ! —Me abraza mi amigo, y mientras saco el carro del estacionamiento oigo que Memo se va hacia la camioneta riéndose bajito, y veo en el espejo que va limpiándose los ojos y meneando la cabeza, ah qué Puppet, pudía ser más tapaderas . . .

(más tapaderas juiste tú vistiéndole como danés tristón y filósofo, qué qué tinía que ver un águila roja en el pecho, que tú no quisites, no dijites, no hicites . . . ?? guáchala . . . ja, ja . . . A César, lo que le pertenece, ja ja ja ja . . . !)

No quiero recordar no quiero no quiero . . . En el espejo creo ver que me viene siguiendo . . . un carro largo, brilloso negro . . . no, no, es rojo el carro, como la sangre de . . . (del Wimpy? ja ja . . .) Oh no no hace tantos años y no puedo ya . . . El carro largo, brilloso y rojo **me persigue** a unos pocos metros ahora, creo distinguir que maneja . . . Samuel Longoray . . . lleva sombrero alto, oscuro . . . trae uniforme negro . . . no, no es negro . . . es verde oscuro, como como como caquita de gallinas . . . ahora el carro está a mi lado . . . por qué no he llegado todavía, cómo se ha hecho largo el camino, el corazón se me sale traigo seca la boca . . . **alguien** baja la ventana del carro brilloso a mi lado **alguien** me grita . . . qué me grita qué . . . oigo sirenas por la noche . . . este alguien, esta cosa a mi lado en el carro brilloso y rojo de sangre de venaditos tiene cara de cara de . . . momia muerte huecos sin ojos colmillos animal es un animal es es es . . .

—AAAAAAAYYYYY, mamaaaaaápapaaaaá . . . ay viene, ay viene nos va' agarrar . . . aaaayyyy . . . ! (ja, ja, ja, te acuerdas, acuerdas . . . ?) — Entran dos niños aterrorizados y agarraditos de la mano aterrorizados gritando pidiendo por sus papás miedo terror ay viene nos va' agarrar . . . —Qué mijita, qué te pasa, por qué corren . . . ? Sale la madre de la cocina del restaurante, sale la abuela, salen los tíos, sale el papá ah qué se traen ahora estos buquis ocurrentes salen los clientes los amigos mojados las meseras qué te pasa quién los sigue quién . . . ?

—LA MIGRAAAA . . . la migraaa. . . . ay viene la migraaaa. . . . ay mamaaaaá . . . ! Dos niños gritando llorando haciendo escándalo en el restaurante de los abuelos dos niños aterrorizados de la inmigración de la patrulla que ellos saben ay viene ay viene ai los amigos mojados las meseras corren se esconden por allí salen corriendo hacía el alley por la puerta de atrás se esconden tras el mostrador en la cocina en el sótano ruido de sillas tumbadas mesas risas risas quién se ríe tus tíos tu padre tu padre tu mamá te pregunta les pregunta los abraza la abuela trae agua cómo lo saben qué les dijo le preguntamos le preguntamos . . . aaayy mamaaaá nos va'llevar ya viene ahora por nojotros . . . ! NO LO VITES EN LAS NEWS?

Vinía en un carro verde, oscuro y brilloso . . .

WHO IS THIS CÉSAR CHÁVEZ ANYWAY . . . ?

dos niños caminando solos al anochecer, camino al restaurante de los abuelos que queda a dos cuadras en ese pueblito polvoroso al lado norte de la frontera apenas al lado norte de la frontera un pueblito mexicano en tus recuerdos pero al norte de la frontera dos niñitos que vienen calladitos al anochecerse de casa de la Cuca la Cuca que les tiene un terror a las patrullas a la migra LA MIGRA traen traje verde–oscuro les decía sombreros tejanos les advertía se llevan a la gente se la llevan por la noche por el día corran no les importan familias mamás ni niñitos como ustedes LA MIGRA . . . WHAT DOES THIS CHÁVEZ WANT ANYHOW . . . I take good care of **my** workers . . . el carro oscuro se acerca, ahora va despacito y el sombrero tejano dice —EEIIITT . . . ! Qué hacen por aquí, chamacos . . . !? Es una voz **honda** . . . —Quién es, preguntamos temblando, —quién es . . . ?

—. . . LAAA MIIGRRAAAAAAAAAAA. . . . . !

aaaayyyyy maaaaaamaaaaaaá . . . dos niños que se van corriendo y llorando y gritando porque los persiguen ay ay ai viene nos va' llevar . . .

(te acuerdas? te acuerdas, caca de gallina? Oh, esto se está poniendo güeno, güeno . . . ja ja ja)

THEY ARE MARCHING WITH A BLACK BANNER, A RED EAGLE IN THE CENTER CHÁVEZ WORKERS PRIESTS AND THE VIRGEN DE GUADALUPE (no lo vites en los news, mensa . . . ja ja)

dos niños que recuerdan que a la Josefina se la llevaron del fil se la llevaron en frente de todos ai 'staban parados viendo que les gritaba déjenme suéltenme malvados se la llevaron PA'L OTRO LADO porque no traiba **los papeles** no tenía en frente de la Cuca y el Gallareta y el Efrén y la Hilda y los Escarcega y los Herrera y los buquis de ellos que andaban también en la pizca te acuerdas te acuerdas LA MIGRA la Cuca y el Gallareta se escondieron entre las plantas las cajas vacías pero oían suéltenme auxilio auxilio LA MIGRA otros niños escondidos LA MIGRA por qué no hacen nada dos niños que no saben qué es pero es ALGO —No te puede ayudar tu papá? No te puede ayudar tu mamita, Cuca . . . ? preguntas de niños dos niños que no saben no saben

CHÁVEZ? OH THAT TROUBLEMAKER MUST BE A COMMU-NIST! —No . . . —les dice la Cuca, abrazándolos, los ojos diferentes raros llorosos . . . —ellos están . . . muy lejos . . .

(y tú y tú y tú y tú y tú y tú y tú y tú y tú y tú ja ja ja)

POR QUÉ CORRES QUÉ TE PASA

entra el tío Juanito, entra al restaurante de tu abuela entra a carcajadas porque porque entra riéndose riéndose al ver que están dos niños asustados allí en brazos de mamá abuela dos niños convencidos que LA MIGRA entra quitándose el sombrero tejano riendo le dice algo a tu papá los dos riendo el sombrero tejano tu madre tu abuela se miran tu madre furiosa ahora se levanta dice quedito pero en tono que tú no has oído mucho —

... Entonces fuistes tú, sangrón ... ? —El tío Juanito que no se fija en la furia de tu mamá le dice algo como— ... Oh qué buquis que ni saben todavía lo que significa ser **american-born** ... Qué miedo le tienen a la migra estos dos ... ja, ja, ja ... ! —dos niños que todavía no conocen el resentimiento que le perdonan pronto al tío Juanito y que no entienden por qué la mamá no le habla al tío por mucho tiempo ni lo quiere ver ni pinto en sus ojos de ella LOS OJOS LOS OJOS hay algo

(te acuerdas? te acuerdas? te acuerdas de aquello — "original y puro" en los ojos de los padres en aquel cuento chicano?)

VIVIL O NO

Eso es lo que estás recordando cuando por fin llegas al apartamento, corres corres cierras con llave te encierras no quieres recordar no quieres pensar no quieres escribir duele duele el teléfono eso es llama a Vittorio por teléfono que traiga a la niña que venga que venga que se quede contigo para no pensar no escribir esta noche llena de Puppet y otras señas del barrio ... Ves que entre el correo, ha llegado una carta de María, desde Alemania ... Tú resistes abrirla ... en este momento, tú no quieres no puedes recordar ... ARGO ...

8 / UNA CARTA DE MARÍA

Te llevas la carta de María a la re-cámara, dejas las luces prendidas en la sala y afuera pero no pones la lámpara al lado de la cama . . . todavía no quieres no quieres leer. Te acuestas, esperando a Vittorio . . .

BBRRRRIIINNNNGGGG . . . BBBRRRRIIIINNNNGGG . . .

—'amá? . . . Sí, habla tu number–one daughter . . . Ji, ji . . . Ya, I'm feeling real good . . . Me gusta aquí en el dormitorio en la Universidad . . . Sí, yo sé . . . I miss you too . . . Pero necesito mi independence . . . má . . . tú sabes . . . Pues tengo dieciocho años qué no . . . ? (ah caray ya ves por siempre posponer los conflictos les decías pues todavía no tienen sus dieciocho años y ahora y ahora) . . . Mira, Mamá, creo que voy a escribir a la Universidad de California en Santa Cruz . . . Well, I think I would like living en la costa . . . dicen que es muy saludable por allí . . . Y así estaría cerca de la familia, no crees . . . ? Oh, mom, don't be like that . . . Don't . . . (ya para qué suata ya para qué) . . . Vas a estar bien . . . California no está tan lejos . . .

(Muy touching, alquien te va a decir . . . ay qué trágico ay tú tragicacas la vida salpicaca mosca muerta . . . Very touching ja ja ja) Desafiando, le sigues la corriente . . . este hilo de sangre que vas siguiendo, y recuerdas

cómo te empezaron a hacer falta estas cartas de California . . . las cartas de tu hija, las cartas de los hijos idos lejos . . . qué buscan los hijos que se van tan lejos de uno . . . ?

(Y tú por qué te fuiste lejos? Y cuándo les escribiste a tus padres . . . ?) De vez en cuando, de vez en cuando, escribes cartas a tus propios padres cómo están nosotras bien nada de nuevo saludos recuerdos y así envías noticias en forma telegráfica de que existes todavía. Para todos, el último recurso ha sido llamarte por teléfono . . . tu hija mayor es más persistente . . . Sus cartas te hacen a pesar de ti pensar . . .

—Por qué no contestas mi última carta, mamá . . . ? Estás disgustada porque te pregunté ciertas cosas . . . ? Es que solamente recordaba que tú estabas en tus últimos años de la universidad cuando César marchó por el Valle . . . por eso te pregunté lo que te pregunté . . . Sé que fue en esos años antes de Kent State, cuando mataron a aquellos estudiantes, pero ya empezaba la resistencia en las universidades por acá . . . Te acuerdas . . . ? (jajajajaja . . . que si se acuerda, ja ja) Conociste a César Chávez, mamá? . . . qué no me habías dicho que tenías amigos que trabajaron con él . . . Y tú . . . ? En mi clase de La Raza Studies aquí en Santa Cruz, estamos estudiando esos años de formación del Movimiento, y por eso yo . . . Escríbeme, mamá . . . Te dije que he empezado a escribir poemas . . . ? Aquí les mando uno . . . es un poco corny, pero le gustó a mi maestra en esa clase sobre la chicana . . . Besos a Marisa . . . (P.S. MOM! Estoy trying de practicar el español . . . anyhow así te escribo OK)

Esa vez, el poema que te envía María tiene tema nuevo . . . los de antes, los poemas que tu hija hacía en la secundaria, eran de amor, de los familiares, de las amigas . . . este poema claramente es de una María distinta . . . consciente de algo . . . se titula "Half-Breed," está escrito en primera persona . . . Tú lees y relees el poema, lo guardas en el cajón de tu escritorio y por varios días te estorba allí . . . el poema de María, con sus sentimientos

ambivalentes, conflictivos sobre sus propios orígenes, no se quiere quedar en su papel en el escritorio, y te sigue, va contigo y reaparecen fragmentos de frases cuando menos lo esperas . . . "To be half-breed . . . is **dolor** . . . is not having had a choice . . . quíen soy . . . ? Entre estas dos culturas . . . cómo escoger . . . ? soy las dos . . . no soy ni la una . . . ni la otra . . . soy yo . . . HALF-BREED . . . and only under stress acepto . . . /this mind-split imposed on me . . . " **Corny** el poema . . . si no tiene nada de simple . . . Ella todavía ni sabe lo que puede hacer . . . La próxima carta de María contiene una foto Polaroid en frente de la playa en Santa Cruz, la Universidad en la distancia, y una María sonriente, alta y erguida, con ojos brillantes, brillantes como estrellas jóvenes. Trae una T-shirt amarilla que dice en letras rojas y negras, grandes:

CHICANA 1/2

Realmente, piensas tú, algo le está pasando a tu hija . . . va cambiando allá, lejos de ti . . . She's really growing up . . . (y tú jajaja y tú)

—LAS CARTAS DE MARÍA TE HACEN A PESAR DE TI PENSAR PENSAR

—Las cartas de Chema, sí es mi hijo mayor José María, el que le dije estaba en México, me hacían pensar mucho, señora Petra . . . Cómo no, si yo veía que se había empezado a meter más y más con aquel compañero de cuarto, que lo había embrollado en la política . . . Los folletos que distribuían . . . ? Oh, bueno, decían de Tlatelolco . . . No lo vio usted en las noticias, verdad? No, no tampoco nosotros . . . pero este compañero de Chema trabaja con un grupo de . . . bueno, vamos a decir de escritores estudiantes . . . quieren darle a saber a la gente, a la nación dicen, . . . que el mundo no se ha enterado de lo que realmente pasó allí, en la plaza de . . . sí, sí, Tlatelolco . . . sí, ese lugar, el de Las Tres Culturas . . .

NO LO VITES NO LO VITES NO LO VITES EN LOS NEWS?

Le digo a Medeiros que estuve yo allí en el '67, un año **antes** ... —En la escuela de verano en la Universidad de las Américas, el profesor hace varios minutos empezó su discurso del día sobre los orígenes de la literatura mexicana ... tú has perdido el hilo, estabas pensando en la excursión que hicieron tú y Elvira ayer por la tarde después de clases ... en tus notas ves que has escrito el tema del discurso de hoy "Literatura de conquista" ... El profesor está diciendo, que nos da las facetas enteras de lo que era la conquista, no sólo el lado español de lo que era la guerra ... está ahora citando a un poeta indígena anónimo ...

TODO ESTO PASÓ ENTRE NOSOTROS,

NOSOTROS LO VIMOS ...

En 1521, dice el profesor, la ciudad de Tenochtitlán queda a merced del conquistador ... tú apuntas, sin más consideración, "El mexicano es un producto de la unión de español e indígena . . . es entonces, **un hecho liquidado** . . . " Te acuerdas, de paso, ciertas páginas de Octavio Paz, no sabes si estás de acuerdo o no, solamente apuntas para lo del examen final (ja ja cuál examen final, cuál ja ja ja) " . . . Llegan entonces los conquista-dores espirituales . . . vienen en número simbólico: son **doce** . . . " Por la tarde te lleva Elvira a conocer a un amigo, —Es sacerdote, te dice, —lo conocí en El Paso hace un año, pero no tengas miedo, ni parece cura, ya verás ... Los misioneros, continúa el viejito español, fundan colegios, por ejemplo Fray Bernardino de Sahagún enseñaba a los naturales en ...

— . . . el antiguo Colegio de Santa Cruz de Tlatelolco . . . —te está diciendo Elvira en el camión que las llevaba al mercado abierto grande,— allí está el padre Nacho, en la antigua iglesia ... del mercado, nos vamos a pie a la Plaza, te va a gustar, es un lugar muy antiguo, no te acuerdas de la historia de los aztecas . . . ? —El profesor viejito se está entusiasmando ahora y tú estás perdiendo la concentración en lo que dice, dice algo como —Muchos soldados españoles gozaban de o vivían con las indígenas y no

PUPPET

se preocupaban por los hijos . . . — . . . tú piensas so what's new y te fijas
ahora en la pierna cruzada del profe exiliado de su país debido a la Guerra
Civil sabe hace cuántos años, el pie lo está meneando furiosamente ahora y
la voz del profe sube de manera emocionada . . . —El Colegio de San Juan
de Letrán, dice el profe chochito, —es otro ejemplo de la preocupación del
conquistador espiritual, digo, el misionero, como fue dedicado primi-
tivamente a educar a los niños mestizos que habían sido abandonados por
los padres, este colegio suplirá lo que es ahora escuela normal . . . —te
empieza a dar sueño por la desvelada de anoche pero apuntas de todos
modos lo que acaba de decirles el profesor . . . algo como, —en la Plaza de
las Tres Culturas, en Tlatelolco, todavía están algunas excavaciones
conservadas, allí hay algunos edificios, los hechos históricos deben siempre
importarles, . . . Como estudiantes americanos . . . y especialmente **a usted,**
señora Leyva, le debe interesar, . . . —esto hace que me despierte, el profe
no es tan chocho como yo creía, se ha fijado en mi falta de atención esta
mañana . . . — . . . en el Colegio de Tlatelolco se empieza a aleccionar a los
niños mestizos por los conquistadores . . . —Esto, yo lo apunto, acor-
dándome del padre Nacho y la noche anterior . . . La Plaza, cuando llegamos
Elvira y yo, estaba desierta . . . había un par de turistas rubios alemanes
cerca del monumento moderno con sus cámaras, ustedes dos también traen
las suyas y tú corres a ver una excavación conservada . . . Elvira te dice,
mira, son ruinas conservadas, imagínate que esto era sitio de otra plaza,
más antigua . . .

Van por el espacio abierto hacia la iglesia, Elvira se mete por una puerta
al lado, y suben unas escaleras, salen a una veranda en el piso superior del
edificio, y Elvira te lleva a la orilla de la veranda . . . —Mira, Pat . . . allí
abajo jugaban los niños mestizos en ese patio . . . Tú imaginas muchos
cuerpos jóvenes, llenos de vida y llenando este espacio desierto con sus voces
. . . — . . . Aquí viene el padre Nacho . . . Hola, qué tal . . . ? Mira, te
presento al padre Ignacio Flores . . . bueno, llámale Nacho, pues . . . El

padre viene vestido de chaqueta sport oscura, camisa blanca, pantalones cafecitos . . . Las invita a una cerveza, se sientan en una mesa que hay allí en la veranda y el cura regresa con unas cervezas, un salero y un platito de limones rebanados . . . —Mira, Petra, te voy a enseñar cómo se debe disfrutar de la cerveza . . . dice el Padre Nacho . . . Bajan a la plaza muy contentos, llenos de vida, le pides a Elvira que te retrate con el Padre Nacho para mandarle a tu hijita María una foto de un cura mexicano, no lo va a creer, fue unas de las cosas que quisieron cambiar, separación de Iglesia y Estado, te está diciendo el padre Nacho, no van a creer que usté es cura, es usté muy diferente . . .

—Dear Mommy, thank you for the picture of that Indian place. It looks very empty . . . Where did all the people go? Is that really a priest with you? He is young and handsome, golly. I miss you very much, love your baby, María . . .

THOSE PRIESTS MARCHING WITH CHÁVEZ MUST BE

COMMUNISTS

THOSE NUNS IN NICARAGUA MUST BE MARXISTS

OR COMMIES

MUST BE

El padre Nacho las invita a cenar en un club en la plaza Garibaldi, — . . . Vamos a los mariachis . . . ? les dice —Esa noche, ustedes tres cantan canciones hechas famosas por Pedro Infante, Libertad Lamarque, los Panchos, éxitos de Manzanero, rancheras, y otras tantas canciones que tú ni sabías de dónde pero recordabas la letra de cada una . . . canciones que ni habías recordado por años, desde que se fue tu familia al norte, al Valle San Joaquín . . . — . . . se ve que tú todavía eres **mexicana**, Petra . . . Nacho te mira largo momento y luego te pregunta bajito y tentativamente, — . . .

PUPPET

crees que los curas se deben casar . . . ? A ti te da vergüenza, no sabes por
qué te dan ganas de correr, le dices pero usté y yo podríamos ser hermanos,
no cree, hasta nos parecemos, no, no, no, yo nunca lo he pensado . . . De
veras, usté es muy diferente a los otros curas que yo he conocido . . . (Y
aparte te daban daban miedo siempre pero siempre las ideas diferentes
radicales libre–pensadoras revolucionarias jajajaja oh tú siempre tratabas
de toe–the–mark cómo te gustaba quedar bien jaja) —Está en crisis . . .
una crisis espiritual, ideológica, no sé . . . pero pues, no le viste los ojos,
cómo te miraba . . . ? te aconseja Elvira, —Sí, está all mixed up, his eyes are
all confused . . . — . . . es que está desesperado con ciertas cosas . . . de la
Iglesia . . . del Gobierno . . . trabaja mucho con unos grupos estudiantiles
. . . Por qué no le hiciste caso . . . ? No viste en los ojos . . . **he likes you** . . .

EL PADRE BERNARDINO DE SAHAGÚN ES UN CASO

DE PARANOIA GALOPANTE

TRATA DE DOCUMENTAR RECTIFICAR CAMBIAR

PECADOR CONVENCIDO MENTECATO

—Por qué corres, Petra? Qué te pasa . . . ?

VIVIL O

— . . . no sé, Elvira, no me preguntes no más vámonos aquí está el taxi,
vente ya . . .

SAHAGÚN? OH HE MUST BE COMMUNIST!

BRRRRIIIINNNNGGG   BRRRRIIIINNNGGGGG

BRRRRIIIINNNGGGGGGGGG . . .

—Aló, Petrina . . . ! Sí, soy yo, pues yo . . . Vittorio, pues . . . qué estabas
dormida, o qué . . . (that's right **bien dormida** así estabas ja jajajaja) Sí, ya

voy con la niña . . . Ya vamos para allá, no, no puedo quedarme, tengo cita con . . . con **un amigo** . . . Well, it's none of your business así no me preguntes ni que estuviéramos casados . . . (juuuuuuuyyyyy, vamos pues, estamos en plena hora de confesiones ajúa . . . jajaja) . . . Sí, CIAO!

Vittorio ha colgado el teléfono . . . te quedaste mirando el receptor en la mano, y al ponerlo de nuevo en la mesita al lado de la cama, ves la última carta de María . . . Qué habías pensado soñado cuando sonó el teléfono . . . qué fue qué . . . Oh! Oh no, tú no quieres no quieres recordar . . .

YACÍA BOCABAJO, EN UNAS MANCHAS ROJAS

EL CUERPO ANGULAR

— . . . Señora Petra! Señora Petra! . . . Qué le pasa, no va a contestar el teléfono? te pregunta Medeiros, quien ha entrado de afuera donde acaba de limpiar los ocotillos y saguaros que están alrededor de la oficina. Distraída, te fijas que han metido grava y lodo los trabajadores esa mañana . . . Claramente puedes ver cuáles son las huellas de Puppet, siempre arrastrando un tantito esa pierna mala, el pobre, pero no deja de trabajar . . . —Ya lo conoces, Pat, siempre tan acomedido el batito . . . —El teléfono el teléfono hay que ver quién es . . .

— . . . Good afternoon, Southwest City Estates . . . Oh, sí, señora . . . aquí está . . . Medeiros, es la mujer de usted . . . que si puede hablar. . . . Medeiros va al teléfono de la salita de atrás, oigo que exclama algo como contento, se despide y cuelga.

— . . . Ha llegado carta de Chema, por fin . . . ! Cómo está de contenta mi mujer, ya se imagina usted, hacía tiempo, y con aquellos amigos con quienes se ha metido, quién sabe cómo va a acabar este muchacho . . . Siempre tan inquieto, siempre buscando algo . . . tan idealista, sabe? Por eso, pues, no aguantaba ya en Rayón el chamaco . . . No sé para qué se fue a la capital . . . —México no está tan lejos, nos dijo al despedirse, —México

no está tan lejos, y allí dicen que hay trabajo y a lo mejor puedo asistir a la Autónoma de noche . . . No está tan lejos, y tiene que ser mejor que aquí, no? Les escribiré, les mandaré dinero, no está tan lejos . . . —así nos dijo, dice Medeiros. Viéndome distraída, recoge el rastrillo y se va por la puerta de atrás para trabajar hasta que pase Memo con los otros trabajadores para recogerlo.

OJOS JÓVENES LLENOS DE

MÉXICO NO ESTÁ TAN LEJOS

9 / HACE SIGLOS QUE NO ME ESCRIBES

Tú has estado pensando en una carta de María, que te ha mandado hace unos días, enviada desde Berkeley ... Su clase de La Raza History ha hecho una excursión a la biblioteca en la Universidad de California, Berkeley ... ha cambiado tanto tu hija, no sabes qué le pasa, cómo va a acabar esta chamaca, tantas ideas nuevas ... " ... **progresistas**, mamá, eso es lo que somos nosotros ... En nuestra célula de estudios, hemos leído a Marx, a Engels, a Hegel, a Lenin y hasta a Trotsky, estamos examinándolos a todos, a todos ... Por qué tú no me hablabas de estas cosas, mamá ... las injusticias ... tanta sangre, por tantas causas equivocadas ... Mom, you always taught me to know right from wrong ...

PERO DE ESTO OTRO TÚ NO SABÍAS TÚ NUNCA HAS HECHO NADA

Besides, continúa Venus, I don't think the communists have all the answers either ... De todos modos, yo tengo que resolver problemas **ahora mismo** ... simplemente, cuando cogen o meten a alguno de César, pues mi trabajo es sacarlo en cuanto sea posible ... somos entonces, nosotros contra ELLOS ... y entre nosotros y ellos, pues te digo Pat, de todo hay, hay de todo ... Queremos la justicia, y si nos acusan de impacientes, pues, ya era tiempo, no crees? Well, it's just that simple ... what are you so afraid of ... ?

IT'S JUST THAT SIMPLE

Mamá . . . I went to see a movie about Nicaragua, and met a lot of Latinos . . . estoy aprendiendo mucho . . . Y tú, mamá, qué me cuentas . . . ?

LA(S) CABEZA(S) MORENA(S) YACÍA(N) EN

EN UN CHARCO DE SANGRE SANGRE

CHARCO(S)

— . . . Mamá, hace siglos que no me escribes . . . Qué te pasa? Cuándo vienes a verme en Santa Cruz . . . ? Podemos descansar en la playa, puedes ver la biblioteca . . . Aquí estoy viviendo ahora en el barrio de la ciudad . . . es lo más curioso, aquí el barrio está entre las casotas de lujo, entre los hoteles de lujo, en frente del carnaval y al otro lado, la playa . . . Ya verás cuando veas a los cholos del barrio, entre la gente que viene de turista . . . qué contradicciones . . . it really makes you wish you could do **something** . . . Mamá, **yo quiero hacer algo,** yo creo que puedo hacer algo para ayudar a la gente, todavía no sé qué, pero después de ver estas películas que están trayendo mis profesores, las películas de Latinoamérica . . . I miss you mom . . . but there's things I need to talk to you about . . . Cuándo vienes a verme . . . ? — En la carta, tu hija te ha enviado unos folletos políticos . . . suenan a socialismo, comunismo (idealismo? qué otros -ismos se/te han conjurado s/t han sonado a escoger tartamuda meona a escoger)

SIGLOS SIGLOS

— . . . Mom, you still haven't answered about César and the March of Delano . . . qué no estuviste tú allí . . . ? Escríbeme . . . Love to Marisa . . .

JESUCRISTO? HIPPIE COMUNISTA?

OF COURSE

(eres slow, rete imberbe, but de veras creo vislumbro que estás catching ON . . . todavía estás relejos, pero vienes llegando)

—Cómo están muchachos, qué hay . . . ? saludo así a Memo y a los trabajadores . . . Puppet no anda con ellos, se me olvida preguntar dónde anda porque Medeiros viene y me empieza a contar de la carta de José María que le ha llegado de México . . . Memo me ha podido decir —Anda algo preocupa'o por Chema . . . aquí lo dejo para que empiece a componer el porche, al rato vengo por él . . . Vámonos, Carlos . . .

—Señora, como usted me ha preguntado . . . Viera que mi hijo anda en algo que creo que . . . tal vez no deba . . . Me cuenta en la carta que no saben cuántos fueron, esa noche en Tlatelolco . . . no se sabe . . . no se sabe . . . pero algunos están ya escribiendo cosas, cosas que nadie publicará, porque no se vio ni por la televisión ni en los periódicos ni en la radio nadie nadie dijo nada . . .

WHERE DID ALL THE PEOPLE GO MOMMY

Lo que se dijo oficialmente, ni se aproxima a la verdad, dice Chema en su carta, y el compañero de él ha estado trabajando, haciendo listas de los desaparecidos o creídos muertos . . . Pensándolo bien . . .

GOSH THE PLACE LOOKS SO EMPTY

NO LO VITES EN LOS NEWS? NO LO VITES NO LO

VITES?

Pones la televisión, allí está Joan Baez, toda moderna con pelo corto. — Tell us what you have been doing since the '60s, Miss Baez . . .

SINCE THE SIXTIES SINCE THE SIXTIES SINCE THE SIXTIES

—I've changed a lot, I think . . . Ahora me importa mucho el hecho de ser madre de un hijo . . . Acabo de venir de Latinoamérica, he visto cosas

que . . . tengo ahora que decirles que en ciertos países, no quiero decir que todos pero quién sabe, a lo mejor . . . bueno, en ciertos países en donde estuve, no me dejaron quedarme el tiempo que me correspondía . . . Por qué? Oh, eso sí lo sé . . . cómo no . . . En donde estuve, traté de ponerme en contacto, para hacer gestos públicos, y privados, de apoyo a algunos grupos de . . . de madres de hijos . . . que han desparecido . . . Cómo que desaparecido? . . . Bueno, eso es lo que se está empezando a preguntar la gente . . . Cómo . . . ? Y cómo es que la gente **tiene miedo** de hacer preguntas, de hacer más de lo que se ha hecho por estos grupos de madres, por ejemplo . . . Preguntar, actuar, no es lo mismo, pero es el comienzo, no cree usted, bueno en el caso de las Madres de Mayo, un grupo de la Argentina, ahora tienen el apoyo de mucha, pero mucha gente, a veces llegan a unos 2,000 los que marchan por las plazas . . . No, no tantos como los que se cree estuvieron en lo de México . . . pero **los desaparecidos** . . . ese número, **sólo ha llegado a un mero 30,000 de ciudadanos argentinos** . . . Pero hablando de lo de Tlatelolco y las estadísticas . . . por allí empieza, comprenda usted, Mr. Donahue, por allí empieza . . . Sólo es necesario que todo el mundo mantenga silencio . . . Y como ya hace tiempo que yo no me callo . . . Pues, fuera de mi país, Joan Baez, tú eres **troublemaker** . . . Sí, sí, yo también marché con Chávez, cómo no, puesto que yo ya era una convencida . . .

KENNEDY BAEZ MUST BE COMMUNIST

En 1967, ese verano en tu clase con el profe no tan chochito de España, y después, muy poco después de recibir una carta de María tu niñita, tú lees unas líneas de poesía indígena que se te clavan, se te clavan porque te acuerdan de algunas preguntas que te ha hecho María, tu hijita allá lejos . . . **Todos son idos** . . . Todos son idos . . . Todos son idos . . .

A DÓNDE SE HA IDO TODA LA GENTE MAMITA

Entras a una oficina de médicos, llevando a tu hijita Marisa . . . No, Marisa no tiene nada grave, solamente tu cambio de vida, tus paranoias,

tus imaginaciones, tus desvaríos, eso es lo que realmente tiene Marisa, como lo tuvo María, pero back to the point: en la sala de espera (oye, tú te has pasado la vida esperando, no crees, mensidumbre?)... en la salita de espera, levantas una revista vieja (churida? ja ja ja) para ojearla, sí es una revista bastante usada, crees que es LOOK o LIFE o algo pictográfico panográfico con poco guión sabes tú porque tú tú no no no quieres pensar cosas serias cosas serias como la última carta, la única carta siempre, de María... Abres la revista, esperando a Vittorio, no, no no es esperando al médico eso es, abres las páginas a donde caigan ... y te cagas porque ves ... retratos de madres en desfile, brazo a brazo con un escritor premiado por el Premio Nobel nadamás y nadamenos que madres reclamando pidiendo respuestas PREGUNTANDO dónde están nuestros hijos? Qué han hecho con nuestros hijos (inclusive hijas desaparecidas ... Rápido, das vuelta a las páginas, tú no quieres no quieres no quieres ... **lápidas** ... **N.N** .... Ningún Nombre ... N. N. N. N. N. N. N. N. NONONONONONONONONONONO

—No sé lo que le está pasando a mi país ... Estamos en la oscuridad, todos estamos muy deprimidos por lo que está ocurriendo... dice algo así el laberíntico escritor reconocido, J.L.B ... Sí, sí, es él, es él allí con su bastón de ciego y tristón y filósofo en la penumbra ... (está vestido de negro? ja ja jaja)

THAT INDIAN PLACE LOOKS SO EMPTY MOMMY

Algo, algo huelo mal en Southwest City y tú lo sabes y lo has sabido pero no haces nada porque tienes miedo ... de ARGO ARGO ARGO

POR QUÉ CORRES QUÉ TE PASA ESTUVISTE TÚ

—Of course I marched with Chávez, dice Venus, tu amiga pelirroja, amiga desde los años de universidad en los '60, ahora Venus es abogada y trabaja con Chávez mismo ... No mijita, qué va, ella nunca perdió el hilo ... (y tú y tú y tú y tú y tú y tú y tú y tú y tú y tú)

OF COURSE

—Communist? Oh, crap . . . mierda, seguro . . . si yo nunca fui comunista! Oh, sí, claro, entre nosotros, como en cualquier grupo activista en estos años, cómo no, pero EL? Crap, puro crap . . . De dónde saca la genta estos labels, estos nombres? Solamente queremos ayudar al campesino, punto y se acabó . . . y al chicano, y si podemos, al pueblo entero . . . **Pero comunista** . . . soy mujer casada que tiene que vivir como soltera por el trabajo, y se acabó, te digo, se acabó . . . And what if I **were** communist . . . me ibas a querer tú menos? Qué importa más, la etiqueta, o lo que realmente yo hago . . . Tú contéstame, Pat, tú dime . . .

Y DIME AHORA QUE URGE Y ASÍ

Cuando vengas a ver a María en California, continúa Venus, ven a verme, Pat, hace tantos años . . . Brrrriiiinggg . . . Oh, oh, tengo que colgar, ai va el teléfono . . . cogieron a unos huelguistas en Salinas y estamos preparando un pleito . . . Sí, la llamada es para mí . . . mira, llámame cuando llegues con tu familia en Fresno, y veremos cómo puedes venir a ver nuestras oficinas . . . Ya aquí podremos hablar de eso que me preguntaste de César . . . Que si es **vendido**, César, vendido . . . Ja, ja, ja, that's a good one . . . Ah, qué la gente . . . Bueno, call me, okay? Love to Marisa and María . . .

Y TAL VEZ ASÍ NOS SALVES

Notas de cuaderno, escuela de verano (sigues leyendo momentos antes del examen en la clase del profe exiliado y mediochochito): "Perspectiva histórica del pueblo mexicano: No había lazos entre las tribus del Norte y las del país . . . eran guerreros siempre, varias tribus . . . se hablaban más de 80 lenguas . . . los españoles, también acostumbrados a la lucha. Lucharon contra los moros por seis siglos . . . La política ha sido la vida de México desde su independencia . . . La revolución se acabó en su fase violenta, pero sigue en revolución pacífica . . . " Tú no puedes concentrar bien, hace días

que Elvira no ha sabido del padre Nacho, cree que se ha ido a Cuernavaca "a estudiar" por unos días . . . Estudiar qué? le preguntas a tu amiga, ella te contesta I don't think you really want to know, Pat, te dice, de veras, mejor que ni te diga . . . En la veranda, tomando aquella cerveza con el padre Nacho, les contó de los antepasados de los niños que se educaban en el Colegio antiguo de Tlatelolco . . . Según la historia, los mexicas eran desendientes de los aztecas, y los ascendientes de éstos vienen de la región donde confluyen el Colorado y el Gila . . . lo que es ahora Maricopa County en Arizona . . . bueno, de tu tierra, Petra . . . de 'Snaketown' creo que así le llaman . . . " Elvira y yo nos reímos del padre Nacho y su pronunciación en inglés . . . había dicho algo como **snacktaun** . . . y le preguntamos de los Hohokam, la tribu desconocida . . . Así bajamos riendo y llenos de vida a la Plaza, aquella tarde . . .

BBBBRRRRIIIINNGGGG . . .

—Señora Petra, mire, aquí me envió esta lista, en este folleto, mi hijo Chema . . . Sabe, si es como ellos dicen, entonces lo que hace ahora . . . pues, creo que lo tienen que hacer . . . Fíjese que la lista es apenas parcial . . . no saben, como le dije antes, cuántos han sido, no saben todavía . . . Tú tomas la lista, pero tú ahora no quieres no quieres no quieres no quieres recordar

BBBBBRRRRIIIIIINNNGGGGG . . . ..

De sobresalto, despiertas al oír el timbre de la puerta . . . La última carta de María se cae de la mesita, donde la has dejado abierta poco antes de dormirte, esperando a Vittorio . . . Te levantas, recordando la lista del hijo de Medeiros y la carta de María a la vez, confundiéndose los dos papeles, debido a quién sabe cuáles analogías o semejanzas o comparaciones que has hecho en el sueño y en el recuerdo . . . —Querida mamá: No te asustes, estoy bien . . . Viajando por Munich con el grupo de la universidad, en julio conocí a un chileno exiliado . . . **entre los desaparecidos cuyo nombre**

sabemos figuran los siguientes estaba en un trío de muchachos cantando en una esquina, nos dimos cuenta que cantaban en español **Sergio Beltrán, Tomás Figueroa, Anastacio Esquivel-M.** fui y los saludé, les dio tanto gusto que les hablara yo en español soy chicana les dije **Clara Belia Pimentel, P. Ignacio Flores** . . . se llama Antoñio San Miguel . . . **P. Ignacio Flores** mamá yo lo quiero, es comunista es hombre y yo mujer, lo quiero, y se acabó . . . Y SE ACABÓ TOTAL SUMA FINAL Y SE ACABÓ . . . tú abres la puerta, y allí está Marisa en brazos de Vittorio, la única mujer que tú puedes ver en brazos de Vittorio

TODOS SON IDOS

La lista del hijo de Medeiros era parcial . . . suma a unos doscientos nombres por lo menos, entre ellos el nombre que tú no quieres no quieres

VIVIL O ????

—Vittorio, te necesito esta noche . . . No te quedas con nosotras, conmigo un rato . . . un ratito nomás . . . ? Vittorio te dice que no tiene tiempo, que eres incurablemente romántica, y te quedas con Marisa en los brazos, tratando de no recordar . . . ARGO— . . . Cierras pronto la puerta, porque esta noche tú no quieres ya de ilusiones, de ojos hermosos, ni de estrellas que te recuerdan te hacen a pesar de ti recordar OJOS JÓVENES BRILLANTES ESPERANZA

10 / LA VERDAD ES QUE

La mañana siguiente, te despiertan unas manitas morenas . . . —Mommy . . . ? Mamíta . . . ! Marisa está sentada sobre ti, te está haciendo cosquillitas— . . . ticoticoticotico . . . Mommy, why aren't you laughing . . . ? Tú no te ríes, recoges a Marisa en los brazos, levantándose las dos ahora, y le murmuras al oído . . . —Todos son idos, mijita, idos todos . . .

En el trabajo más tarde, tú trabajas como distraída . . . Cuando entra Memo solo para recoger los recados del día, te das cuenta de repente que hace algunos momentos, tu amigo te ha estado hablando . . .

— . . . Pat! Qué te pasa . . . ? Petra . . . !

— . . . Qué . . . ? Oh . . . Memo . . . Todo esto pasó entre nosotros, Memo . . . Todo esto lo vimos . . . idos . . . Puppet, Félix, Nacho, todos . . . un hilo de . . . charcos de . . . siglos y siglos, Memo . . .

— . . . Pat, me dice Memo, tomándome de los brazos, Petra, escucha: I **know** . . . pero escucha, mija, tengo qu'ijirte algo . . . Me estás escuchando? Pos mira, ya les hemos sacado a la chota la verdad . . . no lo vas a creyer . . . Sí, sí, de la muerte de Puppet, de cómo jue . . . Pat . . . ! Pat! . . . Qué te pasa, Pat? Carlos, Medeiros . . . Vengan a ayudarme, se ha desmayado la Pat . . . !

LA VERDAD

— . . . Mira, Pat, vale más que te vayas a la casa a descansar . . . No, no vayas al funeral por la tarde . . . No, no, I don't think you can make it today, mija, escúchame . . . después paso a verte, y si te sientes mejor, entonces te platico . . . Si quieres, te llevamos ahora nojotros a la casa . . . ? Bueno, vete y nos vemos después . . .

La verdad es que, camino a casa tú sigues con los pensamientos confusos, agitados . . . Hoy entierran a Puppet OJOS HERMOSOS BRILLANTES tu hija María quiere a un comunista Europa no está tan lejos, mamá, te escribiré tenemos muchas esperanzas es exiliado porque TODOS SON IDOS TODOS SON IDOS al pozo con el batito —Where have all the people gone Mommy? OJOS OJOS qué te piden qué te preguntan —Somebody has to do something, Pat, somebody has to do it . . . —Oh Memo, yo no sé nada . . . TODOS TODOS vienes bajando de los cerros el camino se hace hace largo quién es quién es te vienen siguiendo vienen vienen por la noche por el día but I believe in the police fueron dos chotas but the immigration has a job to do LA MIGRA LA MIGRA AI VIENE AY AY AY ojos llenos de confusión chisporroflequitasdeesperanzasepueden casar los curasnononononono N.N.N.N.N.N. tristón y filósofo así te has vuelto vienen ya vienen ya tú vienes aquí aquí aquí está correcorrecorre corre qué le habrá pasado al hijo de Medieros hace tiempo que no qué le pasará a tu hija hoy entierran a Puppet ayer ayer ayer apenas fue ayer Félix apenas eran niños apenas tú imaginas voces jóvenes llenando voces jóvenes llenos de vida llenando este lugar desierto no saben cuántos nadie dice nada fuera de mi país Joan Baez dónde están mis hijos la política la política lo que tú creías lo que tú creías la verdad la verdad qué es qué es dónde dónde quién te dirá quién dónde correcorre ya vienes llegando ya vienes pero ai ai viene ai viene correcorrabrepuesabreabrelapuertahasidolargolargoelcaminolargolargoargoargoargo llegas a la puerta sacas las llaves la llave argo argo largo largo ai stá ai stá un muchacho sentado esperando ai stá esperando a alguien argo en la piscina

ai stá stá vestido de negro argo tú no quieres no quieres ver más claro mejor todavía no no no eso es trabajar trabajar escribir qué qué pues qué vas a escribir entras te falta el aire entras cierras la puerta para no no nonnnnN.N.N. te echas al sofá el sofá cuántas cosas no sabe esta salita esta salita de espera qué esperas nonononono no has podido dormir en muchos días el velorio polkadots velas un cerco bonito de velas ah qué Puppet más tapaderas como tú cuando eras niña no tenías este miedo este ARGO hacías decías actuabas para quién para qué actuabas quién eras quién eres tu nombre tu nombre dónde está por qué no has hecho nada ya el periódico no quiere no puede la chota no quiere no puede entonces entonces déjenme en paz la tranquilidad el silencio nonononono ya no te pasa algo ARGO por qué por qué no has dormido en muchos días

Memo está sentado en el sillón de terciopelo verde, tú como siempre lo escuchas sentada en el sofá de vivos colores, de flores grandes de vivos colores. Hace rato que te ha estado diciendo lo de Félix, de cómo lo habían encontrado él y la Nancy, en la sala de su casa, aquella noche . . . —Había unos sonidos . . . algo chistoso, raro como . . . como que alguien si estaba ahogando ahí adentro . . .

BBRRRRIIIIIIIIIINNNG.......BBRRRRIIIIINNNNGGGGG.....

—Pat! . . . Pat! . . . Abre la puerta, Pat . . . estás bien? . . . Pat! Oigo la voz y los golpes a la ventana de Memo, me doy cuenta que me he quedado dormida en el sillón en la sala, exhausta . . . cuánto rato ya? . . . había soñado con OJOS OJOS con María con Marisa Vittorio LA MIGRAAAA con APENAS ERAN NIÑOS con Memo con algo algo ARGO extraño no podía recordar bien qué fue qué . . . traiciones, algo de traiciones . . . ARGO HUELE qué fue qué

Samuel Longoray sonríe grande a su amiguito–discípulo y le dice en una voz dulzona, —No se escame, Félix, soy su amigo . . . ! Nomás le quería invitar a una fiesta, es todo . . . We been getting some good stuff,

ése, too bad que ya no le quieres jalar igual . . . pos son tus negocios, it's
cool, man . . . Suave . . . vámonos nomás por un ride . . . We'll just stop by
my pad for somethin' que dejé . . . No, naw . . . don't look like that, I ain't
gonna hurt you or nothin' . . . es una caja de feriecita que se me olvidó
entregar someplace, ai la dejé en el cantón . . . No te asustes, Félix . . . A
grudge? . . . Who, me, carry a grudge just cause you . . . It's cool, look, I'll
even let you have a drag of some of this good, I mean **good** Venezuelan
mota . . . Tá mejor que aquel Colombian mix we had in this summer, I
mean, this stuff makes you feel soo goood, you'd wanna fuck Cerote, here,
ain't that right, Cerote, it makes you **fly**, man, te pones a volar tan alto que
no te gana nadie de **macho,** I mean I bet that virgen ruca of yours would
even let you fuck'er . . . Cálmate, cálmate, I was just jivin' . . . I mean, how
should I know if you . . . I mean if she does or she doesn't . . . Hey look,
there's la gringa Beatrice . . . —Hey Beatrix, wanna come to a party . . . ?
Ja, ja, seguro que viene la cabrona, cuándo dice que no . . . Sí, I know she's
been everybody's meat . . . Oye, Félix, cómo te 'stás poniendo goody–goody
. . . **maricón** . . . no, I said muy matón, ése, you oughta know . . . I mean, you
been my main man since you was a mocoso, ése, remember? Come on,
Félix, just a little drag, see . . . ? That's right, deep, deep, that's it . . . I mean,
oh here's the cantón, Cerote, go ahead and pull in the drive, back there by
the hedge, in the sombra, there . . . Come in and see, compadre . . . You
feelin' **good,** huh . . . ? See, I told you, Cerote, Félix is my main man . . . I
mean, he's **raza** . . . Come on in here and sit down on the sofá, compadre,
nomás voy a buscar algo acá in the back of the house . . . Cerote, give Félix
a **copita** to go with that goood **motita** . . . You ain't gonna get that stuff
where you been sleepin' these days, bato . . . See, Cerote, I tol' you mi
compadre Félix wasn't no **Malinchi** . . . Si no traigo nada con mi compa . . . Just
to prove it, I wanna share this stash of . . . Hey Cerote, wouldn't he **really
love** that coke we been sellin' . . . No, listen, I know you been trying to get
off the mainlining, I mean if you was like a **customer** desde cuándo . . .
Come on, compa, **mi casa es su casa** . . . Hey, aí llegó la Beatrix . . . —Come

on in, Puta . . . ja, ja . . . ! Es una fiesta pa' mi compa Félix, that's right . . .
just like ol' times . . . Cerote, we need some **discos** . . . no I don't want no
mariachis, I heard enough of that in Mass this mornin' . . . Boy, that was
really inspirin', compa, you shoulda **been** there . . . Oh, sorry, that's right . . .
Well let's put on some **mood** music . . . "I wanna **fly** like an eagle . . . "
Thaaat's riiight . . . Hey, compa, let's really **fly**, compa, I mean, Cerote can
fix you a **real** high-flying kind of fix . . . Ah come on, compa, **no se raje**, ni
que tuviera verijas . . . Aaaalll rrriiight! Ve, Cerote, my compa and me,
we're like **brothers,** seguro, puros hermanos, and he's no Malinchi, I tol'
you . . . Hey, Puta, ain't this some **fiesta** . . . Félix here he been my long-lost
compadre, that's what . . . WHOOOOEEEEY!

QUERÍA DECIRNOS ALGO PERO NO PODÍA LOS OJOS

—En esos días, se levantaban como víboras por todas partes . . . Había
mucha gente que nos quería escuchar, lo que decíamos de por qué
marchábamos, qué queríamos . . . Por qué . . . La raza, that was the worst
. . . como víboras algunos de ellos a veces . . . Los rancheros, pues ya sabíamos
que ellos, pues que **no** . . . pero nuestra propia gente no quería escuchar, I
mean, they wouldn't even let us talk, a veces . . .

(ya ves? ja, ja, qué te dije te dije te dije ja ja)

—Eran como las dos, tres, de la mañana, —te está diciendo Memo
sentado allí en tu sala, y la Nancy había oído que habían entrado gentes
dentro de la casa hace rato . . . I got scared, Pat, I don't know what made
me **know** what had happened . . . lo que le habían hecho aquéllos . . . **víboras**
. . . Y eran raza, te imaginas, pura raza . . . vendida . . .

(la garrita, la garrita, ai viene la garrita, ji ji ji ja ja)

—Business been so good, compa, too bad you didn't want no more to do
with it . . . Tan suave, ha estado que . . . Cerote, bring out that little surprise

we got saved up for **mai** friend . . . No, I was just saying that we been doin'
so **good,** why I think I'm gonna take the little woman, yeah my wife, not
you Puta, and maybe the kids too, guess where? . . . Over the ocean blue
. . . to Hawaii, ése, how's that for **making it** . . . ? Who says the raza can't be
successful? Seguro, I got me a real big piece of the pie, ése . . . That's it,
Cerote, easy does it, he ain't gonna feel a fuckin' thing . . . How about an
abrazo, compa . . . Yeah . . . !

Y A LO ÚLTIMO A LO ÚLTIMO Y LOS OJOS ESPANTADOS
AAAGH AAAAGH

—Eran como las dos, tres de la mañana y yo sabía que . . . something
was wrong, había unos sonidos extraños que vinían de la sala . . . Unos
ronquidos desesperados, asina . . .

> Memo corre desesperado a la sala hacia los ronquidos, hacia el
> bulto en el rincón del cuarto, hacia lo que había sido su hermano,
> que ahora era un bulto sudoroso, lacios brazos y piernas como
> como muñeco de trapo un bulto con cara de su hermano pero sin su
> hermano ya un bulto de ronquidos llama la ambulancia Nancy
> grita desesperado el hermano del bulto, abrazando mientras
> abrazando a lo que le han dejado de su mientras sollozando
> entonces aullando NNNOOOOOOOOOOOOOO OOOOOO

SABEN SUS NOMBRES PERO NO LOS NOMBRAN NO VITES YA?
NO LO VITES EN LOS NEWS?

— . . . se levantaban como víboras por todas partes . . . (y todavía le
sigues? No lo vites . . . ?)

POR QUÉ CORRES QUÉ TE PASA CORRES CORRES

—Writers' paranoia, te dice el médico rubio y rete mangote, ojos cool-
blue, calm and collected él, —writers' paranoia . . . it's really a very com-

mon mental ill . . . disturbance. If you like, I can recommend a good book, with definitions and all that . . . Eso es todo lo que te hace falta, te dices, que te digan que de veras estás loca, no que te crees loca, sino que por ai te va patinando por . . . (tus desvariacas, ja)

QUIÉN TIENE LA CULPA QUIÉN

La culpabilidad. Qué es, de dónde calcular que empieza, que tú no puedas distinguir ya entre amigo o enemigo, que hace que tú veas sientas pienses te vayas des des des in te gran doooo hacia adentro

—I'm sorry, Petra . . . I ah, I didn't get that word you just . . . it means what? . . . Oh. Mah–leen–cheeh . . . Say, wasn't that, she, someone from Aztec times . . . the woman that . . . She was Cortés' . . . Nurse! Nurse, come quick, Petrah passed out! Sheesh, what did I say . . . ?

LA VERDAD ES QUE

Tú lees en alguna parte, un noticiero chicano crees, que hay un alto promedio de chicanos en los hospitales mentales, para no decir que otros tantos están rete alzaditos en los asilos permanentes . . . pura gente descombobulada . . .

LA VERDAD

—La horrible verdad es que somos una raza en crisis, te escribe el amigo redactor del noticiero, y no sólo es por lo de la identidad, ese tema tan de moda en estos días . . . Algo huele, I've just heard this all too many times before, Pat . . . algo huele mal y no solamente es en Southwest City . . .

(algo huele y tú lo sabes y lo has sabido pero tú nunca has . . .

BBBRRRIIINNNGGG . . . BBBRRRIIINNNGGG . . . BBBRR . . .

El teléfono sutilmente ha cobrado vida propia, le has explicado al medico. A veces, tú sabes, que ALGUIEN más está escuchando tus conversaciones,

que SABEN lo que tú estás pensando y entonces HACEN que suene el timbre el teléfono la puerta para estorbarte el hilo para estorbarte simplemente para

BBRRRIIIINNNNNGGG . . . BBBRRRIIINN . . .

—Aló, Petrina! Me llamaste? Que si te llevo al siquiatra por la tarde . . . bueno, iba a salir a . . . con . . . Por qué, qué te pasa ahora . . . ? cómo que te están siguiendo . . . Quién? . . . Pero no entiendo por qué te van a querer hacer algo a ti, para qué . . . Bueno, all right, I'll come over, but you must **want** something to happen to you, I mean, you're not **that** important, I mean, what did you do that . . . ? Pat? Pat . . . ? Ya, ya, pues, stop sniveling, I'll come over, but can't you do something about all this emotional mess? Sí, sí, ahora vengo . . .

(vienen ya vienen ya tú vienes llegando pero es tarde no sabes si muy tarde o demasiado tarde ya vienes qué le habrá pasado a)

Memo entra a la sala, me toma del brazo, me lleva a la recámara, hace que me acueste. —Pat, te iba a contar lo del funeral, pero mejor paso por aquí mañana antes del lonche . . . como a las once, vas a estar? Okay . . . Ah, quieres que te traiga a Marisa de la babysitter? . . . Oh, Vittorio va a . . . 'Tá güeno . . . Quieres que te llame antes? Güeno, intonces nos vemos temprano . . . Bye, m'ija . . . Antes de salir, cierra las venetians y me quedo en el cuarto semioscuro viendo que por algunos agujeritos a la orilla de la persiana, van filtrándose algunos rayitos de luz . . . como polkadots de luz bailando como oh nononono tú no quieres no quieres

Cuando llegue Vittorio a su apartamento, tu castillo digo, cuando entre como un rayito de luna tú correrás a sus brazos en tu más diáfano con tu pelo henna y él Vittorio muy masculino y sonriente iluminando tu senda y tu niña perfecta correrá a sus brazos toda perlitas como un rayito claro de luna LA ORQUESTA TOCA a todo dar

BRRRRIIIINNNNGG . . . .

Vittorio te ha llevado al shrink; éste te está diciendo . . .

—You know, Petruh, that's a little far-fetched, don't you think, that someone is following you . . . What? They're dressed as City laborers . . . as construction workers . . . they're Mexican . . . ? I thought last week it was the police . . . Oh, it's the United Parcel men . . . I see, you think they're out to get you . . . Unjum . . . Tell me, just how far back can you remember some kind of fear . . . related fear, I mean . . . Ajá . . . LAAAA MIIIIGRRRAAAAA . . . But the immigration has a job to do . . . (y todavía le) . . . Oh! Oh, Oh . . . ! I do think we have something here . . . You say you were afraid of your father? That he said you were a . . . ? When was that? Ahah! Ah hah . . . back to that name . . . You felt you might have sold out at some point, is that what you feel . . . ? (y todavia le le) And what about your mother, what did she . . . ? Ah! And how do you Feel About that? Ahah! EL DIVORCIO was an aberration to your tribe if your hand offends you ah qué cabroncito mi shrink cuando ya le iba tomando cogiendo vuelo dándole al trompo se le ocurre otro And how do you Feel About That? (Crap, cuando tú tan suave que te estabas entusiasmando confesando virtiéndote toda en catársis consagrada And How Do You Feel About . . . ?)

BBRRRRIIIIINNNNNNGGGGG . . . . BBRRRRIIIIIINNNNG . . . .

— . . . Memo? No, I'm not going to the shrink this afternoon . . . yeah, it's okay if you come back later on today, Okay, si no puedes ahora, está bien . . . Te veo más tarde . . . Qué . . . Oh, porque . . . porque . . . Pos, porque me fijé que el doctor tan mangote y tan azul–bonitos los ojitos, pos, fíjate que me fijé un día que traiba pantalones de vaqueta . . . sí, de veras, muy shiny . . . I think that's when I decided that . . . Ja, ja, ja, yeah, qué romántica soy, verdá . . . Okay, viejo, ya te veo . . . Bye . . .

BBRRRRIIINNNGGG . . . . BRRIIIINNGGGG . . .

—... Mom? ... Habla Petra ... Ajá, te llamé pero me dijo la Patsy que andabas en casa de la Belita ... ah, qué mamá, cuándo le vas a parar ... Siempre babysitting o limpiando casas ... Listen, talking about babysitting ... Puedes venir a quedarte con nosotras unos días ...? Bueno ... no, no te asustes ... pero sí, pues, ando un poco mala, no te había querido decir nada antes para no ... Pero I need you, mamá te necesito, puedes venir ...? Te mandamos el boleto ...? Tiene que ser de camión esta vez, porque ahorita yo no puedo ... Ah, qué suave ... okay, me avisas del vuelo y la llegada y estaremos esperando ... Mamita, cómo te quiero ver ... I've been so sick, no he sabido qué ...

(ja ja ja ja I bet que no has sabido qué jajajaja y todavía le)

BBRRRRIIIINNNGGGG ....

Corres a la puerta pero antes miras por la ventana para asegurarte de quién es. Memo entra, trae a Marisa de la mano, te dice que —Pensé que así no tendrías que salir hoy, Pat ... Nomás me puedo quedar un ratito porque queremos pasar por el hospital para ver si puede hablar todavía el tío del Puppet ... No, 'stá muy grave todavía y como ha sido el único testigo ... Pos quién sabe qué fue lo que vio, qué les jicieron aquella noche ... Quién sabe ... Algunos amigos-chotas de nojotros, tampoco no han tenido suerte en averiguar la cosa bien ... Mira ... no, no te pongas asina, mejor descansa y después, cuando te sientas juerte, te platico ... Some of us ... we been getting crank calls, que no le escarbemos más a la cosa del batito, así que mejor descansa y LA VERDAD te la cuento más tarde ... Qué? ... Oh! Oh, sí, el funeral ... pues, Pat, eso sí que ... pos, no lo vas a creyer ... Ah, qué Puppet, ji ji ...!

QUÉ HACES PARA NO AMARGARTE QUÉ

LA VERDAD

—Pa'ijirte la verdá, Pat, jue algo que no habíanos esperado, naide pos lo había pensado, así que cuando pasó . . . Man, I can't help it, it was . . . Memo empieza a reir bajo, entonces más fuerte choking por fin —Te tengo que explicar que ya había empezado el servicio, cuando todos pos están muy serios ya . . . Estaba ai el padrecito diciendo sus cosas, y nojotros pos todos tristes y choking up . . . Naide quiría ser el primero en llorar, pero tú sabes, qué se pudia jacer, ya pa'ntonces, habíanos algunos empezado el chorro, I mean, we couldn't help it, con toda la familia del Puppet allí y viendo al chamaco puro retrato del hermano que 'stábanos interrando, pos . . . we couldn't help it, sabes? . . . It was quiet, real quiet except for the padrecito talking to us . . . Cuando . . . ji, ji, ji, oh Pat si lo hubieras vido . . . ji ji . . .

El cementerio Southwest City Memorial, Westlawn, queda, pues al West/oeste de la ciudad. Los entierros de la raza se hacen en un rincón remoto, lejos de los prados verdes siempre watered y los caminos son polvorosos . . . los que pueden, tienen sus plots en el pasto fértil, y los que no, pos por ai los entierran, uno encima de otro a veces, como en el caso del amiguito que ahora está elogiando el cura en tonos sonoros que flotan sobre el grupo vestido en colores oscuros . . . La madrastra hipea y solloza encandalosamente . . . cuando se oye un carro que viene por el camino de grava y polvo hacia el sitio . . . El coche rechinadamente para a unos metros, pero nadie del grupo voltea . . . excepto Carlos . . . quien da vuelta casi ahogándose estornudándose sofocándose

TODOS SON IDOS ESO ES

—Llegaron las tres juntas al funeral, Pat! Sí, sí, las tres **fiancées**– . . . aquí Memo empieza otra vez a reír y ahogarse a la vez, estornuda, se seca los ojos, la cara, ríe llora continúa— Las tres chavalas, juntitas . . . Sí, del carro ése que llegó tarde, salió una, primero: la del rosario, pensé o qué suave aquí llegó la fiancée, intonces salió la del janillito y aquí pensé o no ai

viene el picture show entero cuando simón ai salió la INEREST . . . ! Las tres
llegaron juntas, y caminaron juntitas juntitas, y jueron a tocar el casket y d'ai se
abrazaron las tres muy cariñosas . . . ! I mean, it was sad, really sad . . . pero de
veras que nojotros apenas aguantamos más, sólo pensando en las ocurrencias
del batito . . . tres comprometidas y nunca dijo na' . . . ! ji ji ji ah qué Puppet
cómo de a tiro pudía ser más . . . ji ji . . . qué te parece . . . ? ji ji Ay, vale más que
vaya saliendo ya, me están esperando en Santa Cruz . . . Oh, te dije que lo
tienen bajo police-guard al tío del Puppet . . . ?

LA VERDAD ES QUE TE HAS IDO

Tú todavía no puedes no quieres no sabes lo que es LA VERDAD pero
te parece muy funny rete chistoso oloroso todo eso y te parece really
divertido tres fiancées juntitas las tres llorando por el batito te parece que
ésa también es verdad que ellas las tres no se amargaron para siempre un
secreto de tu gente de la gente de mucha gente de muchos colores pero en
este momento el amor se sobreimpone al rencor al resentimiento los malos
recuerdos al dolor la verdad es que pudías ser más tapaderas y no te hemos
olvidado batito ni tu triste fin LA VERDAD ES me parece que la verdad
fue y y hay que preguntar por AI AY ARGO GÜENO

11 / DISCURSO DE LA MALINCHE

Eres tú Malinche malinchi? Quién eres
tú (quién soy YO malinchi?)/vendedor
o comprador? vendido o comprado y a qué precio? Qué es ser lo que tantos
gritan dicen vendido–a malinchi–e qué es qué son/somos qué? a qué precio
sin haber estado allí nombrar poner labels etiquetas qué quiénes han
comprado vendido malinchismo qué otros –ismos inventados gritados con
odio reaccionando saltando como víboras como víboras SUS OJOS como
víboras qué quién qué

—Les voy a contar unos cuentitos, hijos míos, unos cuentitos muy breves,
entrecortados a veces parecerán lo serán tal vez confusos pero es que hay
que seguir este hilo este hilo de

A BUEN ENTENDEDOR POCAS PALABRAS (ja ja nomás que
empujes los botoncitos, verdá verdá y facilito ja ja ja jálele nomás las cuerdas
apropiadas y mira cómo baila cómo baila como como marioneta como títere)

—Vinieron en número simbólico: eran **doce**, los conquistadores ajem
los misioneros digo, espirituales y tuvimos muchas crisis de de identidad
de de creencias de de —ismos porque eran nuestros señores los que
habíamos esperado tanto tiempo habían venido para rescatarnos de una

herencia sangrienta piramidal funesta y queríamos creer en ARGO y algunos YO les ayudamos YO les creímos porque era mejor no? era mejor no?

AND YOU BOUGHT IT LIKE I SAY AND YOU BOUGHT IT LIKE I SAY OH TÚ ERES UN/UNA

—No se deje, ése, cablón Ca'los, hay que preguntal argo argo güeno, pol qué no mi mila, siñola Pat, pol qué . . . ?

OH WERE YOU THERE WHEN THEY CRUCIFIED MY . . . **Estuviste tú** . . . ?

—Usando la terminología tan de moda y **tan útil** hoy día, les voy a contar de mis años formativos: a la edad de cinco, más o menos, dejé de ser la hija mayor predilecta de mi tribu, cuando **me vendieron** algunos parientes muy próximos, a unos compadres más lejanos, que **me compraron** . . . a qué precio? no sé, yo solamente recuerdo que me fui pataleando que quería a mi mamá que por qué me había abandonado mi papi sí sí yo gritando fuerte por qué y ellos amárrenla es algo adelantada algo volada se cree princesa se cree hija de su padre se cree mucho eso es no sabe su lugar es una amenaza a la tribu llévensela llévensela es una amenaza a nuestra causa eso es sólo aprendió a decir disparates a decir acusar con LOS OJOS y no querían pues troublemakers en su país.

YES YOU BOUGHT IT LIKE I SAY OH YOU BOUGHT IT

—El país, pues México, Aztlán . . . ? Bueno, podría haber sido un poco más al norte o al sur, lo mismo da ahora, lo que les decía era **mi versión** eso es, mi versión como . . . como mujer, ajá, y que se establezca la famosa dialéctica con las otras versiones que ustedes ya rete bien conocen . . . Oh no se hagan ya los desentendí 'os, no se hagan ya . . .

Y A MAL ENTENDEDOR MUCHAS CON DIBUJOS CAUSE YOU BOUGHT IT LIKE

—. . . lo habíamos esperado mucho tiempo, yo eso recordé cuando lo vi, pero lo primero que sentí fue una atracción como pues como mujer y él hombre . . . Eso fue lo que primero sentí . . . había otros más hüeros que EL y otros que eran morenos y aún más como nosotros (por fuera, no?) pero por qué no quieren entender que lo hice casi todo por el **amor** y no por ningún rencor ni ambición . . . Traicionera . . . ? Por el idioma, que yo les ayudé que yo **vendí a mi pueblo** . . . ? Saben qué, ustedes saben mucho de —ismos y —acias pero les aconsejo, mis hijos, que busquen las respuestas **adentro** y más allá de las etiquetas implantadas y echadas al espacio en reacción odio violencia . . . Lo que pasa, que somos muy listos, muy listos, y aprendemos muy bien ciertas cosas que francamente siguen siendo **la misma** piramidal funesta jerarquía . . .

CAUSE YOU BOUGHT IT LIKE I SAY WELL THERE WAS ANOTHER WAY

Otro Modo De Ser

Otro Modo Rosario Otro

—Y lo que YO Malinche malinchi les digo, es: SHOW ME. Porque lo que he visto, no en todos los casos es cierto, que siguen siendo, en nombre de todas las causas, **chingones y chingadas** . . . para variar . . .

LOS CORDONES DE LOS MITOS

—. . . o para variar . . . el chinga-doer y el/la chinga-dee . . . NO VITES YA? (y todavía le)

HAZ GARRAS LOS CORDONES DE LOS

(y la garrita, malinchee, y la garrita por ai que viene te viene bus bus)

BBRRRIIINNNGGGGG . . . .BBRRRIIINNNGGGG

— . . . Aló, sí, soy yo, Malin . . . Pat, Petra . . . Oh, cómo andan Loreto, cuánto tiempo que no . . . Ah, de veras . . . tienes razón, sólo fue anteayer, ayer . . . sí, fue ayer el funeral pero yo no pude sí, eso ha de ser, una crisis de . . . **nervios** . . . (es lo que te hace falta ahora, no crees ja ja Maleench' Mah–leehncheeh) . . . qué . . . perdona, qué decías, Loreto? No, no he escrito **nada nuevo** (es todo **viejo** ja y todavía le) pero lo sigo pensando, dándole vueltas como si así le pueda ver mejor . . . Yo sé, yo sé, ando algo descombobulada . . . hasta me imagino que me siguen que me pasará algo, pues como te dije la otra noche . . . Y tú, qué me cuentas . . . ? Traicionera? . . . Oh, oh **la chota** traicionera . . . por lo menos esos dos chotas, ajá . . . No me digas . . . ! Pero . . . ! Pero no puede ser así, si el Puppet nunca . . . ! No, es que por los nervios, no me ha podido contar todo Memo . . . el otro día me lo iba a decir . . . bueno, la verdad de cómo fue, lo de la muerte . . . Asesinos . . . Pues, qué van . . . se puede hacer? Ay, Loreto, pero si he tratado de escribir más y traigo demasiado, demasiado encima y me voy confundiendo y me duelen los jotquequis . . . qué? . . . Sabes, la verdad, la neta, neta verdad es que . . .

CUANDO ERAS ERAN NIÑA NIÑOS ERAS ERAN MUY VALIENTE VALIENTES Y AHORA Y AHORA QUE NO HAY TIEMPO YA

— . . . y como les decía ayer, hijas mías, **lo Cortés no quita lo valiente** . . .

A BUENA ENTENDEDORA POQUITITAS PERO DESPUÉS DE SIGLOS DE CHARCOS DE ENTONCES A LO MEJOR

— . . . Hablemos a calzón quitado, clase . . . Bueno, eso quiere decir que hemos de discutir el tema de hoy, abierta y de-buena-gana-mente, así lo prefiero yo. Bueno, Ester, qué opinas tú del comentario de Nestorcito . . . Sí, lo que dijo sobre **el mal efecto del feminismo sobre el movimiento** . . . Qué crees tú, Ester . . . ? El feminismo es **bueno** o **malo** . . . etc . . . ? Ah, no quieres decir . . . ? Tienes . . . **miedo** . . . ? Qué dices, Nestorcito?

DISCURSO DE LA MALINCHE

—... que **la familia** chicana/mexicana/latina tiene que mantenerse intacta, que las tradiciones son más importantes para el bien, para el porvenir, Profesora. Yo creo, que fue lo que decían anoche mi papá y mis abuelos, que esto de la liberación femenina es pura cosa de mujeres burguesas, las que tienen tiempo libre para escribir y dibujar y ... descombobularse ... como dijo mi padre anoche ... I'm sorry, but the **movimiento** needs its women ... pues que luchen por **la causa** ... **Ester, por qué lloras** ... qué te pasa ...?

POR QUE LLORAS QUE TE PASA

(ja ja, como te he dicho, no te metas, no te metas porque son CHINGOS Y CHINGOS DE SANGRE y todavía le)

Sales de clase humming "Some day my prince will come..." and you laugh and you laugh and you laugh **Cinder–Malinsheesh** (What did **I say**?..)

QUIÉN TIENE LA CULPA QUIÉN WELL YOU BOUGHT IT LIKE THAT WAY CAUSE THEY SOLD IT LIKE I SAY QUIÉN TIENE LA CULPA SIGLOS Y SIGLOS LE PASARÁ LES PASARÁ?

Te sigue entrando miedo de no sabes qué de ALGUIEN que quiere que te calles que no preguntes que no desafíes que NOOOOOOOOOO y la insomnia con Puppet y otras señas del barrio de lo que tú no habías pensado nunca o mucho y que ahora que no hay tiempo.... (y se te fue entrando supurando la rabia y empiezas a escribir poesía a todas horas y le disparas a todo ya) Un poema más largo, le pones "Lápida para Puppet," con una crucecita de 'chuco formada por las líneas que dibujas alrededor del poema, como como como ...

la cruz que trae el batito en la mano izquierda, va entre el pulgar y el índice qué es eso Puppet dices y el batito te mira LOS OJOS no sabe lo que jes, siñola Pat? no sabe? tú le dices que tu primo Boni en el Eastside de de dónde fue hace tanto tiempo en El Centro eso

fue el primo Boni llevaba una crucecita y sus camaradas decía
también y siempre andaban juntos y les gustaba la vida y no le
tenían miedo a nada a NAIDE

—... Entre dos culturas, así se encontraban los **pachucos** en Los Angeles,
Tucson, en El Paso... Entre dos sistemas, en estado conflictivo que resultó
en ... ELLOS, que eran ellos solos, que querían ser algo no de allá ni de
acá que a fin de cuentas los veían más o menos igual ELLOS SOLOS en
los ojos de ellos había EN LOS OJOS DE ELLOS

Otro Modo de Ser

Otro Modo de No-Ser los Otros

Sino ELLOS

(sí, sí, seguro, y qué fue lo que les pasó qué NO VITES YA? NO LO
VITES EN LOS NEWS?)

—Doña Marina, de veras cree usted que la gente puede **cambiar,** que pueda
haber algo **mejor**... la historia pues, no me asegura mucho de que...

—Sí, sí, mi hija, excepto lo de la muerte ... Pues si uno ha muerto ya,
pues es solamente en el recuerdo en la fantasía en las buenas/malas versiones
que ... Eso es lo único, si tú has muerto ya, pues ...

—... Pero cómo se sabe si uno ha muerto...? (jajajajaja síguele burrito)
No es ya demasiado tarde para cuando uno se da cuenta de que ... Answer
me that one, Profe Malinchi ...

DID YOU BUY IT LIKE I SAY OH DID YOU

—... ji, ji, es fácil, es fácil saberlo, mis hijas mis hijos es fácil: Si todavía
puedes abrir los ojos, entonces, pues no los has par par padeado por última
vez, si los puedes abrir todavía, entonces ... Pues entonces les digo que
todavía le puedes patalear ... algo ...

BUENO AI ME LLAMA MI COMADRE LA LLORONA
TODAVÍA TENGO QUE ENSEÑARLE A ELLA QUE NO SE DEJE
QUE ABRA LOS OJOS PORQUE AI ARGO GUENO

Los Hohokam eran una tribu de talento industriosa que eran LLENOS
DE VIDA que TODOS SON IDOS desaparecidos hace mucho tiempo
ya. (ji ji ji y todavía le síguele síguele)

— . . . Profe Tenepall uh I mean Leyva, I have a problem understanding . . . See, I don't exactly know why you want us to keep looking for stuff
on the Hohokam . . . I mean, what does that have to do with our class . . .
Visión de los vencidos . . . ? What is that . . . well, yeah, I know that's what
we're seeing in all this other literature, but the Hohokam . . . pues, yo no
entiendo la conexión . . . ? Qué relación puede tener con nosotros . . . I
thought you didn't believe in idealizing the past, Profe Malin . . . Petra . . .
Por qué quiere que . . . ?

ARGO HUELE MAL EN SOUTHWEST CITY Y TÚ LO SABES
Y LO HAS SABIDO Y NUNCA HAS

— . . . Y no te pude dijir el otro día, Pat, pero fíjate que que la gente se iba
subiendo a los carros o ya yéndose del cementerio, y se le ocurrió a la madrastra
ésa que tinía que quedar bien, salvarse todavía ante el público, dijir algo . . .
Pues te conté que había hecho sus papelitos en el velorio y tamién durante el
servicio allá al lado del casket en el entierro, lo de los sobs grandes y el hipeo,
verdá . . . ? Güeno, you won't believe it, you just won't . . . No lo vas a creyer, de
veras . . . A que no sabes lo que gritó la vieja . . . ? Se vino hacia nojotros . . . ajá,
hacia la Nancy, Carlos, Medeiros y yo . . . y con lagrimotas y babas, gritó que
. . . que . . . que **Puppet had never given them a chance!** Te imaginas . . . ?
Después de todo . . . ! A veces, Pat, te digo que yo siento como que . . . como que
voy a soltar gritando, dando catos y patadas por todas partes . . . Y sabes
qué . . .? me va entrado una rabia, una rabia que no sé dónde ni cómo, pero
algún día, algún día . . . Pat, somebody's gotta **do something** . . .

Tu amigo se despide por teléfono, te dice que todo esto ya lo revienta y que todavía está el tío del batito bajo police guard. Nadie le ha podido hablar, para confirmar o refutar o saber **si** la versión de la chota, la versión que Memo no cree por nada en absoluto . . .

—. . . Petra? Habla Loreto . . . Que el tío de Puppet qué . . . ? No, no nos han dejado verlo tampoco, a nosotros del Comité . . . Mira, te estoy llamando para decirte algo antes de que te . . . pero lo que te voy a decir, por favor tómalo como manera de advertencia solamente, y no dejes de seguir con . . . Es que nos está pasando algo por acá . . . Sí, sí, a mí, a Laurita Bell y a los otros del Comité, y decidimos que debíamos decírtelo por si acaso a ti también te lo empiezan a . . . Pues mira: estamos recibiendo llamadas, amenazas . . . Pues que no le sigamos con la investigación del Puppet. No, no, no te asustes así, por eso te queríamos nosotros mismos decirte que . . . que no estás sola, Petra, tienes a tu pueblo . . . Amárrate los pantalones, o las faldas o lo que sea, pero no dejes de . . . Estamos contigo, nosotros tampoco no vamos a dejarlos en paz ahora aunque nos hagan cien mil babosadas . . . Es que uno ya no puede, Petra . . . tú ya no puedes nomás . . . Mira, si se pone muy peligrosa la cosa, yo sé de alguna gente **fuera del país** que sí te publicaría todo eso del chamaco . . . Bueno, tendrán sus propios propósitos, pero el pueblo tiene que darse cuenta, saber todas estas cosas . . . Sí, sí, serán comunistas, lo que sean, muchachona, pero . . . Oh qué tú no quieres tener remedio, o qué . . . ? Bueno, pues **libérate** chamacona . . . Tú piénsalo . . . Estaré esperando tu llamada . . . Adiós y abrazitos a Marisa . . .

POR QUÉ CORRES OJOS DE VIBORA QUÉ TE PASA

—. . . Mijita, qué te pasa . . . ? Te pregunta tu madre en el aeropuerto, abrazándose las dos y tú chille que chille que no sabes todavía lo que te está pasando.

(yo sí yo sí ja ja ja ja jijiji)

Marisa se ha dormido en el asiento y así tú tienes la oportunidad de contarle a tu madre Lorenza lo que te ha ocupado tantas noches de insomnia ya . . . lo del Puppet, lo de los relatos que has ido coleccionando, lo de los poemas-balazos, lo de muertes, vida, esperanza, la última carta de María, qué le habrá pasado a . . .

(por ai viene bus bus bus buscándote la ga ga ga lagañosa llorona)

TENGO QUE DECIRLE QUE ABRA LOS OJOS MI COMADRE PORQUE ASÍ SIEMPRE CHORONA PLORONA TRAERÁ SIEMPRE PEGAJADOS LOS OJAZOS ESOS Y YA NO HAY TIEMPO PUES YA NO HAY PARA CHILLONAS NI CHILLETES AHORA HAY QUE BUSCAL ARGO GÜENO Y ENTONCES HAY QUE

— . . . Y entonces, mija, tienes que descansar un poco . . . Te encuentro muy pálida, tensa, confundida . . . Yo sé, todo eso que me venías contando, pues mija yo entiendo pero mija, no crees que es demasiado para que tú, tú sola hagas . . . Mijita, vente a dormir un rato . . . Si quieres, te cuento de las cosas que hacías cuando eras niña . . . Ves, Marisa quiere oír los cuentos de ti y de tus hermanitos otra vez . . . Vente a acostar, mija, yo hago la cena, vente ya . . .

VENTE YA MANITA PORQUE TENGO MIEDO DIJO EL PLONQUITO HACIÉNDOSEME UN NUDO LA DESESPERACIÓN

— . . . Cuando tu mamita era niña era muy valiente, empieza a contarle tu madre a Marisa en la sala . . . Tú te empiezas a sentir algo mareada, viendo polkadots de luz viendo que tu hermanita la Beli viene y se hinca a tu lado que

el Padre Jean Bincennes quería mucho al pueblito habían juntado
dinero construirían una iglesia dedicada a tu abuela Petra a tus
abuelos de de Sonora y mientras ustedes todos ustedes se iban a

rezar en una tienda vieja vacía al lado de al lado de del Club 99 y
cada domingo se llenaba la tienda OH YOU BOUGHT IT LIKE
I SAY OH YOU te hincabas cada domingo entre el Plonquito y tu
madre pero tu padre no porque él trabajaba al lado en el Club 99
pero ustedes esperando esperando la hostia el sentirse santificados
de nuevo habiéndose vertido confesado antes porque era mejor no?
era mejor no? hay polkadots de luz filtrándose por el techo de lata,
hace calor te sientes mareada hay que prepararse para recibir al
Señor el de todos digo y de repente de repente una niñita se mete se
mete una niñita valiente valiente como muy pocas se mete y ahora
es esposa yyy

TOME EJEMPLO COMADRE LLORONA CHORONA TOME EJEMPLO DE LA BELITA ABRA LOS OJOS NOMÁS PORQUE YA NO HAY

— . . . y aquella hermanita de tu mamá, sigue Lorenza tu madre, era
rete valiente, llevaba botitas de cowboy, t–shirt y levis . . . la acompañaban
siempre, unos perritos wienie, el Chapo, la Chapa y los Chapitos . . .

. . . Y una vez, una vez le quiso sacar una muela al Chapo, con pinzas
grandes de mecánico . . . Y durante la Santa Misa . . . jajajaja . . . ah qué
niños ocurrentes éstos . . . QUE TODAVÍA NO SABEN LO QUE ES
SER AMERICAN–BORN DICE EL TÍO JUANITO Y EN LOS OJOS
DE TU MADRE HAY . . . Tu tía la Beli sabes lo que hizo esa vez, en plena
misa santa . . . ?

estaban ustedes hincados esperando sumisos respetuosos esperando
al Señor y se mete una hermanita valiente como las que no hay ya y
espera ojos cerrados lengüita pa'fuera esperando al Señor la hostia
porque era una niña consentida y le gustaba la hostia el sabor de la
hostia que le regalaba su amigo el cura cuando iba de visita con su

papá a casa del cura digo cuando iba pues le regalaban y así así le
gustó y ella se decidió esperando sí durante la Santa Misa para ser
exacta al Father Jean Bincennes le dijo —**Cabrón! Le diré a mi'apá
que no me quisiste dar cookie blanca** . . . ! Y ahora y ahora es
madre esposa

Y SE PORTA BIEN

(ja ja ja verás verás síguele porque ai viene rete)

QUE NO VITES EN LOS NEWS

—. . . Tu hermana Beli, te dice tu madre, tiene problemas con el marido
. . . no, no por lo que tú piensas, pero por ai va, verás que te cuente lo que le
está pasando . . . Y pensar que mijita no se dejaba de NAIDE cuando era
niña . . . ! No lo vas a creer, Petra, lo que le está pasando ahora . . . Oh! Ella
ya te llamó el otro día para . . . ! Oh! . . . tú ya sabes algo . . . Mija, no todos
los ministros son así, es lo que quiero que tú comprendas . . . No todos son
corruptos como ese gringo pastor, no culpes a mi iglesia, mija, no todos son
así . . . Es que ya estamos en los últimos días y es que hay víboras por todas
partes y no quiero que tú pienses . . .

AND WE DON'T WANT YOU TO THINK THAT AND WE
SIMPLY DON'T WANT YOU TO

BBRRRRRRIIIINNNGGG . . . . Tú coges el teléfono inmediatamente,
es tu hermana la Beli, quien está llorando y te dice que el ministro le está
destrozando el matrimonio que ella cree en Dios que él dice que no porque
ella no está de acuerdo con ciertas cosas porque ella pregunta porque ella
empezó a preguntar ciertas cosas porque ella cree en algo que ella no es
diablo no es mala no es traidora a su religión a su esposo a sus hijos no es
solamente no quiere que no piensa que se debe se pueden dictar ciertas
cosas porque es — . . . it's MIND CONTROL, it's the very **Devil** himself,

and he's told Bob that **I'm** the Devil and that I'm destroying our house
hold and that I'm a troublemaker in the church and that they all ought to
kick me . . . out . . . Pat, . . . I . . . Pat . . . Help me, Pat . . . I . . . . You have an
education, you've lived so much . . . Manita, ayúdame . . .

ERES TÚ MALINCHE MALINCHI? QUIÉN ERES TÚ? QUIÉN
SOY **YO** MALINCHI?

12 / ES QUE YA ESTAMOS EN LOS ÚLTIMOS DÍAS

—En los últimos días, dice tu madre Lorenza, el hijo rebelará contra el padre, serán los hijos contra los padres en los últimos días, habrá una gran corrupción, una guerra horrible que empezará por todas partes porque serán los últimos días y tendrá que ser porque ya llegará nuestro Señor . . . Se verán todo tipo de cosas, mijita, y esto de los ministros corruptos pues es solamente parte de lo que veremos . . . por eso hay guerras en Israel, en todas partes porque se está cumpliendo la palabra de nuestro Señor, ten fe en nuestro Señor, ten fe, es que estamos en los últimos días y debemos aceptarlo, prepararnos porque es simplemente un cumplimiento de su palabra . . . Descansa tu mente, mijita, es que ya estamos . . . Es demasiado para ti ahora, mija, arrodíllate y pídele a nuestro Señor que te haga fuerte, que puedas seguir sin preocuparte por todas estas cosas . . . Así va a ser, no te preocupes tanto ni pierdas sueño por todas estas cosas, los castigará Dios, mija, Dios los castigará y no estamos muy lejos ya, pídele a nuestro Señor y déjate de rezarle a esas Vírgenes, son ídolos nomás, no necesitas ir a ningún cura para que te perdone, Dios castigará a los culpables, a todos estos Anticristos . . . Tú no necesitas que te perdone a ti ningún hombre . . . Dios te quiere, tus hermanos, tu madre te quiere . . . Pídele a nuestro Señor . . . Qué . . . ? . . . Te sientes culpable de qué . . . ?

QUIÉN TIENE LA CULPA QUIÉN (estuviste tú?)

Tú le contestas que sí mamita yo creo, yo creo en El y yo rezo y me siento mejor, pero por un ratito nomás y todo esto me da mucho miedo yo nunca sabía yo creía otras cosas (y tú nunca has hecho nada ja)

—... Yes, I have a faith ... that is, I pray a lot, le habías dicho al shrink rubio, — ... especially, ja ja when I'm in a jam, I pray like Hell, oh, jaja that is conflictive, isn't it ... ji ji ...? (de repente te das cuenta, tú cuando rezas lo haces **en inglés** las monjas que te enseñaron las monjas mexicanas–americanas de entonces les enseñaron a ustedes a rezar **in inglés** Ave María full of grace the Lord is with) Well it does make me feel better ... most of the time ... What? Oh, **Doctor** ... I don't **know** how I feel about **that** right now, I don't know ... (ah cómo te hacía perder la paciencia a veces pero pero pero por un tiempo)

PERO POR UN RATITO NOMÁS

BRRRIINNNNGGG ....

—....Aló, I mean, Good Afternoon, Southwest City Estates ... No, Stan isn't here ... Who ...? Oh, Paco Jiménez from the Mex-Am C of C ... Ajá ... sí, hablo esp ... mande ...? No, no creo que nos hayamos conocido ... no, en ningún baile ... ni quinceañera (jiji) ... What can I do for you Mr .... oh, Paco, all right ... Boletos ...? You want me to ask Stan if he'd buy two boletos for the Fiestas Patrias **Cotillion** next week ... ajá, sí, cómo no ... I'll leave the message for him ... Well, it's almost five o'clock and he's not back from the Title Company ... Sure ... cómo no, hasta luego ... Excuse me? Oh! ... Petra, Patricia Leyva de ... well, just Pat Leyva is fine ... Sure, no trouble ... bye ...

LO COMPRASTE TÚ?

Memo entra riéndose la mañana siguiente, viene a donde tú estás archivando algunos papeles en el file alto del rincón. Tú le preguntas what's

up Memo y él contesta que anoche cuando pasaron ellos tarde por los messages, allí había estado Stan viendo los suyos en el bulletin board, y le había
preguntado al Puppet que si quería unos boletos para un **Cotill-yun,** que
él, el patrón, había hecho una donation so one of his boys could have some
fun at the Fiestas Patrias (ji ji él andaba como tú burrita **well-meaning
pero ciego** verdá verdá) y deverías haver vido al Carlos cómo se rio ah qué
Carlos cómo jacia enojar al batito pos a poco no jue por algo

—. . . te imaginas, Pat? Un **Cotillion,** con muchachitas vestidas de blanco
. . . pues con vestidos largos, como, como princesas o reinas de no sé qué . . . ajá,
como novias (como vírgenes vestales como en imitación de como si fueran como
si tuvieran como si no existiera un chamaquito que renguea que cojea cuando
camina a las mesas para servirles que no les mira LOS OJOS porque no quiere
no quiere) . . . Ajá, jue en el Hotel Palacio, onde trabaja el batito, allí jue . . . ja ja
pregúntale al Puppet, verás, pregúntale nomás de Carlos . . . Yo ya le'vía dado
a éste los boletos, porque aquél dijo que pos nomás no . . . Medeiros, qué jue lo
que nos contó el chamaco cuando veníanos al jale . . . ?

QUÉ HACES PARA NO AMARGARTE

—. . . me acordé mucho de aquella boda en Rayón, señora Petra . . . dijo el
chamaco que no se había dado cuenta que el patrón después le pasó los boletos
a Memo, quien no los quiso tampoco pero se los pidió después Carlos a insistencia
de la novia que tenía, que quería ir al famoso baile para ponerle "broche de
oro" a la celebración de las Fiestas Patrias . . . Le aseguro que la pareja ni se
interesaba en quedar bien con toda esa otra gente muy creída que bailaba allí
portándose todos ya . . . cómo dices, Memo? . . . sí, algo así "jaitón" (ay tú ay ay
ay tú tú) Bueno, Puppet no sabía que Carlos andaba por allí, cuando oyó que lo
llamaban a una mesa . . . Ja ja ja ah qué chamaco éste . . .

QUIÉN TIENE LA CULPA QUIÉN QUÉ HACES

En aquel entonces tú eras muy popular, umjum, bueno porque siempre
andabas quedando bien, no hacías preguntas demasiado serias, te ajustabas

al rol más o menos. Menos, por ser divorciada con hijos y tú ya te acuerdas lo que respondían tu padre tus tíos a ESO . . . Más, porque siendo una de las pocas **Mexican-American** educated women, le dabas por **representar** a tu gente . . . desde la primaria andabas quedando muy bien, te elegían pa'acá te elegían pa'allá (como si juera una samba? jajaja) y tú con el **smile** ése andabas muy líder, a veces hasta cuando no hacía falta, pues metías la cuchara . . . El último año del **College,** por allá en el '65 el '66 algo así jue no? (oh oh oh oh ai viene oh) oh no ahora hay que seguirle hasta el fin en el '65 el '66 algo así tú tú la hija de un contratista de braceros tú tú tú tú (te dije te dije) tú no vites con todo y lo que había allí para ver para saber para entender tú no quisites tú no vites

TUS DIOSES CON PIES DE BARRO PERO PERO ESTUVISTE TÚ??? OH WERE YOU THERE WHEN THEY

— . . . who is this Chávez anyway? What does he want?

— . . . I'll tell you what **they** want . . . they're all communists, that's what and they want to, well, to **take over,** with this Union– . . . That's how it always starts, first they bring in organizers, then they fill the workers with ideas about better conditions, more money, a better life . . . SHEEEET! Fuckin' COMMUNIST crap, that's whut!

— . . . Well, I don't know, Sam, there are some labor camps over on the West Side . . . well, I know **my boys** well I treat them **right,** but you've seen Romero's camp . . . that's **filth** over there, especially when it rains and I heard some of the men talk in the fil about how he screws their pay . . .

—Come on, Pat, the Spanish Club just has to contribute something to the March when they come through here . . . I mean, **everybody** is helping out . . . they need food for Friday night, you know they're scheduled to be on campus, a couple of speakers anyway, when they come through town Friday . . . — Te está tratando de convencer Venus, tu amiga quien trabaja

contigo en el Student Council, que el Club de Estudiantes de Español . . .
casi todos méxico-americanos, la primera generación casi todos y casi todos
los primeros los únicos de haber llegado hasta la universidad . . . Come on,
Pat . . . tanto **compañerismo** en el club, y ahora me dices que no crees que
esta gente tenga razón . . . ! Look, just make one of those great pots of
chilibeans, no es mucho trabajo . . . yo lo llevo al parque donde van a pasar
la noche . . . Some of them may stay with people, in their homes, no quieres
. . . Ah, qué Petra . . . Bueno, después hablamos, tengo que seguir llamando
a alguna gente para que nos ayude con los preparativos . . . Sabes que vienen
marchando con ellos, algunos sacerdotes, y llevan a la Virgen en frente . . . ?
Pero . . . pero lo que te estoy tratando de hacer ver, Pat, es que si creen en
Dios, pues cómo pueden ser como dices tú . . . ? Que compraron qué . . . ?
Ah, qué Pat . . . Look, I'll see you Friday afternoon . . . Yeah, I think Ted
and I will introduce the marchers . . . Okay, see you there . . .

POR QUÉ CORRES CORRES OJITOS DE CU CU CULEBRA

"Cu–currú–cu–cu . . . paalooooma . . . cucurrú . . . " toca la orquesta
del Lagos Ballroom en el Hotel Palacio, toca a todo dar porque allí está la
créme de la crema (y la espuma también ja) de la ja ja jalta sociedad **chicana/**
méxico–americana/mexican–american/spic etc. según el punto de vista etc.
etc. y las palomitas flotan con los chambelanes en dinner-jacket con clavel
rojo clavado en el lapel y las palomitas las florecitas las futuras madrecitas
nuestras esperanzas para el futuro nuestras flores que tenemos que sembrar
y cultivar y cuidar para el porvenir allí bailan vestiditas de blanco como
como princesas como como novias ofrecidas como como presentándolas a
la alta jalta sociedad congregada en ocasión coincidentalmente por ocasión
de **las fiestas patrias** y allí andan entre rayitos de luna los líderes máximos
de la comunidad los profesores algunos los businessmen algunos dos o tres
casi-alcaldes chicanos que quisieron pero no llegaron a y algunos activistas
y algunos dormidos y algunos cuyas mujeres insistían en ponerse el huipil
y la flor como manda Dios y la cultura para mantenerla o algo así y el

ocasional anglo que anda allí o por matrimonio o porque ha sido un invitado **especial** como como el presidente nadamás y nadamenos de la universidad y entre todos que **eran** o se creían que y andaban ai

Carlos y la novia Licha riéndose divirtiéndose cu–currú–cuquiándose bajo los rayitos de luna de espejismos debajo de una enorme bola de vidrios espejitos iluminando su senda la bola-luz colgada del techo del salón lleno de vida artificial bajo una esfera espejeante artificial todos haciendo sus papeles artificiales bajo los polka-dots de luz cuando de repente se oye

Y TU SIEMPRE SUPISTE **REPRESENTAR** BIEN VERDÁ

—Pat, no puedo vinir al trabajo mañana por la mañana . . . No, es que Félix tiene que ir a la corte por un hearing . . . Abogado? Que quién lo representa? Pues, pues tiníanos abogado pero pues es miedoso . . . someone got to him or something, nos llamó que buscáranos a jotro, y como no hay quienes sean raza y es al último momento, pos tengo yo que ir a . . . pues tú sabes, a ver qué se arregla . . . No sé por qué Félix no hace caso y deja a aquellas amistades . . . Los que la pagamos siempre somos nojotros, y aquella basura . . . pues andan como si nada en sus carros largotes y comprando a toda la gente . . . y con los mismos centavos arrancados de nuestros chamacos . . . de mi hermano . . .

QUÉ LE HABRÁ PASADO A HACE SIGLOS QUE NO LOS OJOS DE

Se me queda mirando largo mi amigo, su cara sudada color bronce a la luz de la ventana esta tarde. Sus ojos me interrogan, preguntas inauditas pero inquietantemente presentes: Quién nos ayuda? Por qué tienen miedo? Quién nos representa, habla por nojotros, me da la mano en todo esto que nos sigue pasando, nos sigue pasando, nos sigue pasando?

NO LO VITES EN LOS NEWS NO VITES YA

(Y te hiciste sorda, ja, tú nomás **meas,** ji ji)

POR QUÉ CORRES QUE TE SIGUE TE SIGUE QUÉ

BRRRRIIIIIINNGGGG . . . .BRRIII . . .

—Patricia! Soy yo, Chavela . . . Yeah, soy yo pues quién . . . Oye, hace tiempo que no me escribes . . . Boy, have I got a lot to tell you! Are you still trying to write that book, novel . . . that story about that young kid, and corruption . . . ? Well, you won't believe it . . . Casi casi elegimos a mi hermano, yeah, a Juanito, that's him, the attorney . . . Pues como D.A.! . . . pero no pudimos, Pat . . . Pos porque no nos dejaron . . . Naaa . . . are you kidding? Appeal to whom? . . . pos porque . . . no, que free election ni qué nada . . . They fixed the votes, la elección! Ajá, pues cómo no íbanos a saber, si trabajanos todos por meses, sabíanos cuál gente iba a votar por él y cuál no . . . Nos pasamos la noche misma trabajando los precincts . . . Y nomás no . . . n'ombe! N'ombe, jue chueca la elección . . . it was **fixed,** we're sure of it! Yeah, sé que es **everywhere** . . . Well, we're all pretty upset, depressed, cómo no . . . God, Pat, we got sooo close this time! Juanito dice que la próxima vez, tenemos que **asegurarnos** que . . . N'ombe! La gente texana nunca pierde las esperanzas . . . ! Pos qué te creías . . . ?

RE PRE SEN TA CIÓN RE PRE SEN TA CIÓN RE PRE SEN TA CIÓN

—Qué le habrá pasado a mi hijo, señora Petra? Hace tanto que no nos escribe . . . Así recuerdas a Medeiros, aquella mañana que todavía podías meditar sobre las huellas de un Puppet callado pero todavía vivo y alerto . . .

Chavela te había dicho, al principio de tus noches de insomnia, que en Texas, en su pueblito allá, también había conocido a un muchachito que rengueaba, que caminaba cojeando debido a algún accidente o enfermedad . . . y que también les había recordado a un títere y los mocosos del pueblito

le habían hecho burla de primero, llamándole "Puppet" . . . y así se le quedó al chamaco, ahora todo el mundo le llama Puppet, —Ni se enojaba ya después el Puppet, como que le cayó bien la atención, no sé, dijo tu amiga.

COMO TÍTERE COMO MARIONETA UNA PIERNA PA'LLÁ OTRO P'ACÁ ERAN CHARCOS DE SANGRE

—Y no era tan ocurrente como el Puppet que ustedes conocieron en Southwest City, continúa Chavela, — . . . pero me hiciste acordar, el otro día, del chamaco, y cómo caminaba . . . A ver cuándo te llamo, we been working on Juanito's campaign . . . Yeah, ojalá, ojalá que . . .

NO VITES YA NO LO VITES EN LOS NEWS?

—Y tú qué jaces pol aquí, Ca'los, le pregunta el chamaco que renguea, al llegar a la mesa del amigo cucurrú-cuquiándose con Licha la novia, —pol qué janda vistido como . . . chango? Ja, ja . . . —y después que vio a Carlos bailando la raspa o alguna pieza saltante parecida, se les acercó para decirles, — . . . te vistites bien pa'l papel qu' jaces, cablón chango . . . ja, ja . . .

QUÉ HACES PARA NO AMARGARTE PARA SIEMPRE QUÉ

—Estamos en los últimos días, mija, arrepiéntase de sus pecados . . . — Ay, mamá, no se aguanta usted con su arrepiéntase conviértase . . . ! Pero si no me siento culpable de eso, de los amores y que los maridos . . . bueno, los dentro y fuera de la iglesia, pues . . . No, no, es de otras cosas que hice y que no hice . . . Ay, cómo me hace usted recordar, qué mamá . . . Bueno, es que a veces recuerdo por ejemplo, que cuando lo de Chávez . . . que yo no . . . como cu-cu-cu . . . culebra, como serpiente yo . . . (ya, ya vamos, ya no simihagapatrás TOOOOO LATE!)

Y SERÁ EL HERMANO CONTRA EL HERMANO PORQUÉ ESTAMOS EN

—Pat? This is Venus . . . Yeah . . . I got to thinking about you the other day, about the March, and how people really got together and contributed food, places to stay . . . What? You still feel guilty? Well . . . funny thing, I just had lunch with that guy last week, yeah, he still works for the Union . . . Oh, I don't judge you anymore for that . . . Na . . . the pot of beans, what . . . Oh, yeah, they asked if you were Catholic or not, ha, ha . . . No, look, it's time to forget it, move on, and . . . What? Yes, I got the clippings you sent about your friends . . . about that young boy . . . Listen, be careful, it's pretty touchy stuff. . .

Y LOS OJOS DE CULEBRA SALTABAN POR TODAS PARTES

Sabías representar bien, y en el momento de la verdad

te quedaste sentada mientras hablaba la pareja vestida de
campesinos, han llegado para representar a los otros que se han
quedado en el parque de la ciudad a descansar estos otros dos aquí
explican lo que quieren, lo que les hace falta y por qué
emprendieron y continuaban su odisea larga por el Valle San
Joaquín, los profesores y los estudiantes callados todos escuchando
y cuando terminan los dos vestidos en ropa de trabajo en bandanas
la bandera el águila de rojo y negro y tú saltas y tú acusas y tú haces
animas a los otros estudiantes que te siguen porque tú siempre
representabas bien y aplauden tus preguntas frenéticas SON
COMUNISTAS? QUIÉN LOS MANDA? QUIÉNES SON
USTEDES? tú como hija de contratista sabías representar como
mujer educada como una THAT HAD MADE IT supiste rete
bien O QUÉ NO QUE NO QUÉ NO?

(jajajajajajajajajajajajajajaja te dije te dije pero no, síguele y dale dale y
QUÉ NO VITES YA?)

—Algún día, mijita, continúa tu madre Lorenza, —algún día no estaré
yo aquí para venir y hablarte y darte la mano. Arrepiéntase, no es cuestión

de religión . . . Bueno, sí, creo que si te bautizas en el nombre del Espíritu Santo como nosotros lo hemos hecho . . . Que tu hermana Belita qué . . . que ella no . . . Ya sé, pero ése es uno solamente, no todos los ministros son así . . . Por qué le pelea tanto, mija? Pero si usted ya ni va a misa . . . !

PADRE SAHAGÚN? OH, HE MUST BE A COMMUNIST!

(Ja, ja, ja, te agarró por fin lalalala gagaga garrita! Y de pilón no se comieron los famosos chilibeans porque fue un día **viernes y les pusiste carne!**)

Y SE VERÁ TODO TIPO DE COSA PORQUE ESTAMOS EN LOS ÚLTIMOS DÍAS

13/ COMO JUE AQUELLA NOCHI

—**A**llá fue Roma . . . . están diciendo unos amigos mexicanos, que han estado examinando tu pequeña colección de revistas chicanas, —allá fue Roma, ja, ja . . . 'Ya basta de chingaderismos, oye, cómo nos gustan estos títulos, Petra, ja, ja . . . Qué quiere el chicano, Petra?

Tú no sabes qué contestar ante esta actitud extraña de tus amigos, nunca les había interesado tus escritos ni tus actividades, y ahora están diciéndose que se vive muy bien en Estados Unidos y tú no entiendes por qué se ríen de vez en cuando, bajito pero risas de todos modos, —Qué cómodo se vive en Estados Unidos, verdad Silvestre?— —Sí, ja, ja, muy cómodo . . . — Como tú no te has sentido muy bien en estos días, te llevan a la universidad, y te llamarán más tarde. Después, encuentras cualquier excusa para no verlos, para evitar otras preguntas desconcertantes para no verlos a ellos ahora tan extraños contigo . . . Tú sigues pensando lo de Puppet, de Félix, Medeiros . . .

BRRIIINNNNGGG . . .

—Me llamó tu amigo Loreto, Pat . . . Me dijo que ellos tamién piensan lo mismo . . . pos sobre el batito y cómo jue aquella nochi . . . Al tío no le podemos jacer hablar casi na'a, dice que no quiere recordarlo . . . Y hemos

recibido llamadas raras , , , a toda hora . . . Así nos pasó la jotra vez, cuando iba a testify el Félix . . . Contestamos el teléfono, pero naide responde, a veces se oyen respiros pero es todo . . . Te puedo vinir a hablar por la mañana . . . aunque sea sábado, tenemos unos trabajitos en los foothills, arreglando walls y borders con piedras . . .

(oh oh oh ya verás va reteverás)

Tú no has recibido llamadas como Loreto, Memo y los del Comité . . . sales contemplando las posibilidades de esa noche de la muerte del Puppet, vas distraída hacia el carport, donde estacionas tu auto entre los carros de los vecinos. Metes la llave, el auto no arranca aunque hace unos ruidos . . . pronto huele a gasolina, tú te sales y llamas al amigo de la gasolinera de enfrente, quien llega, busca dentro y debajo del carro para decirte

—Right here's your problem, Pat . . . you got any enemies . . . ? It's kind of strange, it looks like . . . well, like your gas line has been cut here . . . I'll patch it up, should be okay, though . . .

POR QUÉ CORRES NO VITES YA

Por la tarde, empiezas a rehacer los trozos de la vida/muerte del batito, trabajas intranquilamente por todo lo que no entiendes . . . No supiste contestar a la pregunta de los amigos mexicanos: Qué quería el chicano? Tú dijiste que una vida mejor, que los trataran mejor, ni recordabas exactamente qué, pero los amigos se miraban con sus sonrisitas y los ojos llenos de

OJOS GRANITA OJOS EXTRAÑOS

QUÉ TE PREGUNTABAN QUÉ

Memo se te ha quedado mirando largo rato, de los ojos líquidos parece emanar ARGO una súplica no enunciada pero sentida POR QUÉ CORRES PETRA —Qué te pasa, Pat? . . . Hace rato que parece que ni estás aquí, te veo

distraída de nuevo ... Prefieres que ya no te platique del batito ... ? Bueno, pos como t'ijia del tío, no los dejaban solos con él los police-guards, se nos jacía raro ... Pero por un ratito salió del **coma** y nos dijo como jue ... Jue como lo habíanos sospechado, pero pior por por pos porque

TUS OJOS HERMOSOS QUÉ HACES PARA NO AMARGARTE PARA SIEMPRE

creyó que había visto al'apá te acuerdas y andábanos pistiando aquella nochi cuando entramos al Forth Street Bar allí en la barra 'staban junos cuates y pos l'entranos con más ganas a las dos tres joras ay duele respirar ay tanto balazo ay a las dos tres joras entró uno de los pushers del barrio y Puppet no se detuvo l'echó al pusher que lo de Félix que se largaran del barrio hubo pues se echaron los dos y pa que no hubiera pior pleito nos juinos pronto porque porque ay

—Me 'vían llamado de la barra, juno de los compadres por ai, que el Puppet y el tío andaban tomados y que casi hubo pleito ... —Memo me está contando lentamente, pone la taza de café en la mesita de vidrio y se sienta en el sillón verde a mi lado, suspirando: — ... Jue por naa ... Murió por na'a el batito ... Lo poco que nos ha podido 'ijir el tío ...

SANGRE COMO SI FUERA AYER

— ... Y después, dijieron que habían encontrado un rifle todo viejo ... pero primero dijieron que lo encontraron en el carro del Puppet, pero ya di'atiro suena como mentira ... Por qué? Pos, porque el chamaco nunca traiba arma ... Y porque después los dos chotas cambiaron el cuento ... Pat, ya creo que no aguantamos más ...

YO QUÉ LES JICE? Y ESOS DOS CHOTAS, POL QUÉ? YO QUÉ LES JICE?

—Profe Petra, qué decía de la "Visión de los vencidos?" Por qué ha de interesarnos la literatura del coloniaje . . . ? Pero qué usted no sabe lo que es ser **"american-born"**? . . . Ah, por eso cree usted, que exactamente **por eso** lo cree . . . Bueno, nosotros no entendemos todavía exactamente lo que usted y toda esta lectura que nos sigue dando . . .

TODO ESTO PASÓ ENTRE NOSOTROS NOSOTROS LO VIMOS

—. . . Y llegamos muy tarde, Pat . . . —Memo empieza a sollozar hondo, voltea la cara pero puedo ver claramente la emoción. —Jue por na'a, murió por na'a . . . Todavía no lo puedo creer . . .

LUEGO, FUE VERDAD? FUE VERDAD? FUE?

Entra el joven moreno al cuarto donde están llorando un niño de un año, dos varoncitos de cinco a ocho años, y les pregunta, qué les pasa chamacos, por qué lloran. El niño anda sucio, no le han cambiado la zapeta en todo el día y los dos varoncitos tienen hambre pero salieron el papá y la madrastra con sus dos hijos a cenar en un restaurante y a aquéllos los han dejado en casa solos, que la hermanita mayor les diera de comer o que Puppet les jiciera, —Manitooooo, manitooooo, llegó el cheque del güelfer y salieron a comprar cerveza y se llevaron a los dos chavalos de la madrastra a comer y no nos quisieron sacar a nojotroooos . . . Así le dicen llorando los hermanitos al batito, éste los abraza, les dice vamos a jacel tacos de **calne'e gorila** y los hermanitos se ponen a reír ja ja carne de gorilota y buscan entre los paquetes blancos marcados U.S. Dept. of Agriculture, Not for Sale, encuentran pasas secas, harina de maíz o no ésa trae gusanos comemos sin corn bread esta vez, hay latas botes de chícharos de salsa de manzana qué suave gorila con chícharos y manzana machucada ja ja ja Puppet cómo nos jaces rir ja ja

QUÉ HACES PARA NO AMARGARTE

QUÉ HACES

—... Durante el **Depression,** le está contando tu madre Lorenza a tu niñita María de su propia niñez en Nuevo México, cerca de la frontera texana, —trabajaba mi 'güelita Lencha limpiando casas de gente rica, y les planchaba también... Cuánto ganaba...? Oh, si le gustaba... pues, casi todos la trataban bien, pues la 'güelita era muy callada y obedecía en todo y no estorbaba. Les hacía todo el quehacer, creo que solamente ganaba unos diez centavos la hora... hace tanto que no recuerdo bien... Nos crió a nosotros cinco, sus nietos, como las hijas habían muerto en la epidemia de los 30, creo que fue el flu de aquel tiempo, no recuerdo... Y vivíamos todos en dos cuartos, uno de cocina-comedor con unas sillas para sentarnos a la mesa, y otro cuarto para dormir... Ajá, dormíamos en el suelo, otros en la cama doble, y yo con güelita en la cama más chica... El baño estaba afuera, era de esas casitas de madera... No, no teníamos electricidad... no ni baño adentro... ni agua corriente... Qué comíamos? Ja, ja, ja, ja... comíamos muchas cosas... avena con azúcar si había por la manaña y con café, al medio día avena con sal, y por la noche, avena con chile...! Hacíamos frijoles y tortillas a veces una vez por semana, nosotros los hacíamos porque la 'güelita andaba en el trabajo... Ja, ja, ja, you should have seen that, when your uncles made the masa, and what a mess they'd make... ja, ja, ja...

CÓMO PUDÍAS SER MÁS TAPADERAS

—... Ándale, Beni, échale más agua a la harina... Menso! 'ora l'echates demasiado...! 'ora 'stá 'guada la masa! Échale más harina, pues, menso!... Oh, qué suato! 'ora tiene mucha harina, me 'chates a mí también suato... Ten! Pos porque mi'aces enojar, por eso, suato! Échale más agua, pues... Oh, qué Beni éste...! 'Ora tiene demasiada agua otra vez! Y tú, Lorenza, cállate o te 'cho una manotada de masa a ti también, por burlona...!

Y CUANDO ERAS ERAN NIÑA NIÑOS NO LES TENÍAS

TENÍAN MIEDO A NA'A

—Ja, ja, ja, vieras cómo quedaban tus tíos, cuando hacían tortillas . . . Bueno, yo hacía las tortillas, ellos amasaban, pero qué tus tíos . . . quedaban siempre llenos de harina y de pedazos de masa pegajosa, en el pelo, en las pestañas, la cara, los brazos . . . Y lo hacían de adrede, creo, aunque todos sabíamos que teníamos que limpiar bien la cocina antes que llegara la 'güelita para que no nos diera una paliza . . . Era muy dura, aveces enojona, la güelita, pero la queríamos aunque rezongaba siempre . . . Sabíamos que trabajaba duro, por nosotros . . . La escuela . . . ? Oh, no, no pudimos ir a más del Third Grade . . . Pues porque había que trabajar, nosotros también, para vivir . . . No había tiempo de escuelas, para nosotros, en ese entonces . . . Todos habíamos pasado malos ratos, cuando nos recogió la 'güelita . . .

SE VIVE MUY CÓMODO EN ESTADOS UNIDOS MUY CÓMODO

— . . . Sandy? Yeah, this is Pat Leyva, I wondered if you could meet me tonight after work, maybe a drink . . . I've . . . we've . . . got some new information on that shooting incident last month . . . yes, the one that's being investigated . . . Well, I can't tell you on the phone . . . No, I just don't think I should, I've . . . we've been getting vibes about the whole business, and . . . Well, I'll tell you about it tonight . . . Listen, meet me outside the Fourth Street Bar, it's not too far from the newspaper plant . . . No, we can go somewhere else for a drink, I just want to show you something there, okay . . . ?

SUS RIZOS OSCUROS EN UN CHARCO DE SANGRE COMO TÍTERE ROTO COMO

Poco antes de salir para hablar con el amigo periodista, suena el teléfono, pero cuando tú lo contestas, solamente se oyen respiros y no hay respuesta a tus quién es? quién es? Estás recordando a Loreto, a Memo, mientras te cepillas los dientes, te peinas ante el espejo . . . te sobresalta ver cómo ha envejecido la mujer que te está viendo desde el espejo, la mujer que se cepilla y se peina igual que tú pero una mujer que se ve desesperada, cuyos ojos se ven ARGO ARGO cuyos ojos se ven

(ja ja y qué hacías cada vez que te acercabas a la garrita al secreto lo que los OJOS de todos guáchala guácha LA nomás)

Entra Vittorio a su castillo, a su casa-castillo en los foothills elegantes de Southwest City Estates, en su casa estilo **territorial,** con los arcos en frente y un patio de mosaicos importados de Italia. Cuando entra Vittorio, desde el garaje con su **automatic** door, pone el sistema de seguridad con su **alarm** automático, entra al corredor grande de su casa castillo, y llama tu nombre en una fuerte pero dulce voz; en unos tonos varoniles pero melífluos. Tu nombre, en boca de Vittorio, es siempre algo transformado, es música **europea** y tu nombre dicho por él así: PEH–TREEEEH–NAH, lleva un temple cariñoso que vibra toda la noche en tu cuerpo, ajem, en tu alma **sensible.** La mesa, en el comedor con sus muebles **mediterranean-style,** se ve brillante, con su cristal (importado) y su porcelana (importada, por-si-es-lana ja). Vittorio te está diciendo algo, Petrina! Petrina! Qué te pasa, **mía moglie** hermosa, alta, joven, delgada y rubia . . . OOOOOPS! (ja ja ja aquí hay confusión o difusión o dilusión de fantasías, romanticaca ja ja)

POR QUÉ

Camino a ver a Sandy, manejas el Ford sin pensar en el tráfico; sigues pensando en cómo tienes dificultad en las últimas semanas, cuando tratas de evocar a Vittorio, el de las pestañas rizadas, ojos oscuros, misteriosos como los de Marisa, y recuerdas: tú no eres rubia, tú no eres alta y delgada, ésas son las fantasías de otros, no son las tuyas, las tuyas han sido recientemente más románticas en cierto sentido . . . Puppet . . . tu madre Lorenza, tu hermana . . . y María, qué le habrá pasado a . . .

PARA QUÉ PETRINA TANTA NOSTALGIA PETRINA POR QUÉ CORRES

. . . y ahora has envejecido (ja o qué no era tiempo ya ji ji), y sigues sigues siguiendo este hilo de charcos de HONK HONK HONK HEY LADY! HEY!

— . . . Lady, get out! Your car's on fire! get out! get out of there quick! —De sobresalto, te das cuenta que hay gente unos hombres con cachuchas un hombre con sombrero pero en carro blanco que te están gritando que te salgas del carro que está estás quemando (te) y brincas al abrir la puerta y sacas a Marisa del asiento de atrás y ella gritando gritando y los hombres el hombre del carro blanco se ponen a apagar el fuego te hemos salvado esta vez te hemos salvado **esta vez** AY MAMA AI VIENE AI VIENE AI

BRRRIIIINNNNGGGGGG . . . . BRRRIII . . . .

—Pat, what happened to you? I waited for about half an hour past the time we'd said, at that place . . . What? Your car blew up? What . . . ? Aaahh . . . listen, Pat, just stay put, get some rest . . . Yeah, I know you must be . . . Listen, did you tell anybody you were meeting me, about what you'd said, you know . . . anybody? . . . Aja— . . . but you called me **on the phone** . . . What was that noise . . . that **click** on the phone? . . . Listen, aah . . . never mind, I'll come by in the morning . . . Maybe you shouldn't be alone tonight, you might call someone to come over or something . . . Okay? Sit tight . . .

NO VITES YA NO LO VITES EN LOS NEWS?

Ves por la ventana de la sala hacia la piscina, donde alguna vez viste o imaginaste a ARGO sentado esperándote en una silla al lado del agua. Ahora, la piscina está desierta (cuerpos jóvenes en este lugar desierto) y la luna va glisando sobre el agua, todo oscuro excepto las lucecitas bailando sobre el agua sobre tus recuerdos como polkadots de luz como

—Podría haber sido una noche como ésta, te estás diciendo, —sin otra luz . . . —como

aquella nochi dice el tío del Puppet los juimos a otra barra pero di ai decidimos volver al Fourth Street **polque a mí no m' echa naide**

tío pero parece que alguien le había dicho a la chota que volvíanos
pa'acer pleito algo así ay ay

NO SE PODÍA VER SI ERA JOVEN O VIEJO, YACÍA BOCA ABAJO EN UNAS MANCHAS ROJAS, IRREGULARMENTE FORMADAS Y QUE EXTENDÍAN DEL CUERPO ANGULAR

nos'staban esperando dos chotas

nos'staban esperando ay

LUEGO FUE VERDAD?

aquella nochi nos'staban esperando ai 'juera de la barra ésa ay ay
nos habíanos apiado del carro ay íbanos pa'l bar cuando ay ay
cuando oímos una voz ay dijieron HEY! YOU THERE STOP!
pos no sabíanos quién era y corrimos ay ay jue cuando di güelta y vi
las lucecitas muchas jeran las lucecitas y luego luego nos dimos
cuenta lo que jeran AYYYYYYYYY

COMO POLKADOTS COMO POLKADOTS DE LUZ Y LUEGO LUEGO

Le has llamado a Sally que viniera a pasar la noche contigo y con Marisa. Hace más de media hora que dijo tu amiga que venía, pero no ha llegado aunque vive a cinco minutos de tu casa. Miras afuera cuando crees que oyes unos pasos, no ves a nadie. Tú ya andas mal de los nervios para cuando por fin llega Sally, y te dice al abrirle la puerta, —You're not going to believe it, and maybe I shouldn't even tell you, after what happened to you today! —Qué pues le dices tú y ella por fin, sentándose en el sofa floreado, las manos temblando, te dice que al salir a subirse al carro, para venir a tu casa, vio que estaban dos hombres anglos dos hombres anglos con gorras—cachuchas que trataban de abrir las puertas del carro. Entonces ella corrió de nuevo adentro de la casa, le llamó a la policía y dentro de unos segundos

habían llegado unos cuatro carros de policía pero los dos hombres habían desaparecido. Ella recuerda que habían salido de una camioneta blanca. Tú le preguntas, estás segura, camioneta blanca gorra blanca dos hombres? Sí, te contesta Sally, que sí, pero para cuando llegaron los policías, se habían ido, sólo fue unos segundos, ella no entendía ni cómo ni por qué . . . ?

Y TODO TE HACE A PESAR DE TI PENSAR COMO JUE

Sally se queda contigo todo el día siguiente, contestando el teléfono, diciéndole a todos que estás descansando, que después devolverás las llamadas. Tres de las llamadas eran urgentes: tu madre quien llamó desde California para saber cómo andabas, Sandy que tenía cita contigo y andaba preocupado ahora por ti y el asunto en que te has metido, y Memo quien dijo por fin que pasaría a verte esa tarde después del trabajo.

BBRRRRIIIINNGGG . . . . .

Esta vez es tu madre, llamando para pedirte que vuelvas a California, que ya no te metas más en el asunto, que no valía la pena que te pasara algo, a ti y Marisa, por tratar de ayudarle a un muchachito muerto. Tú le dices que lo pensarás, que ahorita te está empezando una migraña y te duelen los jotquequis . . . Te acuestas de nuevo, pero ya no puedes dejar de pensar, ya no puedes . . . Levantándote, invitas a Sally a una taza de café, empiezas a hablarle de cosas . . . —Uno y uno no siempre son dos, le dices a Sally, —y aquí algo huele rete mal . . .

ALGO HUELE MAL Y LO HAS SABIDO Y AHORA QUE NO HAY TIEMPO YA

—Creo, le dices a Sally, que ha llegado la hora de sacar cuentas . . . Something awfully funny is going on, just let me kind of sit here and try to piece some of this together . . . God, my head hurts! Let me see, primero yo, entonces a ti . . . Pero por qué . . . Oooo— . . . Sally, iba por la aspirina pero ni me puedo parar, mira qué shaky ando . . . Me haces el favor? . . .

ESTÁS RETE SHAKY IMBERBE PERO TE DIJE TE DIJE TE DIJE

Alguien, alguien cortó la línea de gas en tu carro . . . Le cortaron el tubo que va desde el tanque hasta el motor, así te había dicho el amigo de la gasolinera . . . Entonces, alguien no quería que tú pudieras manejar el coche, o . . . o que tú no . . . Espera, espera, esto te da dolor de cabeza, espera . . .

BBBRRRIIIIINNNGG . . . .

Sorpresa de sorpresas. Llamó Vittorio, que no había sabido de ti en varios días, que cómo estaba Marisa. Tú le cuentas, en pedacitos, lo del carro, lo del susto, él dice que viene por la noche para quedarse contigo y con la niña. Tú cuelgas el teléfono, empiezas de nuevo a mover y remover los hechos . . . Uno, alguien cortó la línea del gas . . . dos, el carro se incendió . . . había alguna conección? Había que pedirle a Memo, a Vittorio, o al de la gasolinera, que fueran a averiguarte lo del carro, que por qué se incendió después . . . a ver si había señas de algo . . .

HAY SEÑAS DE ARGO ESO SI DE ARGO ARGO Y TÚ NO VITES YA?

—Cuanto más te agachas, más se te ve, dice tu madre Lorenza . . . — Qué dices ahora, mamá . . . ? Ah, qué mamá . . . —Sí, pues así decía mi güelita Lencha, cuanto más te agachas . . . no tenga miedo de decir lo que piensa, mija, recuerde lo que decía la güelita . . . En cuanto más tratas de complacer a la gente, pues más te desprecian . . . no crea, si usted trata de hacer y portarse según la gente, pues . . . más se te ve . . . —Ay, mamá, y tú me lo dices . . . !

SEL O NO SEL, ESA E LA PLEGUNTA SIÑOLA PAT ESA E

Medeiros recién ha vuelto de México, desde la capital a donde fue para averiguar el paradero de su hijo José María. Es la primera mañana que regresa al trabajo, apenas te saluda y lo notas muy serio, más que de costumbre, y Memo te dice, —No encontraron al hijo, Pat . . . había . . . **desaparecido,** él y el amigo . . . sospechan, pero no pueden comprobarlo, que jue por lo que andaban jaciendo . . . que pertenecía a un grupo y distribuían folletos, papeles . . . pues no jallaron al chamaco, no lo jallaron . . . A nojotros nos dijo la mujer, porque él no ha querido hablar desde que volvieron . . . pos sobre el asunto, no ha querí'o . . .

Y NO VITES YA? NO LO VITES EN LAS NEWS?

Eres incurablemente romántica. Con todo y lo que ha pasado, y tú dale y dale con tu Vittorio. Has idealizado **un tantito** los hechos, no crees? Ya, déjalo, déjalo ya. Así fuiste, así fueron, pero déjalo ya. Qué no ves lo que hay que hacer? qué no vites ya?

El Comité ha iniciado litigación contra los dos policías. Al chamaco y al tío, dicen, o les pusieron trampa **alguien, álguienes,** o los mataron por equivoco. Tú has re-escrito los datos, descrito las circunstancias según te han contado Memo y Loreto, y estabas lista para entregárselo de nuevo a Sandy, quien conoce a gentes que **pueden . . .**

La cabeza te duele, la cabeza te duele . . . Uno, **alguien** le cortó la línea al carro, porque, porque . . . Por qué? . . . Dos, tú ibas camino a ver a Sandy cuando se encendió el auto . . . Uno, dos, uno, dos . . .

LOS RIZOS YACÍAN EN UN CHARCO DE SANGRE COMO TÍTERE QUEBRADO UNA PIERNA PA'CÁ OTRA PA'LLÁ

—Pat, hablaste con Medeiros todavía . . . ? Fíjate que conocieron a otros padres, cuyos hijos habían desaparecido . . . Sí, en la capital misma, pos cuando estuvieron ai, dijo la señora d'él que . . .

BRRIIINNNGGGG . . . . .

—Hi, Chavela, habla Pat . . . Cómo siguen? Ajá . . . que encontraron qué . . . ? Oh yeah? Chisguetes, no me digas . . . ! Y casi lo pueden comprobar? Hijo, manipulación de los votos, eso sí que es sucio . . . Pues, qué van a tratar de . . . ? Oh, ya han reclamado, pero no les . . . Ajá . . . So they're trying to cover it up . . . pues cómo no . . . Cabrones . . . So then you're what . . . ? Y cuándo lo van a mandar con los papeles, the **proof** . . . ? He's the one that helped you count the votes, that called you and told you . . . ? Ajá . . . es buen amigo, de confianza, digo . . . ? Well, I guess that's the best thing, then, send him to the County . . . What was that . . . ? Yeah, I hear it too, fue un ruido como que alguien levantó el teléfono, que estaban escuchando . . . God, these days I'm not sure if I'm imagining stuff or what . . . Sí, pues, tú también lo oíste, ya sé . . . God, I think I'm really crazy sometimes, Chavela . . .

UNO Y UNO UNO, DOS CHARCOS CHARCOS

Te estás/te has volviendo/vuelto loca . . . Nada de esto ha pasado, son puras cosas tuyas, es tu imaginación, tus romanticacas, tú ya rete estás y te rete patina. No pienses, no pienses, nada de esto les/te ha pasado, les/te está pasando. Lo que te pasa, es que has leído demasiados libros, eso es . . . Quijota, de remate y amén . . .

—You know who Malinchi was, María? Very interesting case, actually . . . She fell in love with this white man, see . . . Pues era español, yeah, Cortés, whatever . . . Y se enamoró, y por eso le han dado y dado por siglos . . . Well, la usaron, la usaron como quien dice, pero primero, well . . . **she** was sold, para no decir **sold-out,** primero por su gente . . . entonces, pos a un teniente de él, o sargento, no sé, da igual . . . Sí, sí, así nomás, take her, she's yours . . . Pos era hombre casado aquél, y así nomás . . . Bueno, es una lección de interés, lección

cultural, histórica . . . Ja, ja, ja . . . y que ella los vendió a ellos! Todavía ni existían . . . ! Like a piece of used-up paper, wham, bam, thank-you-ma'am, a la basura . . . ! Tell me about what the movimiento wants, mija, just tell me about it . . . First, they can clean up their act, y entonces sí veremos . . .

SON SIGLOS Y SIGLOS DE QUÉ NO VITES YA?

You're just fantasizing, none of this is happening, none of this has happened, don't think don't think . . .

AND WE SIMPLY DON'T WANT YOU TO THINK AND WE DON'T WANT YOU TO

Ha llegado Memo a verte, se ha ido Sally, por la noche llegará Vittorio. Antes de que puedan sentarse, tú corres a abrazar a tu amigo, y le dices en llantos que te estás volviendo loca, que ya no puedes, que tienes miedo de . . .

—No sé de qué, Memo, no sé de qué . . . Como que **algo** me va a pasar si trato de hacer algo, de ayudarles . . . Como que **alguien** . . . que **alguien** no quiere que . . . Y dudo de mí misma, no sé lo que sé, lo que me he imaginado, me estoy imaginando . . . no sé si es la mala conciencia, el miedo, fantasías, o qué . . .

BRRIINNNGGG . . . BRRIIIIIIIIIIIIIIINNNGGG . . .

— . . . Qué pasa Petrina? Por qué no abriste la puerta . . . ? Hace rato que estoy tocando . . . Esto dice Vittorio al entrar a tu sala, donde tú estabas acostada. Tú quieres estar haciendo algo, ARGO pero te encuentras agotada, confundida. Ha sido largo el camino, le dices a Vittorio, quien no te entiende para nada de todos modos, para nada . . .

Esa noche, Vittorio se acuesta en un catre en tu recámara. El insiste en quedarse, impresionado por tus ruegos anteriores y por tus nervios. Tú no

puedes dormir, después de algún tiempo indefinido de insomnia, oyes o crees que oyes que alguien camina hacia tu casa, que **alguien** trata de abrir la ventana de del baño y tú le dices a Vittorio **alguien** se quiere meter y él dice que no hay nadie son tus imaginaciones duérmete y después oyes de nuevo que alguien camina hacia la ventana y de nuevo trata de abrirla y entonces tú vas hacia el teléfono y marcas el número de emergencia la policía les pides que manden a alguien para averiguar y mientras duerme Vittorio la chota te pone **on hold.** (ja ja ja ja ay tú no te aguantas tú no fue así no fue así tú cómo le sigues con tus romantichuchos ja ja)

—Actually, that's not exactly what happened, le dices a Chavela, because Vittorio never came that night, I was alone when someone came to the back door and unlocked it then tried to come in . . . What? Oh, well they didn't get in because I was in the kitchen right by the back door, and I had my back to it but when I heard them unlocking it, I thought it was Vittorio and I called out his name . . . Well, the chain was on the inside of the door . . . menos mal . . . the door held against the chain at the same time that I yelled out Vittorio's name . . . and then I heard footsteps, someone running away over the gravel in the side yard . . . Cuando fui a ver, no había nadie allí . . .

NO LO VITES EN LAS NEWS?

Chavela te está diciendo que el amigo de ellos que llevaba los resultados y las peticiones sobre la no-elección del hermano de Chavela, se mató.

—Pues no sabemos cómo fue que ocurrió el accidente, dice Chavela, porque el pickup era nuevecito . . . pero dice la chota que le fallaron las brecas al troque . . . No sabemos qué pensar, pero algunos de los amigos aquí ya andan muy furiosos y listos pa' . . . pues quién sabe qué . . . Pues hemos tratado siempre por las buenas, yo no sé . . .

BRRIIINNNNGGG

—Aló, Petra, soy yo, Belita . . . You won't believe what this weird minister did now . . . Pues, vinieron a la casa el miércoles, como cada semana, pa' "fellowship meeting" . . . Allí estaban las mujeres en un grupo, los esposos en el otro, con el ministro . . . Y la esposa del ministro, nos empieza a decir a las mujeres, que teníamos que cuidar bien el hogar, ser madres ejemplares, y atender cuidadosamente a los maridos. Pues, ya me conoces, y aunque yo sabía que me tenían ya entre ojo, le pregunté con mucho interés que si no nos daba algún ejemplo?

—You mean like cooking and cleaning and the laundry, Mrs. Minister Crossbuns?, añadí dulcemente . . . Bueno, la Mrs. Minister Crossbuns empezó a leerme la carta, que pues lo de siempre de que tener la comida lista, planchada la ropa, ajem, ajem, y se le sale que debíamos doblar bien la ropa, especialmente los calzoncillos! Pues, no me aguanté . . . me reí muy recio y hasta los hombres pararon de hablar y me oyeron decir:

—You mean, I gotta fold my husband's underwear a certain way, or . . . or he might leave me . . . or it would be grounds for . . . You're full of . . . Well, I'm sorry, but I can't swallow this . . . Entonces, Mr. Minister Crossbuns empezó lo que me tenían ya guardadito, que porque yo no era **como ellos** (anglo?) que yo no sabía bien respetar y aprender cómo vivir **por Cristo** . . . Y que yo usaba lentes oscuros porque no era recta y era del Diablo . . .

Pues aquí no pude más, no más me levanté y lo único que se me salía fue —Jesus Christ! Holy Jesus Christ! Claro que todos quedaron asombrados . . . The worst part is my husband . . . se quedó cabizbajo, como alguien que ha sufrido una gran vergüenza . . . That's me, I guess . . . Pues, tú sabes que me hace falta ALGO . . . but I just can't buy all of it . . . Te imaginas, que se debía doblar el calzoncillo con la bragueta pa'dentro, que no estuviera fuera donde . . . pues donde meten la mano . . . porque había que evitar los malos pensamientos . . . y estaba diciendo más cuando la interrumpí . . . Jesus Christ!

—Aló Petra, mija, soy yo, Memo . . . Abre la puerta . . . Memo entra, lo abrazas, lo tomas de la mano, y lo escuchas decirte las últimas noticias . . . El te da un trozo de periódico

COMMUNITY GROUP PROTESTS

POLICE SHOOTING

POLICE CLAIM YOUTH CONCEALED WEAPON

—que llevaba el rifle escondido en la pierna del pantalón, que por eso jue . . .

EN LA PIERNA —O NO **pero** Memo él **el batito rengueaba** entonces fue que . . .

ALGO HUELE EN SOUTHWEST CITY Y TU LO SABES

UNA PIERNA PA'CÁ OTRA PA'LLÁ CHARCOS Y CHARCOS DE

15/ ESTARÉ ESPERANDO TU LLAMADA

—**M**emo, cuando éramos niños no teníamos miedo de decir lo que pensábamos, éramos todos nosotros muy atrevidos . . . pues, a veces valientes, sabes . . . ? Qué? Que lo de la Belita, cuando éramos chamacos todos, lo del Casper? Si, pues, por eso te digo . . . hubo una vez que hasta yo fui valiente . . . por lo menos . . . Qué feos los perros-bulldog . . . el Casper era uno bajo como la especie pero grueso y gordote, pesaría unas 50 libras, no sé . . . Ni me acuerdo qué color era . . . creo que blancuzco con manchas, algo así . . .

COMO TÚ COMO TÚ COMO TÚ TÚ TÚ JA

Hace días que no has pasado por la universidad, no has ido al trabajo de Stan tampoco. Hoy sí, pasas a ver el correo, a platicar con la muchacha que te ha ayudado con tus clases, Elena.

—Te andan buscando, te dice Elena en su despacho, —y han dejado mensajes, los encontraste?

—Bueno, aquí tengo dos . . . uno de Loreto . . . y uno de Sandy del periódico . . . oh, aquí hay un papelito con un número nomás . . . pues quién . . . ?

—Empieza con 555–? Pues ésa es la chota . . . ! Ya lo imaginaba . . . Oye, Petra, cuándo vas a despertar? Júntate a nosotros, así te podemos ayudar mejor . . .

—Ya, ya sé . . . me lo sigue insinuando Loreto, también . . . Pero ya me conoces . . . I don't know yet . . .

Elena te ha dado unos papeles, son copias de documentos, de páginas de libros . . . "Plan de Aztlán," "Plan de Santa Bárbara," "Chicano Manif . . . " Cuando llegas a casa los pones con unos libros de la clase de literatura chicana de Loreto. Allí están sobre el mismo escritorio donde tienes, en el cajoncito, la última carta de María. Ahora andas tan ensimismada, tan con tus imaginaciones y rememoraciones, que no sabes cómo es que llegas a un lugar de otro . . . Realmente, hay que caminar por la sombra, como te acaban de decir mitad-en-broma en la U. Porque, en este caso, demasiado sol en el cráneo, parece que te está descombobulando . . . —cálmate, te dices, — ponte a escribir algo, lee algo, la rutina, algo pero cálmate ya . . .

—Hi, Petra, this is Sally . . . Listen, you're gonna get **real bored** with all that paranoia . . . No importa qué tenga que ver la chota con ello . . . Si hay alguien que hizo mal allí, pues júntate a los demás de aquel grupo comunitario, y dales en la torre a los culpables . . .

JA JA JA TÚ ERES LA CULPABLE NUNCA HAS HECHO NADA

—Para esto le di en la torre al Casper aquella vez? Te preguntas llegando al Hospital de Whitestown, donde vive la Beli con su familia. Sacas a tu hermana del Torino, la llevas apoyándola por el brazo, hasta que te ven los del Emergency Room y salen para recibirla. Ella apenas puede hablar, los labios se le ven azul-morados . . . efectos, sin duda, de las píldoras que se tomó . . .

—Drug overdose?— Te pregunta la enfermera, mientras acuestan a Beli, y empiezan a meterle tubos por la nariz, en los brazos y con agujas, muchas agujas . . . Ella apenas respira . . .

AAAAAAGH AAAAAGH QUIRIA'IJIRNOS ARGO PERO NO PUDÍA AAAAAGH

—Mamá, le dices, esta religión de ustedes, es un time-bomb . . . este matrimonio de Belita, como va, pues no va . . . timebomb . . . How come she wouldn't let HIM take her to the doctor, when you and he both knew she was locked in there, and you knew what had happened those other times before . . . You know how many tranks she had to have taken? Pues había unas 20–30 píldoras todavía en el frasquito, dijo EL . . . sí, muy buen CRISTIANO es . . . muy obediente a su MINISTRO . . . Y mi hermana, qué . . . ? Así, se nos está muriendo, poco a poco, de todas maneras, poco a poco . . .

BBRRRRRRIIIIIIIINNNNNNGGG

Decides mandar poemas, escritos, lo de Puppet a algunos amigos de Elena, "gente comprometida," "del Movimiento." Aplausos, cartas amables, intercambio de abrazos fraternales, y después de unos meses, una invitación a un festival literario y artístico en Texas, durante el verano . . . Tú, todavía la niña que quiere atención y se fijen en ti (you always wanted to "do the right thing!") respondes, y vas, pero vas sola . . . Confiando en las nuevas amistades **comprometidas,** vas con muchos temores y muy deprimida, pero vas . . .

> Me quieren matar! Me quieren matar! Vas corriendo por el barrio
> de la ciudad texana, alucinando que te persiguen los amigos
> (comprometidos) para hacerte daño . . . Pues, no te han dado una
> droga? algo que te ha hecho que ahora corras por las calles una loca
> bien hecha y de remate porque alguien alguien te quiere aniquilar
> que ya no pienses no digas nada no hagas lo que no debes que te
> quieren castigar por tus PECADOS o todo lo que hiciste lo que
> pensaste lo que vas o vayas (vale más que no) a pensar?????
> AUXILIO TENGO HIJOS AUXILIO

La droga alucinante que te dieron, fue cuando estabas excitada escuchando la poesía las canciones idealistas de protesta de mucho Movimiento y

Revolución y de Cambio . . . Pusiste tu soda bajo tu asiento, una soda que tu nueva amiga (comprometida) te ha regalado, y otro(s) **quiénsabequiénes** (comprometidos) te hicieron el favor, te subministraron su hostia, la de sus ritos ceremoniales será, poniendo ALGO en tu soda.

—I thought you were going to kill me,— le dices a tu nuevo compadre **comprometido.**

—"We were, but we decided to do this instead . . . " responde el güilo, y trata de treparse sobre ti.

OH YOU BOUGHT IT LIKE I SAY WELL THERE WAS ANOTHER WAY

OH TÚ ERES UN TÚ ERES UNA

—Anxiety neurosis, te está diciendo el shrink rubio y rete mangote, — often stems from a deep inner conflict over values . . . Unresolved issues . . . and fears . . . We really must work to clarify the causes of the conflict and to find solutions . . .

El psiquiatra te pregunta si quieres hablar más de los conflictos culturales que sientes ahora, por qué te crees aislada, sola, a qué se debe, y una última pregunta que te inquieta: —Petra, do you place perhaps too much importance on your interaction with others and their opinion of you . . . ? Pues me estorba algo la pregunta, que si me importa más la opinión ajena . . . Tú te acuerdas que en nombre de muchas Cruzadas y Movimientos, se aniquilaban, con o sin sangre, a millones . . . En nombre de sus Profetas, pues . . .

—Real Communists and Marxists don't do those kinds of things . . . Elena te está explicando que frecuentemente hay unos más perdidos y locos haciendo porquerías y vilezas en nombre de Su Causa, pero que los que de veras son comprometidos, no hacen esas cosas . . .

—Entonces, cómo somos diferentes de los de la CIA, si nos andamos jodiendo asi? I could have really been hurt . . . or killed . . . Y por qué andan diciendo que quieren crear **un mundo nuevo** . . . ? Pues yo qué les hice a ellos? Except for my love life . . . (Y LO DE CHAVEZ?)

(y la garrita la garr garr rrita mocosa entremetida quién te invitó pues TEN)

Lo del tío de Puppet se resuelve, hay un **settlement,** le pagan para que ya no sigan con los pleitos legales. La policía admite que tal vez fue un equivoco, por las apariencias, TAL VEZ. Y se acabó.

Yo decido dejar el asunto . . . cada vez que lo trato, me dan temores DE LA MUERTE DE LA CHOTA DE LA CIA DEL MOVIMIENTO DE MIS "AMIGOS" y más que nada de los falsos amigos comprometidos, porque en ellos empecé a querer ver algo bueno algo nuevo y posible y me dieron mis buenas PUES QUIEN TE MANDA BUSCONA QUIEN TE INVITÓ

—Que curioso, le dices a Elena después, yo creía que me iban a aceptar, pues qué TONTA he de ser . . . (Y TODAVÍA LE SIGUES) Hasta pensé que me querían con ellos, allí, pues me entusiasmaban las palabras aquellos días del festival chicano, aunque todavía me daban miedo muchas otras cosas . . . muy nuevas . . . Pero había cierta atracción, cierta atracción . . .

⁂

BRRRIIIIINNNGGGGGGG BRRII

—Mija, dice tu mamá —ponte a leer la Biblia . . . Busca tu alivio en la palabra de Dios . . .

Tú y Marisa acaban de regresar de Southwest City, de casa de la señora que te cuidaba a la niña en aquellos años, cuando lo del Puppet . . . Fue un

fin de semana impresionante, que te trajo de nuevo los miedos las traumas
BUT THE POLICE HAS A JOB TO DO BUT THE IMMIGRATION
HAS A JOB TO DO UNA PIERNA PA'CÁ OTRA PA'LLÁ ERAN
CHARCOS DE SANGRE SIGLOS Y SIGLOS CHARCOS DE

—Nana, le dices a la viejita que las quiere a ustedes dos como a sus
propias hijas, —Nana, I've been working on that novel again, about the
young boy, the police incident . . . La viejita no sabe de Movimientos de
política solamente sabe que te quiere las quiere, y ustedes a ella . . . Ella,
Elena, Loreto, Memo y Sally . . . fueron tu "familia" en Southwest City . . .
tu verdadera familia estaba, para siempre en ciertos sentidos, ya muy lejos . . .

TON TON TON TON ZAS ZAS se oye la puerta los ruidos a la casa
de la viejita . . . son las dos de la mañana o pasadas . . . —Go away! Get out
of here! grita la viejita y tú mientras has llamado a los vecinos que no
contestan nadie prende las luces las oye llamas entonces a la famosa chota
que te pone **on hold** y tú cuelgas y las tres se van a una ventana y gritan que
alguien venga a ayudarles con este loco este hombre alto y rubio vestido de
blanco y azul melena desordenada y rubio y que quiere entrar a la casa
donde ustedes tres están gritando y gritando y la famosa chota no viene y
ustedes tres gritando y el loco rubio se acerca a la ventana y pregunta —
"What do you want the police for anyway?" y tú le gritas en inglés pues
que se largue que bien se largue y están las tres viejita vieja y niña llenas de
terror y de frustración porque ni la famosa chota llega y por fin un
helicóptero pues a la última moda corretean al rubio y después

BRRIIIIIINNNGGGGG . . .

Es Memo, quien te devuelve una llamada. —Pues averigüé lo de una
lápida pa'l batito, te dice, y pos cuestan y tenemos que ir juntando poco a
poco . . . Oh, **tú** quieres . . . ? Ah, pos suavenas . . . Dale gas, Pat . . . Unjum
. . . sí, yo voy contigo a ver qué se puede arreglar . . . Sí, pos como te dije, la

madrastra había dicho que ellos lo iban a hacer, ponerle piedra propia al chamaco . . . Pero, tú crees . . . ?

SI, DO-GOODER, YA LO CREO . . . Y TÚ Y TÚ TÚ TÚ???

Tu hija, María la do-gooder incurable, te ha escrito por fin. "Estoy en México, mamá. Me vine con los amigos —el amigo-chilenos, sólo estamos de paso . . . Que tienen ciertos contactos, que tenemos que arreglar bien a dónde vamos a dar en Nicaragua . . . Bueno, mejor di que nomás nos vamos a Centroamérica . . . Mejor no decir lo que no debo . . . Pues dice mi compañero que nos juntaremos a una "brigada" para trabajar unos meses . . . De todos modos, estoy, estamos bien de salud . . . y decididos. Te quiere, María. P.S. No olivides de darle un besote a Marisa!" Como acabas de platicar con un Peace Corps Volunteer regresado en tu Universidad sobre la región a donde va tu hija, la carta de ella te ha dejado muy, demasiado inquieta . . . Tantas historias y versiones conflictivas . . . Qué habrá realmente allí, verdad o mentira . . . ? Qué habrá . . . Será . . . ?

BBRRRRRRIIIIIIIINNNNNNNGGGGGG

—There's got to be some other way to live than this, te dices le dices a Elena . . .

MARÍA MARÍA A VECES LOS HIJOS SABEN MÁS QUE LOS PADRES JA JA

ENOUGH THAT'S IT LAY OFF BASTA Y POS QUIÉNES SON USTEDES CABRONES

—What you have done is a sin, don't you know that? It's a sin of pride, and until you come down off of that high horse of yours and give yourself over to the Lord's will, you won't have any peace . . . You're a sinner, and suicide is a sin in the Lord's eyes . . . Así le está diciendo el Minister Crossbuns a tu hermana allí en el Emergency Room, tu hermanita tan

valiente con agujas con tubos y luchando ahora con la hostia que le ofrece la gracia de Dios digo que le ofrece ahora este Ministro de la Fe Verdadera . . . Tu cuñado te ha largado del hospital, por entremetida . . . So what's new, te dices, y al cabo no quieres ver cómo el Minister Crossbuns se está portando como rete pendejo y el tonto que es con la Doctora bajita que se ha encargado de tu hermana . . . Al día siguiente, todo el hospital está chismeando del encuentro entre la Doctora y el Ministro Crossbuns, quien terminó rabiando y casi espumoso de la boca, gritando que la Doctora era "one of those ignorant liberated females being nosey!" La Doctora era de Berkeley, y aunque era pequeña y bajita, insistió que el Minister Crossbuns "was out of line" hablándole así a la Belita y corrió al machote santo . . .

NO VITES YA NO LO VITES EN LAS NEWS LAS DROGAS LA MUERTE NO VITES YA

Estábamos nosotros todos jugando afuera de la barraca donde estaban las recámaras y el comedor del campo de mi Nina y su marido . . . pues también eran contratistas . . . o lo fueron hasta que él se suicidó años después . . . Algunos dicen que se mató porque se habían movido a la ciudad, y que él no se sentía bien en el nuevo negocio, que le hacía falta el contacto con la gente del pueblo, los campesinos. Bueno, como decía, estábamos jugando afuera, yo con un primito en los swings, la Belita con mis otros hermanitos correteándose. De repente, oímos gritos los que estábamos en los swings, porque se había soltado Casper, el perro bulldog de mi Nina . . . Siempre tenían encerrado al perro, y mi primito y mis hermanitos lo hacían rabiar, valientes porque el perro estaba detrás del alambre del gallinero antiguo. Ahora, suelto, aborotado y furioso se mete entre la bola de niños que gritan, y vemos que coge a mi hermanita la Beli por una pierna, arrastrándola por la grava . . . Salen cocineros a ver por qué gritamos, todos corremos pa'dentro por el miedo, y vemos que el Casper estruja ahora a Belita, que grita y llora . . . y me entra una rabia contra el perro cabrón estrujando a mi hermanita

y me entra que tengo que hacer algo y tengo mucho mucho miedo y ahora salgo y cojo un balde de lata de esos pa'al agua que está allí y voy hacia ellos y le empiezo a dar golpes al perro con el balde y por fin viene alguien un cocinero creo y el perro suelta a mi hermanita con mis golpes a la cabeza del perro la suelta y el cocinero agarra a mi hermanita y la llevan adentro y por fin viene otro cocinero bracero y otro y entre ellos cogen al perro Casper y se lo llevan y lo encierran. Después todos asustados esperamos a que vinieran los grandes del pueblo, nuestros papás, con un médico amigo que tenían del otro lado, de Mexicali . . . Ese día "pusieron a dormir" al perro bulldog Casper.

después encuentran que el rubio alto y loco llevaba las llaves a la puerta de rejas de la casa de la viejita Nana . . . También, concluyen que o andaba alcohólico el rubio, o andaba tronado con drogas, porque con todo y el escándalo que ha hecho al tratar de entrar a la casa esa noche, ha escogido **la única casa con rejas en las puertas y en las ventanas** . . . A nuestro susto y por coincidencia horrible, esa noche por primera vez la viejita ha olvidado sus llaves en la puerta de rejas . . . Qué otras coincidencias hubo allí esa noche, yo decido ni quiero saber más . . . Dejo de trabajar sobre la novela, me dedico a Marisa, a las cartas de María, a los últimos problemas con la Belita, con mi nuevo puesto en la Univ. Con mi silencio, empieza una nueva desintegración psíquica y del espíritu y comienzo a ver ojos que acusan por todas partes

OJOS GRANITA OJOS QUE TE PREGUNTAN OJOS LLENOS DE

—Pat? Me dejó mi marido, te está diciendo la Beli, —me dejó porque dice que soy lesbiana que soy del diablo que porque insisto en llevar lentes oscuros y por último que **porque miro televisión** . . . Que la televisión y las películas son obras del diablo . . . Y hace tres semanas, él me dio permiso para comprar el televisor con mi propio dinero porque él quería ver el Super Bowl! Después

Después supimos que EL tenía novia, otra de la misma FE ESCOGIDA pero que daba **blow-jobs,** lo cual mi muy diabla hermana de los lentes oscuros y tan rebelde desde niña no quería . . . A cada uno su gusto, digo yo PERO QUE NO SEAN HIPÓCRITAS SIGLOS DE CHARCOS DE

—Give me a break! dice Sally cuando le cuentas lo de tu hermana. A ti, lo que te preocupa ahora, es cómo va a reaccionar tu hermana después, que se le pase la reacción inicial . . . Si se deprime, si la sofoca la depresión de tanto . . .

—Anxiety . . . te está explicando el shrink curiosito y rubio, la depresión y la ansiedad intensas, pueden hacer que uno o una pierda la conciencia de lo que uno es (no **conscience,** sino **consciousness** aunque pueda llevar a lo mismo) . . . Pero por qué tantas traumas? Qué no lo teníamos todo? No éramos las más populares, las líderes, las más ocurrentes, las valientes, las habladoras . . . ALLÍ LE DISTE AL MERO MERO CLAVO HABLADORAS PUES AHORA QUE NO HAY TIEMPO YA PUES AHORA QUE

—Okay, le dices a Elena, **show me** . . . Qué es esto de que en el Southwest, de que en Latinoamérica, de que hay otro mundo posible, de que algún día nuestros hijos no tengan que . . .

Y LAS HIJAS QUÉ Y LAS HIJAS

—Esa Petra Leyva es una hija de la mala vida, dice la secretaria del departamento en la U. —una puta feminista que no sabe nada y metichi y se pone a escribir poemas de amor y cuentos de cosas que no sabe . . . Es una pura hija de . . . (PARA NO DECIR MALINCHE? VENDIDA? JAJAJAJAJA)

BBRRRRIIIINNNGGGG

—Memo, eres tú? Sí, soy yo, Petra . . . te acuerdas de mí, hombre? Pues yo sé, ha sido mucho tiempo . . . y ha sido largo el camino . . . No sé, como

que me hicieron brainwash, a que no estaría contenta hasta que se me saliera
. . . como espina o cerote no sé, pero veremos . . . No, no pues, hay que ser
prácticos . . . para qué dale y dale por qué me lo hicieron . . . Mejor aceptar
que si fue posible, fue porque allí estaba plantada la idea en tus sesos o
instintos . . . porque dicen los shrinks que no se puede si uno realmente
resiste a la idea . . . Sí, pos cuando quieren que mates a alguien y si no eres
asesino pues no lo puedes hacer ni brainwashed y sólo si te han de a tiro
dado drogas te descombobulas y te matas tú a ti mismo (misma) . . . Pues
no más con la fuerza de nuestros escritos y nuestras palabras, podemos
cambiar muchas cosas y hacer mucho más . . . y tal vez mejor . . . Yeah, I
know . . . no, no soy otra persona . . . Soy la que fui hace mucho tiempo.
Como cuando éramos niños y todos sabíamos, instintivamente y con valentía
. . . a actuar . . . y **decir** . . . Te acuerdas que me contabas de un comité del
barrio, donde tú trabajabas con la gente, y algunas veces había que armar
pleitos para resolver algo . . . ? Pues ai voy pa'que me cuentes un poco más
. . . Sí, y te contaré lo que hice con el libro del Puppet, no sabes cómo fui
cambiando . . . y a jalones . . . desde la muerte del batito . . . Yeah, ojalá te
parezca . . . Ai nos vemos, mijo . . .

BRRIINNGGG BRRIIINNGGGG BRRIIINNNGG BRRIIIIIIIINNGG

AY AY AY CASI CASI ESTÁS CONVENCIDA AY AY AY SIN
QUERER QUERIENDO JA YA MERO YA

Estás frente al espejo viéndote envejecida gorda de tanto escape
rechoncha y retecontenta y te habías dejado por el susto por el miedo a la
muerte a todo lo que no sabías y a lo mejor no te lo imaginaste todo ni nada
y a lo mejor te va a pasar algo ARGO pero ARGO HUELE MAL EN
SOUTHWEST CITY y tú ahora te ves transformándote decidida a lo
que venga a lo que digan hagan escupan ahora vas a actuar a buscarte tu
esencia dentro de ti misma y que venga la crítica las directas indirectas
porque lo que tú has pensado lo que tú te has hecho **por no haber hecho**

nada nunca desde niña eso sí ahora **ya no puedes seguir igual** y tú te ves en el espejo tus ojos LOS OJOS DE ELLOS OTRO MODO DE SER EN LOS OJOS DE ELLOS y no es tu cara ya en el espejo es la cara de PUP-PET de un niño de pocos años y ahora no hay que sobreexplicar nada más, hay que seguir adelante con valor con humor con huevos–ovarios con lo único que puedes que eras tú y decidida vas a ser Y LOS OJOS DE PUP-PET líquidos bellos ojos café un mundo nuevo sin color ideas bellas otro modo PUPPET María ojos llenos de esperanza Belita como no las hay Marisa nuevo mundo y Memo amistad la mano de cariño y tú empiezas a sentir una decisión y un cariño y hay que contestar la llamada . . . el teléfono . . . quién te llama quién

—Pat? Petra Leyva . . . Patricia? **Soy yo . . .**

—Puppet? dices tú . . . Memo . . . Puppet? . . .

—Mija, dice la voz, —hermana, **qué esperas?**